D1561446

DIE
FLAVIUS-JOSEPHUS-TRADITION
IN
ANTIKE UND MITTELALTER

ARBEITEN ZUR LITERATUR UND GESCHICHTE DES HELLENISTISCHEN JUDENTUMS

HERAUSGEGEBEN VON

K. H. RENGSTORF

IN VERBINDUNG MIT

J. Daniélou, G. Delling, S. Jellicoe, H. R. Moehring,
B. Noack, H. M. Orlinsky, H. Riesenfeld,
A. Schalit, H. Schreckenberg, W. C. van Unnik,
A. Wikgren, A. S. van der Woude

V

HEINZ SCHRECKENBERG

DIE
FLAVIUS-JOSEPHUS-TRADITION
IN
ANTIKE UND MITTELALTER

LEIDEN
E. J. BRILL
1972

DIE
FLAVIUS-JOSEPHUS-TRADITION
IN
ANTIKE UND MITTELALTER

VON

HEINZ SCHRECKENBERG

LEIDEN
E. J. BRILL
1972

ISBN   90 04 03418 8

INHALT

VORWORT

Bei E. J. Brill in Leiden erscheint seit dem Jahre 1968 „A Complete Concordance to Flavius Josephus". Die Arbeit an dieser Konkordanz hat gezeigt, daß Benedikt Nieses große kritische Josephusausgabe (Berlin 1885-1895) hoffnungslos veraltet ist. Die seither erschienenen, zur Gänze von Niese abgeleiteten Editiones minores haben naturgemäß an dieser Situation kaum etwas ändern können und den Wunsch nach einer grundlegend neuen Edition eher noch verstärkt. Einen ersten Schritt auf dem Wege zu diesem Ziel sollte die 1968 ebenfalls bei Brill erschienene „Bibliographie zu Flavius Josephus" zurücklegen, die vor allem den Zweck hatte, den Bemühungen um einen neuen Text eine sichere bibliographische Grundlage zu geben; vollzieht sich doch die Josephusforschung in nicht wenigen mehr oder weniger benachbarten Disziplinen, so daß eine umfassende Sichtung und Berücksichtigung aller in Frage kommenden Beiträge außerordentliche Schwierigkeiten bereitet. Einen zweiten raumgreifenden Schritt in die gleiche Richtung versucht dieses Buch, das sich zum Ziel gesetzt hat, möglichst vollständig und von Grund auf neu die überaus zahlreichen Träger und Elemente der Josephusüberlieferung, seien es Handschriften, alte Übersetzungen oder die sogenannten Scriptorum testimonia, zu erfassen, zu sichten und womöglich auf ihren Wert hin zu beurteilen. Hier ist Nieses Leistung — vom heutigen Standpunkt aus gesehen — fast überall unzulänglich oder doch ergänzungsbedürftig. Nicht nur die Zahl der Überlieferungsträger läßt sich beträchtlich vermehren, sondern auch viele Niese schon bekannten Vertreter der sogenannten Nebenüberlieferung und ein Teil der antiken Übersetzungen, die er nur provisorisch nach schlechten Ausgaben oder gar nur nach einzelnen Handschriften benutzen konnte, sind inzwischen vorzüglich ediert. Die im „Répertoire des bibliothèques et des catalogues de manuscrits grecs" von Marcel Richard (Paris 1958²; Supplément I 1964) gesammelten Handschriftenkataloge erschließen Kodizes, von denen Niese trotz mehrjähriger Bibliotheksreisen und schon seinerzeit internationaler Verbindungen noch nichts wissen konnte. Gleichwohl kann es hier nicht die Absicht sein, eine Überlieferungs- und Textgeschichte des Josephus zu bieten. Dafür ist es angesichts der immensen Zahl der Überlieferungselemente und des völligen Fehlens einschlägiger Vorarbeiten bei weitem zu früh.

Doch leidet das Bemühen um einen besseren Josephustext deshalb keinen Stillstand; stehen doch auch jetzt schon überreiche Mittel bequem zur Verfügung, den allerorten schadhaften Text zu heilen und dem genuinen Wortlaut wieder zu seinem Recht zu verhelfen. Unter diesen Mitteln nimmt einen hervorragenden Platz die neue Josephuskonkordanz ein, deren Möglichkeiten ich mich in meinem Artikel „Einige Vermutungen zum Josephustext" (THEOKRATIA. Jahrbuch des Institutum Judaicum Delitzschianum [Leiden] 1, 1967-1969, S. 64-75) bedient habe. Ein weiterer Aufsatz dieser Art soll folgen.

Die lange Reihe von antiken und mittelalterlichen Autoren, die Josephus zitieren oder erwähnen, ist aus Gründen der Zweckmäßigkeit chronologisch angelegt. Das schafft die Möglichkeit, dem Gang der Tradition auch in seinen einzelnen Schritten und Elementen besser quellenkritisch nachzuspüren. Meine Bestandsaufnahme ist im ganzen sicher nicht vollständig, obwohl es, um die jetzt vorliegende Summe der Testimonien zu gewinnen, unerläßlich war, sich nicht mit der Hilfestellung der einschlägigen Handbücher und Aufsätze zu begnügen, sondern die hier beinahe unübersehbare Menge der in Frage kommenden Quellen nach allen Richtungen hin systematisch zu durchstreifen. Meine Liste enthält natürlich auch sehr zahlreiche Zeugnisse, die, vom textkritischen Standpunkt (nur des griechischen, nicht auch des lateinischen Josephus!) her gesehen, unergiebig oder unerheblich sind. Bei weitem nicht alle Konkordanzen mit einzelnen Josephusstellen müssen unabdingbar im Testimonienapparat einer neuen Ausgabe erscheinen. Freilich dürfen — wenigstens gilt das für einige byzantinische Chroniken, weniger oder gar nicht für die lateinische Literatur des Mittelalters — mitunter auch solche Autoren textkritisches Interesse beanspruchen, die Josephus nur indirekt über Mittelquellen benutzen, ein Verfahren, mit dem auf Schritt und Tritt zu rechnen ist. Das hat oft zu seltsamen Entstellungen und Verzerrungen des ursprünglichen Wortlautes geführt. Nicht selten sind Berichte des Josephus durch so viele Hände gegangen und ist die Verdünnung durch raffende Paraphrasen so weit gediehen, daß, zumal wenn Josephus als Primärquelle dem jeweiligen Autor nicht mehr bewußt ist, eine Ermittlung der Konkordanzen mit den entsprechenden Josephusloci nicht mehr sinnvoll schien. Solche Autoren werden hier also nicht erfaßt. So gehören zahllose Berichte etwa über Herodes und sein Haus, über die Topographie Palästinas, über jüdisches religiöses Brauchtum und den jüdischen

Kult oder über den Untergang Jerusalems durch Titus, Berichte, die fast ganz oder teilweise letztlich auf Josephus zurückgehen, zum tralatizischen Gemeingut spätantiker und mittelalterlicher Historiographie. Freilich greifen immer wieder Autoren dieser Zeit, und zwar gerade auch solche von Rang und Namen, über die Zwischenquellen hinweg direkt auf Josephus zurück. Waren doch seine Werke in vielen griechischen und lateinischen Handschriften verbreitet und legte jede mittelalterliche Bibliothek, die etwas auf sich hielt, Wert auf den Besitz dieser Bücher.

Wo die textkritische Relevanz der Testimonien sich fast völlig oder ganz verflüchtigt, wird das oft mehr als ausgeglichen durch das starke sachlich - inhaltliche Interesse, das sie beanspruchen dürfen. Denn nicht selten verbindet sich mit dem Zurückgreifen auf Josephus und dem Zitieren einzelner Stellen aus seinen Werken ein Reflektieren über das Verhältnis von Kirche und Synagoge, ein heils- und geschichtstheologisches Nachdenken über die Rolle des jüdischen Volkes in dieser Welt, das seine Denkhilfen und Argumente gerade bei Josephus sucht und findet. Nicht von ungefähr geschieht so die Rezeption und Tradierung des jüdischen ‚pater historiae' ganz im christlichen Raum. Seine Werke lieferten nicht nur viele Jahrhunderte hindurch dem christlichen Antijudaismus Munition in Hülle und Fülle; sie boten auch eine höchst willkommene Ergänzung und Fortführung der Berichte des Alten und des Neuen Testamentes. Mit der Wertschätzung des gelehrten Historiographen verbindet sich schließlich bei vielen Kirchenvätern und Kirchenschriftstellern der tiefe Respekt vor seiner Wahrheitsliebe, die sich so einzigartig in seinen, des Juden, Zeugnissen über Jesus Christus und das Urchristentum zu beweisen schien.

Sicher hätte die Reihe der Testimonien zu Josephus bei rein textkritischem Interesse nicht so lang werden müssen; doch gibt sie so die Möglichkeit, unter dem Gesichtspunkt der Wirkungsgeschichte des Josephus das Verhältnis gerade der geistig führenden Vertreter des Christentums zum jüdischen Volk über lange, z.T. in dieser Hinsicht noch wenig untersuchte Zeiträume hinweg zu verfolgen und zu verstehen. Sie zeigt auch, daß die unerhört starke Fernwirkung des Josephus nicht nur in den Raum theologischer Diskussionen reicht, sondern durchaus konkrete geschichtliche Entwicklungen ausgelöst hat. So ist die mittelalterliche Kammerknechtschaft der Juden ein Institut, dessen Rechtsgrundlage von bestimmten Josephuspassagen abgeleitet wurde. Mit Robert Eisler (Jesous Basileus, I, Heidelberg

1929 p. XLVIII) muß man sagen, „daß — nächst der Bibel — keine
Schrift des Altertums einen so gewaltigen und weitreichenden Einfluß
auf die Geschichtsauffassung der abendländischen Menschheit gehabt,
keine Geschichtsquelle so viele gelehrte Federn in Bewegung gesetzt
hat... wie das Werk dieses... Flavius Josephus".

Ein Gesamtregister am Schluß des Buches faßt die Einzelergebnisse
der Darstellung der Nebenüberlieferung in Form einer Liste aller
zu einzelnen Josephusparagraphen ermittelten Zitate, Erwähnungen
usw. zusammen. Ein nicht kleiner Teil dieser in der Reihenfolge
der Werke, Bücher und Paragraphen angelegten Liste stellt — in
Verbindung mit den entsprechenden Konkordanzen der antiken
Übersetzungen — bereits den Testimonienapparat für eine künftige
Ausgabe des griechischen Josephus bereit. Darüberhinaus zeigt sie
von Paragraph zu Paragraph katenenartig zahllose Einzelheiten
der Wirkungsgeschichte des Josephus bis hin zu der scheinbar banalen
Beobachtung, welche Passagen die Nachwelt am meisten anzogen
und beschäftigten, seien es historiographische Prunkstücke wie die
Agripparede (Bell. 2, 345 ff.) oder sonstwie fesselnde und denkwürdige
Abschnitte wie die Teknophagie der Maria im belagerten Jerusalem
(Bell. 6, 201 ff.), die Vorzeichen für den Untergang Jerusalems (Bell. 6,
288 ff.) oder etwa die Jesus und das Urchristentum betreffenden
Berichte (Ant. 18, 63-64. 116-119; 20, 200). In gewisser Weise bietet
jedoch das Gesamtregister der Josephuskonkordanzen der Nebenüberlieferung eine Art bibliographischen Schlüssel dar zur Erschließung
der Überlieferung vom Autor Josephus bis hin zur Editio princeps.

Für Rat und Hilfe bei den Handschriftenermittlungen danke ich
den Herren Dr. Athanasios Fourlas (Athen), Dr. Henry Knopf
(Cambridge, University Library), der Biblioteca Universitaria di
Bologna, der Universitätsbibliothek Heidelberg, der Kongelige
Bibliotek Kopenhagen, der Bibliotheek der Rijksuniversiteit te
Leiden, der Bibliothek der Karl-Marx-Universität Leipzig, der
Biblioteca Nazionale in Neapel, der Yale University Library (New
Haven), dem Hidryma Patrikōn Spudōn, Monē Blatadōn (Saloniki)
und dem Heimatmuseum Schleusingen (DDR). Dem Institut de
Recherche et d'Histoire des Textes habe ich sehr zu danken für
die Überlassung oder Vermittlung einer Anzahl von Mikrofilmen.
Besonderen Nutzen erfuhr meine Arbeit durch die Einrichtungen
und Bestände der Universitätsbibliothek Münster (Westf.) und durch
einige Institute dieser Universität, vor allem das Institut für Hand-
schriften- und Frühdruckforschung (Institutum Erasmianum), die

Patristische Arbeitsstelle und das Institut für neutestamentliche
Textforschung.

Sehr zu Dank verpflichtet bin ich nicht zuletzt Herrn Prof. D. K. H.
Rengstorf, dem Direktor des Institutum Judaicum Delitzschianum
an der Universität Münster, der auch dieses Werk mit freundlichem
Interesse förderte und es in die Reihe „Arbeiten zur Literatur und
Geschichte des hellenistischen Judentums" aufnahm.

Münster i.W., im Februar 1972   Heinz SCHRECKENBERG

ZUR GEGENWÄRTIGEN EDITIONSGESCHICHTLICHEN SITUATION

Eine vollständige Darstellung der Josephusüberlieferung in Handschriften, alten Übersetzungen und in den Zeugnissen der Kirchenväter - und sonstigen Literatur muß allerorts die durch die letzte kritische Gesamtausgabe geschaffene Situation berücksichtigen und in die Untersuchung einbeziehen. Es ist deshalb unerläßlich, auf Benedikt Nieses Edition (Berlin 1885-95) mehr als nur einen flüchtigen Blick zu werfen.

Flavius Josephus gehört zu jenen griechisch schreibenden antiken Autoren nach Aristoteles, deren Erforschung die klassische Philologie gern Theologen und Althistorikern überläßt. So verging nach der ersten wirklich kritischen Edition von Johannes Hudson (Oxford 1720) viel Zeit bis zum Erscheinen der grundlegenden Leistung Nieses. Mit den Vorarbeiten für seine von dem Althistoriker Alfred von Gutschmid (1835-1887) angeregte und dem berühmten Orientalisten Theodor Nöldeke (1836-1930) gewidmete Ausgabe begann Niese im Jahre 1873. Zunächst hatte Gutschmid den Plan gefaßt, den griechischen Text der Schrift Contra Apionem zusammen mit der antiken lateinischen Übersetzung und einem Kommentar herauszugeben. Sein früher Tod und Nieses Unternehmung ließen dieses Vorhaben nicht zur Durchführung kommen. Immerhin hatte Erwin Rohde dafür im Auftrage Gutschmids schon den Laurentianus 69, 22 (L) kollationiert. Von den gründlichen Vorarbeiten Gutschmids legen vor allem seine ,,Vorlesungen über Josephus' Bücher gegen Apion" Zeugnis ab (Kleine Schriften IV, Leipzig 1893, S. 336-589). In den ersten Jahren seiner Arbeit hatte Niese noch die Absicht, auch den zu allen Büchern außer der Vita erhaltenen lateinischen Josephus mit zu edieren; doch erwies sich bald dieses Ziel als zu weit gesteckt. Diese Linie seiner Arbeit führte dann — von Niese darum gebeten — Karl Boysen weiter, konnte allerdings nur einen Teil davon vollenden: Flavii Josephi opera ex versione antiqua edidit Carolus Boysen. Pars VI. De Judaeorum vetustate sive Contra Apionem libri II (Prag — Wien — Leipzig 1898. Corpus Scriptorum Ecclesiasticorum Latinorum XXXVI). Die Schwierigkeiten seiner Bemühungen hat Niese zeitweilig unterschätzt. So spricht er in einem Brief vom 14. Mai 1877 an Emil Schürer (im Besitz von K. H. Rengstorf) von seiner ,,im nächsten Jahre erscheinenden Ausgabe". Der erste Band konnte jedoch erst acht Jahre später herauskommen, obwohl Niese bei weitem nicht alle Textzeugen selbst auswertete, sondern sich bei seinen Ermittlungen auf Vorarbeiten und Hilfe zahlreicher Freunde, Schüler und Fachgenossen stützen konnte, darunter R. Beer, Th. Birt, K. Boysen, Ph. Braun, C. Bruun, C. Castellani, J. von Destinon, Driver, J. Droysen, K. Dziatzko, N. Festa, A. von Gutschmid, W. von Hartel, R. Hercher, Van Herwerden, I. Hilberg, P. Jensen, J. Koch, H. Kottek, R. Kukula, E. Martini, A. Mau, W. Meyer, A. S. Piccolomini, O. Roßbach, H. Rostagno, F. Rühl, W. Schmidt, E. Schwartz, A. Sogliano, Soranzo, J. Stender, H. Vitelli, F. Vogt, J. Wollenberg, G. Zedler.

Meine ,,Bibliographie zu Flavius Josephus", die alles Wissenswerte auch über Nieses editorische Vorgänger und Nachfolger mitteilt, führt aus prinzipiellen Gründen Rezensionen in der Regel nicht auf. Das ist hier nun nachzuholen, soweit diese sich auf Nieses große und kleine Ausgabe (1885-1895; 1888-1895) sowie auf Nabers Edition (1888-1896) beziehen. Sie bergen einen sehr erheblichen, für die Beurteilung der Josephusüberlieferung bisher völlig ungenutzten kritischen Wert, zumal auch die einzige Gesamtausgabe seit Niese und Naber, nämlich die der Loeb Classical Library (1926-1965), sie ganz unbeachtet gelassen hat. Ich unterscheide bei der Aufzählung der Einfachheit halber nicht nach dem Bezug auf Nieses Editio maior, Editio minor und Naber, da die Rezensionen sich oft auf mehrere Teilbände dieser fast gleichzeitig erschienenen Editionen beziehen und eine solche Differenzierung für den hier angestrebten Zweck unerheblich ist:

Philologischer Anzeiger (Göttingen) 1887 (272-278) von C. Franklin Arnold.
Blätter für das Bayerische Gymnasialschulwesen (München) 1887 (251-255) von Joh. Muhl.
Literarisches Centralblatt (Leipzig) 1886 (865-866), 1888 (1552-1553), 1889 (1346-1347), 1891 (80-82. 345-348. 505-506), 1892 (1472-1473), 1893 (182-183), 1895 (1656-1658), 1896 (386-387. 546-547), 1897 (62-64) von Franz Rühl.
Neues Korrespondenzblatt für die Gelehrten- und Realschulen Württembergs 1894 (390-391) von E. Nestle.
Theologisches Literaturblatt (Leipzig) 1886 (93), 1888 (133-134), 1891 (3-4), 1892 (307) von Herm. L. Strack.
Theologische Literaturzeitung (Leipzig) 1886 (73), 1888 (499-501), 1890 (74-76. 644-645), 1892 (514-516), 1895 (252-254. 485-486) von Emil Schürer.
Deutsche Litteraturzeitung 1888 (557-559), 1891 (54-56. 950-951), 1892

(1265-1268), 1893 (1230-1231), 1895 (683-686. 1619), 1896 (1069-1071), 1897 (1210-1211) von Paul Wendland.

The Classical Review 1889 (158-160), 1892 (224) von H. E. Ryle.

Revue Critique d'Histoire et de Littérature (Paris) 1888 (61-64. 302), 1890 (22-24. 381), 1896 (150-151) von Théodore Reinach.

Neue Philologische Rundschau (Gotha) 1888 (294-297), 1890 (280-281), 1892 (129-131. 359-361), 1893 (179-180), 1896 (196-197) von Reimer Hansen.

Berliner Philologische Wochenschrift 1888 (295-296), 1890 (1327-1329), 1893 (296-300), 1894 (715-716), 1896 (583-584), 1897 (645-647) von Carl Frick.

Wochenschrift für klassische Philologie (Berlin) 1886 (1094-1098), 1888 (876-878), 1890 (628-629), 1892 (1232-1234. 1259-1260) von F. Krebs; 1889 (1310-1314), 1891 (38-43), 1893 (1003-1007), 1897 (339-350) von Karl Jacoby.

Zeitschrift für die österreichischen Gymnasien (Wien) 1889 (14-19), 1890 (323-327), 1891 (398-402) von Karl Schenkl.

Die Kritik an Nieses Josephustext beginnt indessen nicht mit den ersten Rezensionen. Schon Niese selbst äußert sich an verschiedenen Stellen recht kritisch zu seiner eigenen Arbeit, so Vol. I (1887) p. LXXV-LXXVI: „Ceterum non eram nescius minime codices RO incorruptos esse Josephi verborum testes, et multa in alterius generis libris melius tradita esse et magis placere. quare saepenumero utrum Josephus scripserit dubitari potest, et diutina quaestione opus erit, ut dubium tollatur. Sed si expectare voluissem, dum omnes loci ad liquidum perducti essent, diu haec volumina in scriniis retinere debebam, cum Josephi tot libri diutino labore vix ab uno homine ad pulvisculum excuti possent. quare id potius mihi propositum esse existimavi, ut copias a me collectas et ordine dispositas viris doctis traderem, quibus usi ad Josephum explicandum et emendandum accederent, nec graviter feram, si quis in restituendis verbis Josephi me saepe errasse putaverit."

Zu beachten ist auch ibid. p. LXXXI: „Non me fugit in hac editione subsidia critica non ita esse collecta, ut nihil desideretur. imprimis testes eos, qui praeter codices manu exaratos Josephi verba tradiderunt eoque usi sunt auctore, confiteor me non dedita opera collegisse; quodsi voluissem omnium fere scriptorum ecclesiasticorum volumina percensenda erant" und Vol. VI p. XXVI: „sunt denique loci, ubi valde dubium sit, utrum genus meliora tradat; nec deest ubi et nos in diversas sententias abierimus et fortasse alii, qui postea in Josephum inquirent, discessuri sint." Bezeichnend ist auch die letzte einschlägige Äußerung Nieses zu diesem Thema in seinem posthum erschienenen Artikel „Josephus" in der Encyclopaedia of Religion and Ethics,

Vol. VII (Edinburgh 1914) 579: „It need hardly be said that the work of textual criticism is still far from complete; it is only now, in fact, that it can really begin." Kein Zweifel also, daß Niese sein Werk editorum in usum verstanden wissen wollte.

Nieses erklärte Absicht, einerseits einen Text zu bieten, der dem (freilich schon sehr korrupten) Archetypus möglichst nahe kommt, andererseits der Konjekturalkritik wenig Spielraum zu geben, bietet die meisten Angriffsflächen, daneben sein methodischer Rigorismus, beeinflußt von einem damals noch weithin gültigen Prinzip, weniger auf die Qualität der Lesarten zu achten als vielmehr auf die zuvor ein für allemal erkannte oder postulierte Güte bestimmter Textzeugen zu bauen. So versteht sich das scharfe und sarkastische Urteil Nabers in der Einleitung zum dritten Band seiner Josephusausgabe (Leipzig 1888-1896) p. V zum Verfahren Nieses in der zweiten Hälfte der Antiquitates Judaicae: „Etenim perpetuo metuit, ne librariorum coniecturas pro vera Josephi manu amplectatur atque sic frugibus repertis mirifice delectatur glandibus Palatinis." Ibid. V p. V: „. . . omne cane peius et angue metuit sibi Niesius ab librariorum coniecturis." Streng urteilt auch Wendland (Deutsche Litteraturzeitung 1892, 1266): „An diesen und an vielen. . . Stellen fragt man sich vergebens: welchen Sinn verbindet der Herausgeber mit seinem Texte ? Hat er die einen guten Sinn ergebenden Lesarten verschmäht, weil er sie für Konjekturen hält ?. . . Es konnte doch nicht die Absicht des Herausgebers sein, uns die Rezension der besten oder der besseren Handschriften auch mit ihren Korruptelen, sondern uns den Urtext des Josephus vorzulegen." Eduard Norden (Josephus und Tacitus über Jesus Christus und eine messianische Prophetie. Neue Jahrb. f. d. klass. Alt. 16, 1913, 646 Anm. 1) schreibt: „Der Text (der Archäologie) ist, wie ich mich überzeugt habe, viel schwerer verderbt, als die Ausgabe Nieses es scheinen läßt." Dem entspricht G. Hölscher in seinem Artikel „Josephus" (Pauly-Wissowa RE IX, 1916, 1998) mit dem Votum: „Der Text ist freilich in viel stärkerem Maße verderbt, als die Ausgabe Nieses es ahnen läßt; auch größere Interpolationen scheinen in dem viel gelesenen Schriftsteller weit zahlreicher zu sein, als bisher festgestellt worden ist." Adolf Schlatter (Der Bericht über das Ende Jerusalems. Ein Dialog mit Wilhelm Weber. Gütersloh 1923, S. 7 Anm. 2) bedauert, daß „sich leider mein Vertrauen zu den Herausgebern des J., sie gäben uns einen sorgfältig gelesenen und kritisch durchdachten Text, als falsch erwies. Die von den Herausgebern (Niese, von Destinon) festgehaltene

Begrenzung ihres Ziels auf die mit exakter Zuverlässigkeit vollzogene Kopie der Handschriften hat zur Folge, daß immer noch eine ansehnliche Menge tollen Unsinns in den Texten des J. steht." Als schlicht „verfehlt" wegen grundsätzlich falscher Beurteilung der Textzeugen bezeichnet ein so hervorragender Sachkenner und Editor wie Karl Mras die Apionausgabe Nieses (Vol. V der Editio maior) im Rheinischen Museum 92 (1944) 220. Schließlich seien genannt W. Bousset — H. Gressmann, Die Religion des Judentums im späthellenistischen Zeitalter (Tübingen 1966[4]) S. 39 Anm. 1: „Die Ausgabe (Nieses) ist leider keine eigentliche Recensio, sondern eine Wiederherstellung eines relativ ursprünglichen Textes mit allen seinen Fehlern. Daher ist sie nur unter ständiger Berücksichtigung des... Apparates zu gebrauchen." Nur summarisch verweise ich noch auf ähnlich kritische, im einzelnen gut begründete Urteile von Carl Frick (Berliner Philologische Wochenschrift 1893, 296 ff.), R. Hansen (Neue philologische Rundschau 1893, 179-180), Fr. Krebs, Zur Rection der Casus etc., Regensburg (Programm) 1885, S. 18, Jacobus Laurentius Liezenberg (Studia Flaviana. Observationes criticae in Flavii Josephi antiquitates judaicas. Schiedam 1899 S. 2), Samuel Adrianus Naber (Flavii Josephi opera I, 1888, p. III-IV; III, 1892, p. IV), Franz Rühl (Literarisches Centralblatt 1888, 1553; 1889, 1346; 1893, 1191-1192; 1895, 1657; 1897, 63), Karl Schenkl (Zeitschrift für die österreichischen Gymnasien 1891, 399-401), Guilelmus Schmidt (De Flavii Josephi elocutione observationes criticae. Jahrbüch. f. class. Philologie, Suppl. 19, Leipzig 1894, S. 348-350), Emil Schürer (Theologische Literaturzeitung 1888, 501; 1892, 516), Eduard Schwartz (Eusebius Werke. Zweiter Band: Die Kirchengeschichte. Dritter Teil, Leipzig 1909, p. CLVIII. CLXXVII), H. St. John Thackeray (Josephus with an English Translation, London — Cambridge, Mass., vol. I, 1926, p. XVII), Paul Wendland (Deutsche Litteraturzeitung 1888, 557; 1891, 54; 1892, 1267).

Es mag vielleicht unnötig erscheinen, so viele Stimmen zu Wort kommen zu lassen. Doch trägt das möglicherweise dazu bei, die aus Unkenntnis noch vielerorts verbreitete Ansicht zu revidieren, daß Nieses Edition beinahe kanonische Geltung beanspruchen könne. Bezeichnet doch noch Hermann Bengtson in seiner „Einführung in die Alte Geschichte" (München 1965[5] S. 104) Nieses Ausgabe als „mustergültig".

In welchem Ausmaße die Kritik an Nieses Josephusausgabe berechtigt ist, wird in vollem Umfang erst der Vergleich mit einer neuen

Ausgabe zeigen. Soviel steht aber fest, daß einerseits die auf Niese folgenden und ganz auf seiner Leistung basierenden Editiones minores von Niese selbst (1888-1896), von Naber (1888-1896), von Thackeray — Marcus — Wikgren — Feldman (1926-1965) sowie die Teilausgaben von Reinach (1930), Pelletier (1959) und Michel — Bauernfeind (1959-1969) nicht geeignet sind, Nieses Editio maior von 1885-1895 zu ersetzen, andererseits aber mit mehr oder weniger Berechtigung an Tausenden von Stellen von dieser großen Ausgabe abweichen, so daß Nieses Text durch diese Entwicklung geradezu überwuchert erscheint. Bereits in der „Bibliographie zu Flavius Josephus" (Leiden 1968) mußte festgestellt werden, daß es nicht sinnvoll ist, diese Entwicklung so weitergehen zu lassen, daß es vielmehr unabweisbar ist, entweder Benedikt Nieses Editio maior gründlich zu revidieren oder eine ganz neue kritische Ausgabe ins Auge zu fassen. Auch andere Umstände führen zu der Einsicht, daß Nieses Text zwar im ganzen noch nicht ersetzt, in unzähligen Einzelheiten aber hoffnungslos veraltet ist. Da ist zunächst der Bereich der Heuristik. Niese glaubte, alle existierenden griechischen Josephushandschriften zu kennen (Vol. I, 1887, p. LXXV). Daß es sich da um eine Täuschung gehandelt hat, zeigt ein Blick auf den handschriftlichen Sektor der hier dargestellten Josephusüberlieferung, für den ich sehr zahlreiche Handschriften ermitteln konnte, die bisher in keiner Josephusausgabe verwertet oder auch nur erwähnt sind. Auch im Bereich der Neben- und indirekten Überlieferung ist die Situation inzwischen grundlegend verändert, insofern eine Fülle von Elementen dieser Teile der Josephustradition in gegenüber Niese neuer oder verbesserter Form vorliegt, z.B. die Epitome Antiquitatum, Teile des lateinischen Josephus oder die Werke des Eusebius. — Eine weitere grundlegende Änderung der editionsgeschichtlichen Situation wird bewirkt durch „A Complete Concordance to Flavius Josephus" (Leiden 1968 ff.). Diese Konkordanz ermöglicht an zahllosen Stellen eine bessere Beurteilung der handschriftlichen und sonstigen Varianten im Hinblick auf die Ermittlung des wahrscheinlich genuinen Sprachgebrauchs. Ihre Bedeutung als Hilfsmittel bei der Editionsarbeit ist jedenfalls kaum zu überschätzen. Kein Wunder, wenn schon bei Karl Schenkl (Zeitschrift für die österreichischen Gymnasien 1889, 16) und R. Hansen (Neue philologische Rundschau 1892, 131) der Wunsch wach wurde nach Anlage eines Josephuslexikons beziehungsweise eines Index vocabulorum für den Zweck der Textemendation. Über andere einschlägige Ansätze und Versuche informiert die „Bibliographie

zu Flavius Josephus" bei den Jahren 1782 (Oberthür), 1930 (Thackeray), 1960 (Delling). Einen großen Gewinn für eine neue Ausgabe
bedeutet das als Supplement der Konkordanz erschienene ,,Namen-
wörterbuch zu Flavius Josephus" von Abraham Schalit (Leiden 1968),
das bedeutende Fortschritte auf diesem so überaus schwierigen
Arbeitsgebiet bringt. In dem eingangs schon erwähnten Artikel ,,Einige
Vermutungen zum Josephustext" (THEOKRATIA 1, 1967-1969,
Leiden 1970) habe ich zu zeigen versucht, wie nützlich bei der inneren
Kritik die vollständige Kenntnis des jeweiligen Sprachgebrauchs
sein kann, wie ihn die Konkordanz in einzigartiger Weise darbietet. —
Den größten unmittelbaren Nutzen hat der Josephustext durch
eine ganze Anzahl von Untersuchungen zum Sprachgebrauch des
Josephus erfahren, die in den Jahren und Jahrzehnten nach Nieses
Ausgabe erschienen. Ich nenne als Beispiel hier nur die hervorragende
Untersuchung von Schmidt (De Flavii Josephi elocutione observationes criticae. Jahrbüch. f. class. Philologie, Suppl. 19, Leipzig 1894) und
verweise im übrigen auf die Sachweisergruppe 12 meiner Bibliographie.
Dieses bedeutende kritische Potential liegt freilich bis heute brach,
da es von den auf Niese folgenden Editionen so gut wie unbeachtet
geblieben ist. Jedoch ist eine gute Kenntnis der Eigenarten der attizi-
stischen Koine des Josephus unerläßlich bei der Entscheidung vieler
textkritischer Einzelfragen. Nicht nur im Hinblick auf diese Umstände
ist eine neue Josephusausgabe ein dringendes Desiderat, sondern auch
angesichts der Tatsache, daß das Judentum im Umkreis des Neuen
Testamentes, für welches die Berichte des Josephus einen einzigartigen
Quellenwert haben, heute wieder näher an die Brennpunkte des theologischen und historischen Interessses gerückt ist. Das zeigte sich vor
allem nach der Entdeckung der Schriftrollen vom Toten Meer, das
zeigen die verschiedensten Ausgrabungen in Israel, z.B. die Wieder-
entdeckung von Masada; das zeigen aber auch neue wissenschaftliche
Unternehmungen wie das ,,Corpus Judaeo-Hellenisticum" (Gerhard
Delling) und die ,,Compendia rerum Judaicarum ad Novum Testa-
mentum", ein internationales christlich-jüdisches Gemeinschafts-
werk, das seit 1969 in Vorbereitung ist.

So unzulänglich und veraltet auch Nieses Ausgabe vom heutigen
Standpunkt aus ist, so sieht sich doch jeder künftige Editor auf sie
verwiesen, sei es auch nur als Ausgangspunkt und Plattform der
eigenen Arbeit. Der zunächst möglich erscheinende Gedanke an eine
bloße Editio correctior wird freilich jedem bald als undurchführbar
erscheinen, der nach längerer Beschäftigung mit Nieses Text zu der

Einsicht kommen muß, daß die Zahl der unbedingt erforderlichen
Änderungen rasch das hier noch tragbare Maß weit übersteigt. Am
ehesten vermag Nieses Leistung noch Bestand zu haben hinsichtlich
der umfangreichen Handschriftenkollationen, von denen der Apparat
ein wegen seiner Genauigkeit oft gerühmtes Zeugnis ablegt. Daß
dieser Apparat mit seiner Präzision und — vom damaligen Standpunkt
aus gesehen — Vollständigkeit das Material auch für anders geartete
Behandlungen des Textes würde liefern müssen, war schon sehr früh
deutlich (Rühl, Literarisches Centralblatt 1892, 1473; vgl. Hansen,
Neue philologische Rundschau 1890, 280; Strack, Theologisches
Literaturblatt 1892, 307). In der Tat ist es angesichts dieser Sachlage heute nicht sinnvoll, durch Nachkollationen Nieses und seiner
Helfer gründliche Leistung zu wiederholen. In diesem Sinne hat sich
mit Recht auch Théodore Reinach geäußert (Flavius Josèphe Contre
Apion, Paris 1930, p. XIII). Solche Nachkollationen wären nur vertretbar, wenn das im Rahmen einer vollständigen, systematischen
Auswertung der gesamten handschriftlichen Tradition geschähe. Daran
ist angesichts der überaus großen Zahl der schon Niese bekannten und
der von mir neu ermittelten Handschriften vorläufig nicht zu denken.
Immerhin konnte schon Niese trotz zahlreicher Helfer bei weitem
nicht alle ihm bekannten Codices auswerten, darunter auch eine Anzahl,
über deren Qualität als Variantenträger keine Zweifel bestehen, die
also auf jeden Fall durchgehende Beachtung verdient hätten. Darüber
gibt die weiter unten erscheinende vollständige Liste aller zum heutigen Zeitpunkt ermittelbaren Handschriften im einzelnen Aufschluß.
Gegenstand der Arbeit an einem neuen Josephustext kann es für einen
einzelnen derzeit also nur sein, unter Mitverwendung von Nieses Kollationen und der recht breiten handschriftlichen Basis seiner Edition
das von ihm entworfene überlieferungsgeschichtliche Bild kritisch zu
prüfen, zu korrigieren und zu revidieren, wo es erforderlich ist, schließlich zu versuchen, die wichtigsten neuen Textzeugen in dieses Bild
einzuordnen. Das Ergebnis einer solchen Arbeit kann freilich weder ab-
schließend sein noch auch nur Nieses Ausgabe ersetzen; denn der Wert
der in seinem Apparat niedergelegten Kollationen wird Bestand haben,
bis die Textgeschichte des Josephus einmal sehr viel besser erforscht
sein wird, als das heute möglich ist, d.h. bis wirklich alle Textzeugen
einschließlich der codices deteriores vollständig ausgewertet sind, und
zwar einschließlich der Scholien, Korrekturen, Subskriptionen, Titel
usw. — denn anders läßt sich eine nach allen Seiten hin begründete
Text- und Überlieferungsgeschichte nicht schreiben. Jedoch fehlen

textgeschichtliche Untersuchungen und Vorarbeiten zu Josephus — sieht man von Nieses Edition einmal ab — noch völlig, und es sieht nicht danach aus, daß diesem Desiderat in absehbarer Zeit entsprochen wird. Gehört Josephus doch zu den Autoren der Antike, die mehr zitiert als gelesen und mehr benutzt als erforscht werden, wie denn auch Philipp Kohout (Flavius Josephus' Jüdischer Krieg, Linz 1901, p. VI.) bemerkt, „daß Josephus an seiner Mittelstellung immer zu leiden haben wird, indem die Theologen ihn den Philologen und umgekehrt einander zuschieben".

Solange nicht eine auf erschöpfender Untersuchung aller heute bekannten Überlieferungselemente beruhende, von Grund auf neue Recensio auf den Plan tritt, wird es auch nicht nötig sein, Nieses Siglen-Nomenklatur aufzugeben, allenfalls sie da und dort zu ergänzen. Schon gar nicht ist es sinnvoll, Hyparchetypi-Siglen (etwa von RO oder MSP) zu bestimmen, da es solchen Gruppierungen an Konsistenz mangelt und das Element der Vorläufigkeit hier noch stärker ausgeprägt ist, weil ein allseitig begründetes Stemma der handschriftlichen Überlieferung vorerst noch nicht möglich, wahrscheinlich sogar überhaupt unmöglich ist wegen der fast überall wuchernden Kontamination. Das kann nicht wundernehmen; gehört doch Josephus zu den im Mittelalter am meisten gelesenen antiken Autoren. Solche Erwägungen sind nicht unwichtig im Hinblick auf die weitere Benutzbarkeit sowohl der Josephuseditionen seit Niese wie auch der „Complete Concordance to Flavius Josephus" (Leiden 1968 ff.)

VORBEMERKUNGEN ZUR DARSTELLUNG
DER TEXTZEUGEN

In der folgenden Liste erscheinen nicht nur Haupt- oder Primär-
zeugen, sondern alle mir bekannt gewordenen Handschriften. Ist ihnen
keine Sigle beigegeben, so handelt es sich in den meisten Fällen um
erwiesene oder vermutliche Apographi erhaltener Kodizes, um Zeugen,
die ihres Alters oder geringen Umfanges wegen keinen unmittelbaren
und nennenswerten Nutzen für die Textgestaltung erwarten lassen, oder
um einzelne Handschriften der antiken Übersetzungen oder der Epitome Antiquitatum, soweit sie auch bei Niese in irgendeiner Form
erscheinen, um Sekundärzeugen also, die nicht als solche Textzeugen
des griechischen Josephus sind, sondern ihrerseits einen der verschiedenen Testes bezeugen. Das soll zum besseren Überblick über die
ungewöhnlich differenzierte und ausgefächerte Überlieferung verhelfen, den Niese nicht gerade erleichtert hat, insofern er nicht selten
Handschriften, vor allem nur sporadisch benutzte, in einer Weise zitiert, die dem Benutzer seiner Ausgabe jeweils Rätsel aufgibt und
zum gründlichen Studium der weitläufigen, über mehrere Bände ver-
teilten Einleitungen zwingt. Ich meine seine Eigenart, Handschriften
gelegentlich nur als Mediceus, Bodleianus, Regius, Vossianus usw.
anzuführen, die jeweilige Kodexsignatur sich jedoch zu schenken —
zweifellos unter dem Einfluß seiner editorischen Vorgänger Hudson,
Haverkamp und Cardwell —, so daß man selten auf Anhieb weiß,
welcher Vossianus, Regius, Bodleianus, Mediceus usw. denn nun
eigentlich gemeint ist.

Selbstverständlich werden die einzelnen Textzeugen mehr oder
weniger ausführlich vorgestellt, und zwar nach dem Grad ihrer Relevanz, aber zum Teil auch einfach danach, wieviel man heute schon im
einzelnen über sie ermitteln kann. Es versteht sich von selbst, daß
Zeugen, die nur Pseudo-Josephus (4. Makkabäerbuch, Περὶ τῆς τοῦ
παντὸς οὐσίας) enthalten, nicht berücksichtigt sind. Das hätte den
Umfang der folgenden Liste unnötig noch beträchtlich vergrößert.

Ein technisches Problem ist dadurch gegeben, daß Niese — gegen
einen bekannten editorischen Grundsatz verstoßend — mit ein und
derselben Sigle nicht immer dieselbe Handschrift meint, beziehungsweise dieselbe Handschrift mit verschiedenen Siglen bezeichnet. Da
diese Siglen inzwischen als rezipiert gelten müssen und für den Zweck

einer in absehbarer Zeit möglichen neuen Ausgabe eine Neuordnung
nicht sinnvoll ist, bleibt nur die Wahl, entweder auf eine umfassende
Handschriftenliste zu verzichten zugunsten von Einzellisten für die
vier Überlieferungsblöcke (Bell. Jud.; Ant. Jud. 1-10; Ant. Jud. 11-20,
Vita; Contra Apionen) oder in einer Gesamtübersicht durch differen-
zierende Zusätze die Identität eindeutig zu machen. Das dringende
Erfordernis einer solchen Gesamtübersicht gibt den Ausschlag; denn
bei vier verschiedenen Listen in den verschiedenen Einleitungen
Nieses ist die jeweils gewünschte Information oft nur nach längerem
Suchen zu finden, ohne daß man sicher sein kann, sie vollständig zu
haben, da manche Textzeugen in mehr als einem der vier Überlieferungsblöcke erscheinen — was im einzelnen erst nach längerer
Vertrautheit mit der Josephusüberlieferung präsent sein kann. Aber
nicht jeder, der die maßgebende kritische Ausgabe eines antiken
Autors einsieht, kann eine so umfassende Kenntnis von dessen Überlieferung mitbringen, wie sie Niese von den Benutzern seiner Ausgabe
erwartet. Die in der unten folgenden Liste seitlich ausgeworfenen
Siglen werden also mit römischen Zahlen

    I = Bellum Judaicum
   II = Antiquitates Judaicae 1-10
  III = Antiquitates Judaicae 11-20, Vita
  IV = Contra Apionem

in ihrem Geltungsbereich bestimmt, wobei diese differenzierenden
Zahlen in runden Klammern hinter der Sigle stehen — soweit eine
solche überhaupt vorhanden ist. — Eine ins einzelne gehende Beschreibung der Handschriften zu geben, zumal von solchen, die ich
nicht selbst eingesehen habe, ist für den Zweck dieses Buches nicht
sinnvoll, da solche Dinge entweder schon bei Niese oder in den jeweils
genannten Handschriftenkatalogen zu finden sind. Eher dürfen Hinweise auf die Eigenart oder Bevorzugung von Textzeugen durch den
einen oder anderen Editor erwartet werden. Vor allem im Bereich der
Neben- und indirekten Überlieferung sind ausführliche Bemerkungen
zur Charakterisierung der Zeugen, deren Wert sehr unterschiedlich ist,
oft unumgänglich. Generell gilt hier die Feststellung, daß Zeugnisse
dieses Überlieferungssektors wegen des oft recht freien Umganges mit
ihrer Vorlage eher Beachtung verdienen, wenn sie Lesarten der Josephushandschriften stützen, sie also als alt erweisen. Gering oder gleich
Null ist der kritische Wert, den Zitate, Entlehnungen und Erwähnungen bei lateinischen Autoren jenseits von Hieronymus für den

griechischen Josephus haben. Viele von ihnen zitieren Josephus indirekt über Zwischenquellen; manchmal ist es auch fraglich, ob Hegesippus oder die unter Rufins Namen gehende antike Übersetzung gemeint ist. Solche Dinge sind, wie auch manche Übernahmen in Katenen und Florilegien, kaum unmittelbar textkritisch nutzbar, beanspruchen jedoch mitunter Beachtung vom umfassenderen Interesse einer Text- und Überlieferungsgeschichte her gesehen, die auch die feineren Verästelungen und Verzweigungen der Josephustradition nicht außer Acht lassen will.

HANDSCHRIFTEN
Athos
Μονὴ Βατοπεδίου

(I.II) *Batopedianus 386.* Pergament, 13. Jh., 410 Bl. Enthält den
größten Teil der ersten Dekade der Antiquitates Judaicae und
das Bellum Judaicum.

Catalogue of the Greek Manuscripts in the Library of the
Monastery of Vatopedi on Mt. Athos. By S. Eustratiades
and Arcadios. Harvard Theological Studies XI. Cambridge
(Harvard University Press) 1924, S. 73. Vgl. Rudberg, Eranos
54 (1956) 181. — Nicht bei Niese.

(II) *Batopedianus 387.* Papier, vom Jahre 1487, 324 Bl. Enthält
den größten Teil der ersten Dekade der Antiquitates Judaicae.

Eustratiades — Arcadios S. 74. Rudberg, Eranos 54 (1956)
181, vermutet, dieser Kodex sei eine Kopie des Batopedianus
386. — Nicht bei Niese. → Nachträge.

Μονὴ Διονυσίου

(III) *Dionysiou 194.* Papier, 14. Jh., Sammelhandschrift. Darin
Nr. 22 das Testimonium Flavianum (Ant. Jud. 18, 63-64).

Spyr. P. Lambros, Catalogue of the Greek Manuscripts on
Mount Athos. Volume I. Cambridge (Harvard University Press)
1895, S. 357-359, Nr. 3728. — Nicht bei Niese.

Μονὴ Ἰβήρων

(II.III) *Iberon 92.* Papier, 16. Jh., Sammelhandschrift. Darin fol. 30^r
ein metronomischer Auszug aus Ant. Jud. 3, 197; fol. 333^v
das Testimonium Flavianum (Ant. Jud. 18, 63-64).

Lambros II (1900) S. 14-18, Nr. 4212. — Nicht bei Niese.

Iberon 159. Papier, 15. Jh., Sammelhandschrift. Darin fol. 1-18
zwei theologische Fragestellungen (1. Διὰ τί φησιν ὁ Ἀπόστολος
διδάσκειν γυναικὶ οὐκ ἐπιτρέπω; 2. Ποταπὸς ἦν ὁ χοῦς ὃν ὁ
Θεὸς ἔλαβεν εἰς τὴν τοῦ Ἀδὰμ πλαστουργίαν;), zu deren Beant-
wortung Johannes Chrysostomus, Josephus und andere
herangezogen werden.

Lambros II (1900) S. 38-39, Nr. 4279. — Nicht bei Niese.

(II)   *Iberon 586.* Papier, 17. Jh., Sammelhandschrift. Darin fol. 354^r
        die Kaingeschichte Ant. Jud. 1, 52 ff.
        Lambros II (1900) S. 176-177, Nr. 4706. — Nicht bei Niese.

Μονὴ Κουτλουμουσίου

Koutloumousiou 178. Papier, 13. Jh., Sammelhandschrift.
Darin fol. 11^r-13^r unter anderem Auszüge aus Kirchenvätern
und Josephus.
        Lambros I (1895) S. 292-293, Nr. 3251. — Nicht bei Niese.

Μονὴ Μεγίστης Λαύρας

(I)   *Lavra H 158.* Papier, 14. Jh., 236 Bl. Enthält unvollständig
        das Bellum Judaicum.
        Spyridon — Sophronios Eustratiades, Catalogue of the Greek
        Manuscripts in the Library of the Laura on Mount Athos.
        Cambridge (Harvard University Press) 1925 (= Harvard
        Theological Studies XII) S. 123, Nr. 813. Vgl. Stig Y. Rudberg,
        Les manuscrits à contenu profane du Mont-Athos, Eranos
        54 (1956) 181.

(I)   *Lavra Θ 186.* Papier, 15. Jh., 101 Bl. Enthält fol. 48-101
        einen Teil des Bellum Judaicum.
        Spyridon — Eustratiades (1925) S. 161, Nr. 1048. — Nicht
        bei Niese.

Μονὴ Ἁγίου Παντελεήμονος

(II)   *Panteleemonos 95.* Pergament, 14. Jh. Es handelt sich um eine
        Sammelmappe mit Teilen verschiedener Kodizes, darunter
        vier Blätter, die anscheinend Teile von Ant. Jud. Buch 6-7
        enthalten.
        Lambros II (1900) S. 292, Nr. 5601. — Nicht bei Niese.

Basel
Universitätsbibliothek

(III)   *Basileensis A. VII. 1.* Papier, 14. Jh. Enthält die Homilien
        des Gregor von Nazianz. Fol. 428 steht das Testimonium
        Flavianum (Ant. Jud. 18, 63-64).
        H. Omont, Catalogue des Manuscrits grecs des bibliothèques
        de Suisse. Centralblatt für Bibliothekswesen 3 (1886), 385-442
        (dort S. 401 ff., Nr. 34). — Nicht bei Niese.

Berlin

Staatsbibliothek

(Epit.) *Berolinensis gr. 222 (Phillippicus 1625)*. Papier, 16. Jh., 371 Bl.
Enthält die Epitome Antiquitatum.

Niese, Editio maior (1885 ff.) III p. XII; Ant. Jud. Epito-
me (1896) p. III. V-VI; Codices ex Bibliotheca Meermanniana
Phillippici graeci nunc Berolinenses. Descripserunt Guilelmus
Studemund et Leopoldus Cohn, Berlin 1890 (= Teil 1 in dem
Sammelwerk „Verzeichniss der von der Königlichen Bibliothek
zu Berlin erworbenen Meerman-Handschriften des Sir Thomas
Philipps") S. 98.

(I)   *Berolinensis gr. 223 (Phillippicus 1626)*. Papier, 15.-16. Jh.,
269 Bl. Enthält das Bellum Judaicum. Steht dem Vratislaviensis 283 und dem Parisinus 1426 nahe. Ihre gemeinsame Vorlage
gehört zu der durch den Urbinas 84 (C) repräsentierten Handschriftengruppe. Niese verwendet ihn nur gelegentlich (Bell.
Jud. 1, 188; 2, 624; 4, 298; 6, 373), vor allem Bell. Jud. 1, 238 ff.
zum Ersatz für Blattverlust in C.

Niese (1885 ff.) VI p. XI-XII. LIII-LV; Studemund — Cohn
S. 98.

Berolinensis gr. 248 (fol. 8). Papier, 17. Jh. Enthält u.a. (im
Jahre 1631 angelegte) Exzerpte aus Josephus, vermutlich
aus einem Druck.

Verzeichniss der griechischen Handschriften der Königlichen
Bibliothek zu Berlin. II. Von C. De Boor (Berlin 1897) S. 125. —
Nicht bei Niese.

(III) *Berolinensis gr. 265 (fol. 27)*. Papier, 14. — 15. Jh., 72 Bl.
Enthielt ursprünglich Ant. Jud. Buch 11-20, also die zweite
Dekade, und die Vita. Erhalten sind jetzt Teile von Ant. Jud.
Buch 14-19. Diese Handschrift bietet einen stark kontaminier-
ten Text. Von Niese nicht berücksichtigt.

Niese (1885 ff.) III p. XI-XII. XLIV-XLV; De Boor S. 137-
138.

(Lat. I. II) *Berolinensis lat. 226*. Bei Niese nur zu Bell. Jud. 4, 503;
Ant. Jud. 18, 140 herangezogen.

Niese (1885 ff.) VI p. XXI; Franz Blatt, The Latin Josephus I
(Aarhus 1958) S. 83-84. 110.

Bern
Burgerbibliothek

(Lat. II) *Bernensis lat. 118.*

Niese (1885 ff.) I p. XXVIII; Franz Rühl, Literarisches Centralblatt 1888, 1552; Franz Blatt, The Latin Josephus I (Aarhus 1958) S. 44. 110; Otto Homburger, Die illustrierten Handschriften der Burgerbibliothek Bern (Bern 1962) S. 42-44.

Bologna
Biblioteca Universitaria

(I.III) *Bononiensis gr. 3568.* Papier, 14.-15. Jh., 166 Bl. Enthält fol. 1-4 Hypotheseis zu Bell. Jud. Buch 1-7, fol. 4^v das Testimonium Flavianum (Ant. Jud. 18, 63-64), sowie den Bericht über Johannes den Täufer Ant. Jud. 18, 116-119 (Τιοὶ δὲ — κτίννυται), fol. 5-119 Bell. Jud. Buch 1-7, fol. 119^v-131 die Vita, fol. 132 ff. Philo.

Thomas William Allen, Notes on Greek Manuscripts in Italian Libraries (London 1890) S. 27; A. Olivieri et N. Festa, Indice dei codici greci delle Biblioteche Universitaria e Communale di Bologna, in: Studi Italiani di Filologia Classica 3 (1895) 385-495 (dort S. 435); vgl. Catalogi codicum graecorum qui in minoribus bibliothecis Italicis asservantur. In duo volumina collati et novissimis additamentis aucti. Volumen primum. Accuravit Christa Samberger (Leipzig 1965) S. 435 bei den codices Bononienses. — Nicht bei Niese.

Cambridge
University Library

(IV) *Cantabrigiensis Ll. IV. 12 (Eliensis).* Papier, 15. Jh., Sammelhandschrift. Enthält fol. 1-21 Contra Ap. 1, 1-2, 133.

Ch. Daremberg, Notices et extraits des manuscrits médicaux grecs etc. I. Manuscrits grecs d'Angleterre (Paris 1853) S. 166; H. R. Luard, A Catalogue of the Mss. preserved in the Library of the University of Cambridge, 5 Teile, Cambridge 1856-1867 (darin Teil IV, S. 61-62). — Nicht bei Niese, der irrtümlich den Parisinus gr. 1815 für den von Hudson benutzten codex Eliensis hält; vgl. unten die Bemerkungen zum Parisinus gr. 1815.

(III) *Cantabrigiensis gr. (Caius College Nr. 355).* Papier, 15.-16. Jh.,
Sammelhandschrift. Enthält fol. 159-186 Teile des 11. und 12.
Buches der Antiquitates Judaicae (11, 1-81; 12, 58-95. 115-157.
167-209. 221-232. 324-412).

Catalogi librorum manuscriptorum Angliae et Hiberniae
in unum collecti cum indice alphabetico (Oxford 1697), bei
den Codices manuscripti Collegii Caio - Gonvilensis, Nr. 948, 7,
S. 115; J. J. Smith, A Catalogue of the Mss. in the Library of
Gonville and Caius College (Cambridge 1849) S. 169-170;
Montague Rhode James, A Descriptive Catalogue of the
Manuscripts in the Library of Gonville and Caius College,
Volume II (Cambridge 1908) S. 403; Raphael Loewe, Hebrew
Books and ‚Judaica' in Mediaeval Oxford and Cambridge.
In: Remember the Days. Essays on Anglo-Jewish History
presented to Cecil Roth (London 1966) 23-48 (dort S. 46 zum
Kodex Nr. 355). — Nicht bei Niese.

Cheltenham

T (I.III) *Cheltenhamensis (Phillippicus) 6459.* Papier, 11.-12. Jh.,
enthält das Bellum Judaicum und Ant. Jud. 18, 63-64 (Test.
Flav.). Ein Blatt (Bell. Jud. 1, 608-619) ist von jüngerer Hand
(13. Jh.) eingefügt. Von Niese nur partiell benutzt bei Ausfall
des Vaticanus gr. 147 (V), dem er sehr nahe steht, und zwar an
Hand der Kollation Cardwells (1837).

Flavii Josephi de Bello Judaico libri septem, ed. Edvardus
Cardwell (Oxford 1837) I p. VII; Flavii Josephi opera, ed.
B. Niese (Berlin 1885-1895) VI p. XVII. XLII-XLIII; Bibliotheca Patrum Latinorum Britannica. Bearbeitet von Heinrich
Schenkl. Ersten Bandes zweite Abtheilung. Die Phillips'sche
Bibliothek in Cheltenham. Wien 1892 (= H. Schenkl, Bibliotheca Patrum Latinorum Britannica I-III. Hildesheim —
New York, Georg Olms Verlag, 1969) S. 84, Nr. 1629.

Escorial
Bibl. de San Lorenzo del Escorial

(II.III) *Escorialensis gr. 307 (304).* Papier, geschrieben im Jahre
1542 in Venedig, 652 Bl. Enthält fol. 1-618 Ant. Jud. Buch
1-20, fol. 619-652 die Vita. Dieser Kodex aus dem Besitz Diego
Hurtado Mendozas, des Gesandten Karls V. in Venedig,
wurde von Arnoldus Peraxylus Arlenius für den Druck der

Editio princeps (1544) benutzt. Nach dieser, nicht auf Grund von Autopsie, hält Niese den Escorialensis 307 für eng verwandt mit dem Laurentianus 69, 10 und — indirekt über den Marcianus 380 — vom Marcianus 381 (M) abhängig.

E. Miller, Catalogue des manuscrits grecs de la Bibliothèque de l'Escurial. Amsterdam (Hakkert) 1966 (= Nachdruck der Ausgabe Paris 1848) S. 266-267; Flavii Josephi opera ed B. Niese (Berlin 1885-1895) I p. XVII-XVIII. LXV-LXVI; Catálogo de los códices griegos de la Real Biblioteca de el Escorial. Por Gregorio de Andrés. II. Codices 179-420 (Madrid 1965) S. 191-192.

(II)   *Escorialensis gr. 462.* Sammelhandschrift. Enthält fol. 319 (12. Jh.) Ant. Jud. 1, 237-241.

Gregorio de Andrés III (Madrid 1967) S. 62-64. — Nicht bei Niese.

Florenz

Bibl. Mediceo — Laurentiana

(IV)   *Laurentianus 28, 29.* Papier, 15. Jh., Sammelhandschrift. Enthält umfangreiche Exzerpte aus Contra Ap. 1, 73-252. Ist ein Abkömmling des noch erhaltenen Laurentianus 69, 22 (L).

Angelo Maria Bandini, Catalogus Codicum Manuscriptorum Bibliothecae Mediceae Laurentianae etc. accuravit Fridolf Kudlien, II (Leipzig 1961, ein Nachdruck des vol. II der Ausgabe Florenz 1768 mit Ergänzungen) Sp. 53-54, Nr. 7; Flavii Josephi opera ed. B. Niese (Berlin 1885-1895) V p. VII. X (Anm. 1).

(II)   *Laurentianus 69, 10.* Papier, 14.-16. Jh. Enthält Ant. Jud.
M(III) Buch 1-20 und die Vita. Die Handschrift umfaßt heterogene Bestandteile verschiedenen Alters. Niese verwertet (außer Ant. Jud. 8, 154) nur den älteren Teil (ab Ant. Jud. 12, 199). Der jüngere Teil ist vom Marcianus 380 abhängig. M (im Bereich III) steht A (A corr in der dritten Pentade der Ant. Jud.) und W nahe.

Bandini II Sp. 629-630; Flavii Josephi opera, ed. B. Niese (Berlin 1885-1895) I p. XVII. LXV; III p. VIII-IX. XXIX-XXXIV. — Die Mitteilung von Krawczynski-Riedinger (Byzant. Zeitschr. 57, 1964, 8 Anm. 11) bezüglich einer über

Niese hinausgehenden Verwertung des Laurentianus 69, 10 durch Ralph Marcus (Josephus with an English Translation by Thackeray — Marcus — Wikgren — Feldman, London 1926 ff.) ist unzutreffend.

N (I) *Laurentianus 69, 17.* 12. Jh., 225 Bl. Enthält das Bellum Judaicum. N ist dem Palatinus Vaticanus gr. 284 (R) und dem Lipsiensis gr. 37 nahe verwandt, ohne jedoch ein Abkömmling eines von ihnen zu sein. Niese berücksichtigt N — zum Teil an Hand der Kollation Cardwells (Flavii Josephi de Bello Judaico libri septem, Oxford 1837) — ersatzweise bei Ausfall von R.

Bandini II Sp. 639; Flavii Josephi opera, ed. B. Niese (Berlin 1885-1895) VI p. XII. XLV.

L (I) *Laurentianus 69, 19.* Pergament, 11.-12. Jh., 363 Bl. Enthält das Bellum Judaicum. Der Ausfall einiger Blätter ist von jüngerer Hand ersetzt. Ersatzlos fehlen Bell. Jud. 6, 389-399; 7, 375-388. Die Handschrift bietet einen — im Hinblick auf die bekannte Gruppierung in Familien oder Klassen — kontaminierten Text (Mischtext), hat auch manche singulären Interpolationen, jedoch nicht selten, vor allem in Verbindung mit Lat. und Eusebius, allein den besten Text.

Bandini II Sp. 640; Flavii Josephi opera, ed. B. Niese (Berlin 1885-1895) VI p. VIII-IX. XXXIII-XXXVI; Eusebius Werke. Zweiter Band: Die Kirchengeschichte. Hg. von Eduard Schwartz. Dritter Teil (Leipzig 1909) p. CLXIII-CLXIV.

L (II) *Laurentianus 69, 20.* Papier, 14. Jh., 198 Bl. Enthält Ant.
F (III) Jud. Buch 1-15 und das vierte Makkabäerbuch. Hat einen stark kontaminierten Text. Bindefehler rücken diese Handschrift am meisten in die Nähe des Vaticanus 147 (V) in geringerem Maße (im Bereich III) in die Nähe des Palatinus Vaticanus 14 (P) und des Lugdunensis 16 J (L). Den Laurentianus 69, 20, der allein selten den besten Text überliefert, hat Niese nur partiell berücksichtigt.

Bandini II Sp. 640; Flavii Josephi opera, ed. B. Niese (Berlin 1885-1895) I p. XIV-XVI. XLVIII-LII; III p. V. XXIV-XXIX.

L (IV) *Laurentianus 69, 22.* 11. Jh., 38 Bl. Enthält Contra Ap. Buch 1-2; es fehlt 2,51-113. Diese Lücke (und überschießende Verderbnisse) haben alle anderen (jüngeren) griechischen

Handschriften von Contra Apionem und sind dadurch als
— direkte oder indirekte — Abkömmlinge des Laurentianus
69, 22 erwiesen. Diese Handschrift bietet einen Text nicht der
besten Qualität mit Änderungen und Einschüben von christlicher Hand, besonders Contra Ap. 2, 163-217. An Textzeugniswert übertreffen diesen Kodex oft die Konstantinischen
Exzerpte, die lateinische Übersetzung und erst recht Eusebius.
Doch scheint Niese in der negativen Beurteilung dieser Handschrift zu weit gegangen zu sein.

Bandini II Sp. 641-642; Flavii Josephi opera, ed. B. Niese
(Berlin 1885-1895) V p. IV-VI. IX sqq.; Flavii Josephii opera
recognovit B. Niese (Berlin 1888-1895) V p. III; Alfred von
Gutschmid, Kleine Schriften (Leipzig 1889-1894) IV S. 375;
Franz Rühl, Rheinisches Museum 48 (1893) 565; Théodore
Reinach, Flavius Josèphe Contre Apion (Paris 1930) p. VIII;
K. Mras, Rheinisches Museum 92 (1944) 220.

(Epit.) *Laurentianus 69, 23.* 14. Jh. Enthält die Epitome Antiquitatum. Von Niese in der Editio maior nur gelegentlich benutzt
(zu Ant. Jud. 20, 157. 171. 258).

Bandini II Sp. 642-643; Flavii Josephi opera, ed. B. Niese
(Berlin 1885-1895) I p. XIX-XX; III p. XII. LXIV; IV p. IV.
VII; Flavii Josephi Antiquitatum Judaicarum Epitoma, ed. B.
Niese (Berlin 1896) p. III. V-VI.

(I) *Laurentianus 69, 36.* 14. Jh., 214 Bl. Enthält das Bellum
Judaicum. Gehört in den Umkreis der durch den Urbinas 84 (C)
vertretenen Handschriftengruppe. Bei Niese (zu Bell. Jud.
1, 155. 572; 3, 103) heißt dieser Kodex nur ,,Med.(icaeus)'',
und zwar nach Cardwell (Flavii Josephi de Bello Judaico
libri septem, Oxford 1837), dessen Kollation er benutzt hat.

Bandini II Sp. 649; Flavii Josephi opera, ed. B. Niese (Berlin
1885-1895) VI p. XII. LI. LIII.

(I) *Laurentianus 74, 13.* 15. Jh., Sammelhandschrift. Enthält
fol. 290 Bell. Jud. 6, 201-212, fol. 309 Bell. Jud. 3, 374-378,
fol. 343 Bell. Jud. 2, 117-166.

Bandini III Sp. 115. — Nicht bei Niese.

(Lat. II) *Laurentianus lat. 66, 1.*
Flavii Josephi opera, ed. B. Niese (Berlin 1885-1895) I p.

XXIX; The Latin Josephus, ed. Franz Blatt (Aarhus 1958) I S. 32. 107.

L (Lat. II) *Laurentianus lat. 66, 2.* Erscheint bei Niese mit der Sigle L in der Lücke Contra Ap. 2, 51-113.

> Flavii Josephi opera, ed. B. Niese (Berlin 1885-1895) V p. VIII; Flavii Josephi opera ex versione latina antiqua, ed. Carolus Boysen. Pars VI. De Judaeorum vetustate sive contra Apionem libri II (Prag — Wien — Leipzig 1898) p. II-III; The Latin Josephus, ed. Franz Blatt (Aarhus 1958) I S. 28. 107.

Heidelberg
Universitätsbibliothek

(II.III) *Palatinus (Heidelbergensis) gr. 129.* Papier, Mitte des 14. Jh., Sammelhandschrift, 141 Bl. Enthält Exzerpte aus verschiedenen Büchern der Antiquitates Judaicae, die zum Teil (alle?) aus einer Epitomehandschrift abgeschrieben wurden.

> Flavii Josephi opera, ed. B. Niese (Berlin 1885-1895) I p. XXX. LXII; III p. XV. XLIII; Codices manuscripti Palatini graeci Bibliothecae Vaticanae descripti etc. recensuit et digessit Henricus Stevenson Senior (Rom 1885) p. 61-62; Artur Biedl, Der Heidelberger cod. Pal. gr. 129 — die Notizensammlung eines byzantinischen Gelehrten. Würzburger Jahrbücher für die Altertumswissenschaft 3 (1948) 100-105.

Kopenhagen
Kongelige Bibliotek

(I.II) *Hafniensis (Rostgaardianus) 1569.* Papier, Ende des 14. Jh. Enthält das Bellum Judaicum und das Testimonium Flavianum (Ant. Jud. 18, 63-64). Der kontaminierte, vielfach durch Änderungen und Zusätze entstellte Text dieser Handschrift steht dem von VR nahe, ist aber auch dem Lugdunensis fol. gr. 72 und anderen Kodizes durch Gemeinsamkeiten verbunden. Von Niese nur gelegentlich erwähnt (zu Bell. Jud. 1, 228. 646; 2, 520; 4, 70. 547.649; 5, 316.360; 6, 72.93).

> Flavii Josephi opera, ed. B. Niese (Berlin 1885-1895) VI p. XVII. XLIX-L; Articles originaux publiés dans divers recueils par Charles Graux. Édition posthume... par Ch. — Émilé Ruelle (Paris 1893), darin S. 225-336: „Rapport sur

les manuscrits grecs de Copenhague" (S. 266-267 zum Kodex 1569).

(IV) *Hafniensis 1570*. Papier, 15. Jh. Enthält Contra Apionem. Ist wie alle anderen Apionhandschriften ein Abkömmling des Laurentianus 69, 22. Erscheint bei Niese zu Contra Ap. 1, 81 (indirekt über Hudson).

Flavii Josephi opera, ed. B. Niese (Berlin 1885-1895) V p. VI. X; Graux S. 267.

Leiden

Bibliotheek der Rijksuniversiteit

(III) *Vossianus gr. F 26 (Lugduno-Batavus, L.B., Voss.* bei Niese). Papier, 15.-16. Jh. Enthält Ant. Jud. Buch 12-20 und die Vita. Ist Apographus des Ambrosianus 370 (A). An Hand der Materialien bei Hudson (Flavii Josephi opera, Oxford 1720) und Haverkamp (Flavii Josephi opera, Amsterdam-Leiden-Utrecht 1726) nur sporadisch herangezogen von Niese (zu Ant. Jud. 12, 150; 16, 76. 228. 251; 17, 84; 18, 337; 19, 135. 149. 294).

W. Senguerd — J. Gronovius — J. Heyman, Catalogus librorum tam impressorum quam manuscriptorum Bibliothecae Publicae Universitatis Lugduno-Batavae (Leiden 1716) p. 392; Flavii Josephi opera, ed. B. Niese (Berlin 1885-1895) III p. XII. XLV. LIV; Bibliotheca Academica Lugduno-Batavae. Catalogus. Deel XIV. Inventaris van de Handschriften. Eerste Afdeeling (Leiden 1932) S. 18; Bibliotheca Universitatis Leidensis. Codices manuscripti. VI. Codices Vossiani Graeci et miscellanei. Descripsit K. A. De Meyier (Leiden 1955) S. 28-29.

(I.III) *Vossianus gr. F 72 (Lugduno-Batavus, L. B., Voss.* bei Niese). Papier, 1. Hälfte des 15. Jh., 138 Bl. Enthält das Bellum Judaicum, worin 2, 167 das Testimonium Flavianum (Ant. Jud. 18, 63-64) eingeschoben ist. Es fehlen Bell. Jud. 7, 234-455. Am meisten gemeinsam hat der — stark kontaminierte — Text mit dem Vaticanus gr. 148 (V) und dem Palatinus Vaticanus gr. 284 (R). Gelehrte Korrektoren des 16. und 17. Jahrhunderts haben ihn, nicht selten mit Glück, redigiert. Niese hält die guten Lesarten dieser Handschrift sehr weitgehend für Konjekturen, nicht für Überlieferung, und verwertet sie dementsprechend nur eklektisch (z.B. Bell. Jud. 1, 72. 93. 128.

200. 201. 209. 250. 374), und zwar vor allem an Hand der Materialien bei Hudson (Flavii Josephi opera, Oxford 1720) und Haverkamp (Flavii Josephi opera, Amsterdam-Leiden-Utrecht 1726). Bei Naber (Flavii Josephi opera omnia, Leipzig 1888-1896), der auf Grund direkter Benutzung die richtigeren Angaben bietet, findet sich der Vossianus gr. F 72 an 82 Stellen im Text, bei Niese an 9 Stellen (davon an zwei Stellen, nämlich Bell. Jud. 1, 209; 4, 558, nicht aus der Handschrift, sondern auf Grund von Konjektur — was die Eigenart dieses Vossianus charakterisiert). Nieses Horror vor Konjekturen berücksichtigt auch sonst zu wenig den Umstand, daß gute Konjekturen, auch solche in zweitrangigen Handschriften, die gestörte Überlieferung heilen können. Auch ist damit zu rechnen, daß die guten Lesarten des Vossianus nicht sämtlich auf Konjektur beruhen, sondern zum Teil auch im Zuge der Kontamination übernommen wurden.

Catalogus librorum etc. (Leiden 1716) p. 395; Flavii Josephi opera, ed. B. Niese (Berlin 1885-1895) VI p. XIV. XLVI-XLVIII; Flavii Josephi opera omnia, ed. S. A. Naber, V p. V; Paul Wendland, Deutsche Litteraturzeitung 1896, 1070; Carl Frick, Berliner Philologische Wochenschrift 1897, 646; Bibliotheca Academica etc. (1932) S. 20; De Meyier S. 84-85; vgl. A Summary Catalogue of Western Manuscripts in the Bodleian Library at Oxford. . . by Falconer Madan, V (Oxford 1905) p. 54, Nr. 24727 (enthält fol. 132 eine Teilkollation des Vossianus mit Haverkamps Textausgabe [Amsterdam-Leiden-Utrecht 1726]).

L (III) *Lugdunensis 16 J* (irrtümlich „F 13" bei Niese). Pergament, 11.-12. Jh., 210 Bl. Enthält Ant. Jud. Buch 11-15. Steht dem Laurentianus 69, 20 (F) und dem Vaticanus gr. 147 (V) nahe; nicht zuletzt zahlreiche Gemeinsamkeiten mit dem Palatinus Vaticanus gr. 14 (P) lassen Kontamination vermuten.

J. H. Holwerda, Emendationum Flavianarum specimen, Gorinchemi 1847 (in der unpaginierten Einleitung); Flavii Josephi opera, ed. B. Niese (Berlin 1885-1895) III p. V-VI. XXVI-XXIX; Bibliotheca Academica etc. (1932) S. 90; Bibliotheca Universitatis Leidensis. Codices Manuscripti. VIII. Codices Bibliothecae Publicae Graeci. Descripsit K. A. De Meyier adiuvante E. Hulshoff Pol. (Leiden 1965) S. 23-24.

(II) *Vossianus Misc. 7.* Darin fol. 54-55 (17. Jh.) Ant. Jud. 9, 218-265.

Catalogus librorum etc. (Leiden 1716) p. 401-402; De Meyier S. 238-240. — Nicht bei Niese.

(I) *Vossianus gr. Q 13.* Enthält fol. 43-48 (17. Jh.) die Agripparede Bell. Jud. 2, 345-404.

Catalogus librorum etc. (Leiden 1716) p. 395-396; De Meyier S. 107-108. — Nicht bei Niese.

Leipzig
Bibliothek der Karl-Marx - Universität

(II) *Lipsiensis gr. 16 (361).* Pergament, Sammelkodex, dessen ältester Teil im 9.-10. Jh. geschrieben wurde. Enthält fol. 322-325 einen Teil eines Auszuges aus Ant. Jud. Buch 10, der aber textlich weder mit der Epitome Antiquitatum noch mit Zonaras übereinstimmt.

Katalog der Handschriften der Universitätsbibliothek zu Leipzig, III. Die griechischen Handschriften. Von V. Gardthausen (Leipzig 1898) S. 21. — Nicht bei Niese.

(I) *Lipsiensis gr. 37 (783).* Pergament, 10.-11. Jh., 289 Bl. Enthält das Bellum Judaicum und (ab fol. 271) das 4. Makkabäerbuch. Ist aus der gleichen Vorlage abgeschrieben wie der Palatinus gr. 284 (R), weshalb Niese ihn nur eklektisch verwertet (z.B. Bell. Jud. 1, 36. 155. 276. 292. 302. 390. 410. 419. 437). Fol. 1-23 sind später (14. Jh.) ergänzt aus einer dem Urbinas gr. 84 (C) nahe stehenden Handschrift.

A. Westermann, Excerptorum ex bibliothecae Paulinae Lipsiensis libris manuscriptis pars altera (Leipzig 1866, 16 S.) gibt eine Kollation mit Bell. Jud. Buch 5; Flavii Josephi opera, ed. B. Niese (Berlin 1885-1895) VI p. XIII-XIV. XLIII-XLV; Gardthausen S. 49-50.

Mailand
Bibliotheca Ambrosiana

(Lat. II) *Ambrosianus papyraceus.* 6.-7. Jh.

Flavii Josephi opera, ed. B. Niese (Berlin 1885-1895) I p. XXVIII; The Latin Josephus, ed. Franz Blatt (Aarhus 1958) I S. 26-27. 107.

(Lat. II) *Ambrosianus A 122 inf.*
> Flavii Josephi opera, ed. B. Niese (Berlin 1885-1895) III p. XIV.

(I) *Ambrosianus 139 (B 119 sup.)*. Pergament, 10. Jh., Sammelhandschrift. Enthält (mit Lücken) fol. 146 Bell. Jud. 1, 373-379; 2, 345-367. 396. 400. 401; 4, 163-166. 168. 173-179. 185. 189-191; 6, 34-53.
> Catalogus codicum graecorum Bibliothecae Ambrosianae. Digesserunt Aemidius Martini et Dominicus Bassi. 2 Bde. (Mailand 1906) I p. 157-160. — Nicht bei Niese.

A (I) *Ambrosianus 234 (D 50 sup.)*. Pergament, Anfang des 11. Jh.,
A (II) 289 Bl. Enthält fol. 1-269 das Bellum Judaicum, fol. 269^v-285 Ant. Jud. 2, 196-349. Kleinere Teile fehlen bzw. sind von jüngerer Hand ergänzt. Im Bereich I ist dieser Ambrosianus dem Parisinus gr. 1425 (P) sehr ähnlich; doch erweisen Trennfehler seine Selbständigkeit als Überlieferungsträger. Niese hat den Wert des Ambrosianus 234 überschätzt (vgl. zum Parisinus gr. 1425). Im Bereich II bietet der Ambrosianus einen der Gruppe MSPL — irrtümlich nennt Niese (Flavii Josephi opera, Berlin 1885-1895) I p. LXI auch den Vaticanus gr. 147 (V) — nahe stehenden Text.
> Flavii Josephi opera, ed. B. Niese (Berlin 1885-1895 I p. XXIX. LXI; VI p. VI-VII. XXIX-XXXI; H. van Herwerden, Mnemosyne 21 (1893) 263; Martini-Bassi I S. 262-263; M. L. Gengaro - Fr. Leoni - G. Villa, Codici decorati e miniati dell' Ambrosiana ebraici e greci, Milano [sine anno] S. 112.

(I) *Ambrosianus 270 (E 9 sup.)*. Papier, Anfang des 14. Jh., Sammelhandschrift. Enthält Auszüge aus dem Bellum Judaicum. Niese teilt nur einige Proben daraus mit.
> Flavii Josephi opera, ed. B. Niese (Berlin 1885-1895) VI p. XIX. LVI; Martini-Bassi I S. 298-302.

(I.II.III) *Ambrosianus 290 (E 64 sup.)*. Papier, 15. Jh., Sammelhandschrift. Enthält fol. 125-126 Ant. Jud. 3, 179-187; 18, 63-64. 116-119; Bell. Jud. 5, 393 ff. - Bei Niese nicht berücksichtigt.
> Flavii Josephi opera, ed. B. Niese (Berlin 1885-1895) I p. XXX; III p. XV; Martini-Bassi I S. 319-325.

(I.III) *Ambrosianus 350 (F 93 sup.)*. Papier, 13. Jh., Sammelhandschrift. Enthält Exzerpte aus dem Bellum Judaicum und das Testimonium Flavianum (Ant. Jud. 18, 63-64).

D. Bassi, Estratti da Flavio Giuseppe in un cod. Ambrosiano. Rendiconti Istit. Lomb. disc. e lett., ser. II vol. 36 (1903) 707-715; Martini-Bassi I S. 405-408. — Nicht bei Niese.

A (III) *Ambrosianus 370 (F 128 sup.;* bei Niese vol. IV p. III irrtümlich „F 128 inf."). Pergament, 11. Jh., 389 (379) Bl. Enthält Ant. Jud. Buch 11-20 und die Vita. Am Anfang beschädigt. Es fehlt Ant. Jud. 16, 18-30. Der fehlende Teil 11, 184-280 ist von jüngerer Hand eingefügt (nach Niese aus L). In der dritten Pentade der Antiquitates Judaicae zeigt sich innerhalb der Gruppierung AMW ein sehr enges Zusammengehen von AM, besonders A^{corr} M, während A$^{ante\ corr}$ (A^1) mehr mit W verbunden ist. Manche Gemeinsamkeiten verbinden A hier auch mit der im allgemeinen konträren Gruppe PF(L)V, vor allem mit P. In der vierten Pentade lockert sich die Konsistenz von AMW etwas, und zwar in der Weise, daß eine Dreiergruppierung erkennbar wird: A$^{ante\ corr}$ (A^1), MW, A^{corr}, wobei A noch etwas näher zu P rückt als in der dritten Pentade. A^{corr} bietet einen oft erweiternden, den Verdacht der Interpolation nahelegenden Text. In der Vita läßt die Qualität von A zugunsten von MW nach. Naber (Flavii Josephi opera omnia, Leipzig 1888-1896) III p. IV bevorzugt nicht ohne Grund gegen Niese A vor P, hält auch mehr von MW als dieser. Das Josephusexemplar, das Eusebius bei der Abfassung der Kirchengeschichte vorlag, stützt diese positive Beurteilung von A, läßt aber durch manche Übereinstimmungen mit MW auch deren Zeugniswert nicht unterschätzen.

Flavii Josephi opera, ed. B. Niese (Berlin 1885-1895) III p. VI-VIII. XXIX-XXXIV; Martini-Bassi I S. 436; Eusebius Werke. Zweiter Band: Die Kirchengeschichte. Hg. von Eduard Schwartz. Dritter Teil (Leipzig 1909) p. CLXXX.

Ambrosianus 409 (G 69 sup.). Papier, 15. Jh., Sammelhandschrift. Enthält fol. 341^r Exzerpte aus Oreibasios und den Antiquitates Judaicae.
Martini-Bassi I S. 488-493. — Nicht bei Niese.

Ambrosianus 945 (D 246 inf.). Papier, 16. Jh., Sammelhandschrift. Enthält fol. 77-80 eine Untersuchung zu dem Thema

„Observationes in locum Polybii ubi agit de Figura Italiae"
(nach Martini-Bassi), innerhalb von der sich viele Zitate aus
Appian, Diodorus Siculus, Dionysius von Halikarnaß, Flavius
Josephus und Polybius finden.

Martini-Bassi II S. 1042-1043. — Nicht bei Niese.

Neapel
Biblioteca Nazionale

Neapolitanus II. C. 32 (irrtümlich II. C. 33 bei Cyrillus).
Papier, 15. Jh., Sammelhandschrift. Enthält fol. 318 Exzerpte
aus Flavius Josephus.

Codices Graeci Mss. Regiae Bibliothecae Borbonicae descripti
atque illustrati a Salvatore Cyrillo (2 Bde. Neapel 1826-1832)
II p. 5-6. — Nicht bei Niese.

(I.III) *Neapolitanus III. B. 17.* Papier, 14. Jh., Sammelhandschrift.
Enthält fol. 1-99 das Bellum Judaicum sowie das Testimonium
Flavianum (Ant. Jud. 18, 63-64). Von Niese nicht berück-
sichtigt.

Cyrillus II p. 319; Flavii Josephi opera, ed. B. Niese (Berlin
1885-1895) VI p. XIV. XLIII.

(I.II.III) *Neapolitanus III. B. 18.* Papier, 14. Jh., 93 Bl. Enthält in
kontinuierlicher Reihenfolge Exzerpte aus Ant. Jud. Buch 4-18
(beginnend 4, 96) und (fol. 77-93) aus dem Bellum Judaicum,
beginnend 2, 119. Dieser Neapolitanus ist von Niese nicht
berücksichtigt (außer zu Ant. Jud. 4, 97) wegen zu großer
Übereinstimmung mit V im Bereich I, mit LV im Bereich II,
mit V in der dritten Pentade der Antiquitates Judaicae und
mit MW in der vierten Pentade.

Flavii Josephi opera, ed. B. Niese (Berlin 1885-1895) I
p. XXX. LXII; III p. XV. XLIII. LVI; VI p. XIX. LVI;
Cyrillus II p. 320.

(I) *Neapolitanus III. B. 19.* Papier, Ende des 15. Jh., 207 Bl.
Enthält das Bellum Judaicum. Der Anfang (1,1-5) fehlt;
das siebte Buch hat, vor allem zum Ende hin, viele Lücken.
Steht grundsätzlich PA, besonders A, nahe, doch erweisen
viele Gemeinsamkeiten mit VR Kontamination. Von Niese
nicht berücksichtigt.

Cyrillus II p. 321; Flavii Josephi opera, ed. B. Niese (Berlin 1885-1895) IV p. XIV-XV. XL-XLII.

(Lat. II)   *Neapolitanus lat. V F 34*. Bei Niese zu Ant. Jud. 11, 148 genannt.

Flavii Josephi opera, ed. B. Niese (Berlin 1885-1895) I p. XXIX; III p. XIV; The Latin Josephus, ed. Franz Blatt (Aarhus 1958) I p. 27-28. 107.

New Haven
Yale University Library

(III)   *Yale Nr. 275*. Papier, 14. Jh., 32 Bl. Enthält die Vita.

Supplement to the Census of Medieval and Renaissance Manuscripts in the United States and Canada. Originated by C. U. Faye, continued and edited by W. H. Bond (New York 1962) S. 48. — Nicht bei Niese.

Oxford
Bodleian Library

(II.III)   *Baroccianus 30*. 14. Jh., 64 Bl. Enthält Exzerpte aus Ant. Jud. Buch 1-12. Von Niese nicht berücksichtigt.

Catalogi librorum manuscriptorum Angliae et Hiberniae in unum collecti cum indice alphabetico (Oxford 1697) I 1, p. 4; Flavii Josephi opera, ed. B. Niese (Berlin 1885-1895) I p. XXX. LXII; III p. XV.

(III)   *Baroccianus 142*. Papier, 14. Jh., Sammelhandschrift. Enthält fol. 205^v-211 stark epitomierte Auszüge aus den Antiquitates Judaicae und der Vita. Da die Zuschreibung dieses Stückes zu Nikephoros Kallistos Xanthopulos eine Fälschung ist, wie De Boor nachgewiesen hat, die Exzerpte also nicht erst auf diesem Umwege den Josephustext bezeugen, ist der Baroccianus hier und nicht im Bereich der Nebenüberlieferung zu nennen.

Catalogi librorum etc. I 1, p. 19; C. De Boor, Zur Kenntnis der Handschriften der griechischen Kirchenhistoriker. Codex Baroccianus 142. Zeitschr. f. Kirchengesch. (Gotha) 6 (1884) 478-494. — Nicht bei Niese.

(I)   *Baroccianus 151*. Papier, 15. Jh., 315 Bl. Enthält das Bellum Judaicum. Scheint ein Apographus des Hafniensis 1569 zu sein.

Von Niese gelegentlich indirekt an Hand der Materialien bei Bernard (Flavii Josephi Antiquitatum Judaicarum libri quatuor priores et pars magna quinti... Item Historiarum de Bello Judaico liber primus et pars secundi etc., Oxford 1700) und Hudson (Flavii Josephi opera, Oxford 1720) benutzt (Bell. Jud. 1, 42. 228. 343; 2, 520).

Catalogi librorum etc. I 1, p. 20; H. O. Coxe, Catalogus codicum manuscriptorum qui in collegiis aulisque Oxoniensibus hodie adservantur. I 1 (Oxford 1853) p. 264; Flavii Josephi opera, ed. B. Niese (Berlin 1885-1895) VI p. XV. L.

O (II.III) *Bodleianus 186*. Papier, 15. Jh. Enthält Ant. Jud. Buch 1-12, 39. Ist sehr ähnlich dem Parisinus gr. 1421 (R), jedoch nicht von dieser (etwas älteren) Handschrift abgeschrieben, sondern beide sind Abkömmlinge derselben Vorlage, da Trennfehler die Selbständigkeit von O erweisen. Niese überschätzt den Wert von RO so stark, daß er nicht selten deren unverständlichen oder deutlich fehlerhaften Hyparchetypus vorzüglichen Lesarten anderer Handschriften vorzieht. Im Bereich III hat Niese den Bodleianus nur partiell verwertet. Er steht dort LA(W) nahe, hat aber auch Einflüsse von dem durch PFLV repräsentierten Text erfahren und muß als kontaminiert gelten.

Flavii Josephi opera, ed. B. Niese (Berlin 1885-1895) I p. X-XI. XXXII-XXXIV; III p. X-XI. XLIII-XLIV.

Bodleianus 15566 (Bigotianus). 17. Jh. Enthält auf Veranlassung von E. Bigotius gesammelte handschriftliche Lesarten italienischer Josephuskodizes. Zu den Quellen dieser Sammlung gehört der Laurentianus 69, 22. Niese zitiert den Bigotianus (indirekt über Hudson) Bell. Jud. 5, 145. 531; Contra Ap. 1, 81.

A Summary Catalogue of Western Manuscripts in the Bodleian Library at Oxford... by Falconer Madan. III (Oxford 1895) S. 437.

Canonicianus 56. Papier, 16. Jh. Sammelhandschrift, 499 Bl. Darin fol. 165 ff. Stücke theologischer Natur, innerhalb deren auch Josephus erwähnt wird.

Catalogi codicum manuscriptorum Bibliothecae Bodleianae pars tertia, codices graecos et latinos Canonicianos complectens. Confecit Henricus O. Coxe (Oxford 1854) Sp. 63-65. — Nicht bei Niese.

C (Lat. I. II)   *Canonicianus lat. 148.* Erscheint mit der Sigle C in dem
nur lateinisch erhaltenen Stück Contra Ap. 2, 51-113, sowie
Contra Ap. 2, 25. 277.

　　Flavii Josephi opera, ed. B. Niese (Berlin 1885-1895) III
p. XIV; V p. VIII; Flavii Josephi opera ex versione latina etc.,
ed. Carolus Boysen. Pars VI. De Judaeorum vetustate sive
Contra Apionem libri II (Prag-Wien-Leipzig 1898) p. VII-VIII;
The Latin Josephus, ed. Franz Blatt (Aarhus 1958) I S. 28. 100.

New College

NC (III)   *Oxoniensis Novi Collegii 44.* Pergament, 11. Jh., Sammelhandschrift, 231 Bl. Enthält fol. 218ᵛ sqq. Ant. Jud. 12, 1-245, aber
nicht immer den Wortlaut des Josephus, sondern diesen vermehrt
durch zahlreiche Übernahmen aus der Chronographenliteratur,
so daß in Verbindung mit den in der Handschrift unmittelbar
vorangehenden vier Makkabäerbüchern eine Art Geschichts-
kompendium zustande kommt. Dieses ganze Stück (wegen
seines Inhaltes von Synkellos ,,Ptolemaikon'' genannt) bietet
einen kontaminierten Text, der noch am meisten Gemeinsamkeiten mit FLV aufweist. Von Niese nur Ant. Jud. 12, 2.7.35.
118.123.130.150.192.223.224 herangezogen.

　　H. O. Coxe, Catalogus codicum I 7, p. 11; Flavii Josephi
opera, ed. B. Niese (Berlin 1885-1895) III p. XV-XVI. XLVIII-
XLIX.

Paris

Bibliothèque Nationale

(III)   *Parisinus gr. 961.* 14. Jh., Sammelhandschrift. Enthält als
Nr. 2 in der Reihenfolge die Testimonia betreffend Christus
und Johannes den Täufer.

　　Catalogus Codicum Manuscriptorum Bibliothecae Regiae.
II (Paris 1740) p. 187. — Nicht bei Niese.

(Epit.) *Parisinus gr. 1418.* Pergament, 14. Jh. Enthält die Epitome
Antiquitatum Buch 1-13 und den Anfang des 14. Buches.

　　Catalogus Codicum etc. II p. 316; Flavii Josephi opera, ed.
B. Niese (Berlin 1885-1895) I p. XX; Flavii Josephi Antiquitatum Judaicarum Epitoma, ed. B. Niese (Berlin 1896) p. V. VII.

P (II)   *Parisinus gr. 1419.* Pergament, 11. Jh., 295 Bl. Enthält Ant.
Jud. Buch 1-10. Bindefehler verbinden P vor allem mit dem

Vindobonensis hist. gr. 20 (S), aber auch mit MLV Epit.
Lat. Mit kontaminierenden Einflüssen ist durchgehend zu
rechnen.

Catalogus Codicum etc. II p. 316; Flavii Josephi opera, ed.
B. Niese (Berlin 1885-1895) I p. XIII. XXXIX-XLVIII;
II p. VI.

(III) *Parisinus gr. 1420.* Papier, 15.-16. Jh., 263 Bl. Enthält Ant.
Jud. Buch 11-20 und die Vita. Ist in der dritten Pentade der
Ant. Jud. ein Abkömmling des Vaticanus 147 (V), bietet in
der vierten Pentade und in der Vita einen stark kontaminierten
und interpolierten Text, der am meisten A nahesteht, aber
auch Gemeinsamkeiten mit Epit., MW und dem Marcianus
380 hat. Der Parisinus gr. 1420 ist von Niese nicht für die
Textgestaltung berücksichtigt. Mit ihm ist anscheinend identisch der anonyme ,,cod. Gall.'', den Niese gelegentlich an
Hand der Materialien bei Hudson (Flavii Josephi opera,
Oxford 1720) und Haverkamp (Flavii Josephi opera omnia,
Amsterdam-Leiden-Utrecht 1726) zitiert: Ant. Jud. 17, 304;
20, 10. 53. 59. 61. 111. 116. 261. 263.

Catalogus Codicum etc. II p. 316; Flavii Josephi opera, ed.
B. Niese (Berlin 1885-1895) III p. XI. XLVII-XLVIII. LVII.

R (II) *Parisinus gr. 1421.* Papier, 14. Jh., 310 Bl. Enthält Ant.
Jud. Buch 1-10. Es fehlen Ant. Jud. 1, 1-13. 66-92; 10, 274-281.
An verschiedenen Stellen, besonders Ant. Jud. 10, 225-274,
ist kaum noch festzustellen, wie R gelesen hat. Ist mit dem
Bodleianus 186 (O) Abkömmling derselben Vorlage. Niese
überschätzt den Wert von RO.

Catalogus Codicum etc. II p. 316; Flavii Josephi opera, ed.
B. Niese (Berlin 1885-1895) I p. IX-X.XXXII-XXXIX;
Naber (Flavii Josephi opera omnia, Leipzig 1888-1896) I p. III-
IV.

(Epit.) *Parisinus gr. 1422.* Papier, 16. Jh. Enthält die Epitome
Antiquitatum.

Catalogus Codicum etc. II p. 316; Flavii Josephi opera, ed.
B. Niese (Berlin 1885-1895) I p. XXI; Flavii Josephi Antiquitatum Judaicarum Epitoma, ed. B. Niese (Berlin 1896)
p. IV. VII.

(I) *Parisinus gr. 1423.* Pergament, 13.-14. Jh., 192 Bl. Enthält

R (III) das Bellum Judaicum und die Vita. Gehört für das Bellum Judaicum (Bereich I) zu der durch den Urbinas gr. 84 (C) repräsentierten Handschriftenfamilie und ist von Niese nicht berücksichtigt. Im Bereich III bietet er einen Text, der bald mit P, bald mit AMW übereinstimmt, also deutliche Zeichen von Kontamination trägt, aber auch an einer Anzahl von Stellen allein den genuinen Wortlaut aufweist. Haverkamp (Flavii Josephi opera omnia, Amsterdam-Leiden-Utrecht 1726) II (Anhang) p. 171-175 gibt eine Kollation dieses Parisinus („Regius"), nach der Naber (Flavii Josephi opera omnia, Leipzig 1888-1896) Niese gelegentlich korrigiert, so Vita 99. 107. 139. - Pelletier, Flavius Josèphe. Autobiographie (Paris 1959) p. XXV bevorzugt R wegen seiner Qualität, wogegen sich A. Garzya ausgesprochen hat (Bolletino del Comitato per la Preparazione dell' Edizione nazionale dei Classici greci e latini 9, 1961, 42).

Catalogus Codicum etc. II p. 316-317; Flavii Josephi opera, ed. B. Niese (Berlin 1885-1895) III p. XI. XXXIV-XXXV; VI p. XV. LI.

(Epit.) *Parisinus gr. 1424.* Papier, 14.-15. Jh., Sammelhandschrift. Darin u.a. die Epitome Antiquitatum.

Catalogus Codicum etc. II p. 317; Flavii Josephi opera, ed. B. Niese (Berlin 1885-1895) I p. XX-XXI; Flavii Josephi Antiquitatum Judaicarum Epitoma, ed. B. Niese (Berlin 1896) p. IV. VII.

P (I) *Parisinus gr. 1425.* Pergament, 10.-11. Jh., 233 Bl. Enthält das Bellum Judaicum. Darin fehlen 1, 13-80; 6, 388-7, 44. In Buch 6-7 sind die in Randnähe stehenden Buchstaben vieler Wörter nicht mehr zu lesen. Ist sehr ähnlich dem Ambrosianus 234 (A), weist jedoch diesem gegenüber Trennfehler auf. Niese hat den Wert von PA überschätzt.

Catalogus Codicum etc. II p. 317; Flavii Josephi opera, ed. B. Niese (Berlin 1885-1895) VI p. V-VI. XXIX-XXXI; VII p. V.

(I) *Parisinus gr. 1426.* Papier, 15. Jh. Enthält das Bellum Judaicum. Steht dem Vratislaviensis 283 und dem Berolinensis gr. 223 nahe. Er, beziehungsweise ihre gemeinsame Vorlage, gehört zur großen Gruppe der durch den Urbinas gr. 84 (C)

vertretenen Handschriften. Dieser Parisinus wird von Niese
nur indirekt — über Haverkamp (Flavii Josephi opera omnia,
Amsterdam-Leiden-Utrecht 1726) — zu Bell. Jud. 6, 326 ge-
nannt (in den Addenda et Corrigenda).
Catalogus Codicum etc. II p. 317; Flavii Josephi opera, ed. B.
Niese (Berlin 1885-1895) VI p. XV. LI-LV.

(I) *Parisinus gr. 1427.* Pergament, 12.-13. Jh. Enthält das Bellum
Judaicum (ohne den Schluß des fünften, das sechste und den
Anfang des siebten Buches). Gehört zur Gruppe der durch
den Urbinas gr. 84 (C) repräsentierten Textzeugen. Niese
verwertet ihn nur für Bell. Jud. 1, 238-247; 7, 446-448 zum
Ersatz für C.
Catalogus Codicum etc. II p. 317; Flavii Josephi opera,
ed. B. Niese (Berlin 1885-1895) VI p. XV-XVI. LI-LIII.

(I) *Parisinus gr. 1428.* Papier, 14. Jh. Enthält das Bellum Judaicum (fol. 1-162) und einige Dialoge Lukians. Gehört zur
Gruppe der durch den Urbinas gr. 84 (C) vertretenen Handschriften, ohne jedoch — wie auch andere Angehörige dieser
Gruppe — direkt von C abgeschrieben zu sein. Von Niese
nur verwertet zu Bell. Jud. 4, 298 (in den Addenda et Corrigenda).
Catalogus Codicum etc. II p. 317; Flavii Josephi opera, ed.
B. Niese (Berlin 1885-1895) VI p. XVI. LI. LIII. LXXII.

(I) *Parisinus gr. 1428 A.* Pergament, 12. Jh. Enthält vom Bellum
Judaicum das zweite Buch (wobei Anfang und Ende fehlen),
Reste des dritten und das vierte Buch.
Catalogus Codicum etc. II p. 620. — Nicht bei Niese.

(I) *Parisinus gr. 1429.* Pergament, 11. Jh. Enthält vom Bellum
Judaicum das zweite Buch fast vollständig, das dritte vollständig, vom vierten nur ein Rudiment von wenigen Seiten,
im einzelnen: 2, 43-48. 50-55. 57-134. 197-225. 273-409. 424-
654; 3, 1-542; 4, 1-61. 284-325. Dieser Parisinus ist der älteste
der durch den Urbinas gr. 84 (C) repräsentierten Gruppe,
auch wohl etwas älter als C selbst. Wegen seines rudimentären
Zustandes verdient C vor ihm den Vorzug. Niese hat ihn
unberücksichtigt gelassen (außer zu Bell. Jud. 4, 298).
Catalogus Codicum etc. II p. 317; Flavii Josephi opera, ed.
B. Niese (Berlin 1885-1895) VI p. XVI. XXXIX. LI-LIII.

3

(Epit.) *Parisinus gr. 1601.* Pergament, im Jahre 1323 geschrieben. Enthält die Epitome Antiquitatum.

> Catalogus Codicum etc. II p. 371; Flavii Josephi opera, ed. B. Niese (Berlin 1885-1895) I p. XX; III p. XII; Flavii Josephi Antiquitatum Judaicarum Epitoma, ed. B. Niese (Berlin 1896) p. IV-VII.

(II) *Parisinus gr. 1602.* Papier, 15.-16. Jh., 384 Bl. Enthält die ersten beiden Pentaden der Antiquitates Judaicae (ohne das zehnte und einen Teil des neunten Buches). Von Niese nicht berücksichtigt.

> Catalogus Codicum etc. II p. 371; Flavii Josephi opera, ed. B. Niese (Berlin 1885-1895) I p. XVII.

(I) *Parisinus gr. 1603.* 16. Jh. Sammelhandschrift. Enthält (als Nr. 1 in der Reihenfolge) die Agripparede Bell. Jud. 2, 345-401.

> Catalogus Codicum etc. II p. 371. — Nicht bei Niese.

(III) *Parisinus gr. 1630.* 14. Jh., Sammelhandschrift. Enthält (als Nr. 36 in der Reihenfolge) die Stellen betreffend Jesus und Johannes den Täufer (Ant. Jud. 18, 63-64. 116-119; 20, 200).

> Catalogus Codicum etc. II p. 377. — Nicht bei Niese.

(II.IV) *Parisinus gr. 1815.* Papier, 16. Jh., Sammelhandschrift. Enthält fol. 325^r-348^v Contra Ap. 1, 1 - 2, 133, hat also exakt den gleichen Umfang wie das entsprechende Stück im Cantabrigiensis Ll. IV. 12 (Eliensis), mit dem er wohl auch textlich identisch ist. Jedenfalls ist die von Niese vermutete Identität dieses Parisinus mit dem von Hudson benutzten Codex Eliensis unzutreffend. Von Niese ist der Parisinus gr. 1815 nicht berücksichtigt außer zu Contra Ap. 1, 193. 292. Unmittelbar vor Contra Apionem befinden sich in dieser Handschrift (Nr. 9 im Catalogus) Excerpta aus Ant. Jud. Buch 2.

> Catalogus Codicum etc. II p. 406; Flavii Josephi opera, ed. B. Niese (Berlin 1885-1895) V p. VII. X; Alfred von Gutschmid, Kleine Schriften (Leipzig 1889-1894) IV S. 376.

(III) *Parisinus gr. 2075.* 15. Jh., Sammelhandschrift. Enthält (als Nr. 4 in der Reihenfolge des Catalogus) die Josephusloci betreffend Jesus Christus (Ant. Jud. 18, 63-64; 20, 200).

> Catalogus Codicum etc. II p. 439. — Nicht bei Niese.

(I) *Parisinus gr. 2077.* 15. Jh., Sammelhandschrift. Enthält (als Nr. 4 im Catalogus) die Agripparede Bell. Jud. 2, 345 ff. Catalogus codicum etc. II p. 440. — Nicht bei Niese.

Parisinus gr. 2610. 16. Jh., Sammelhandschrift. Enthält (als Nr. 14 im Catalogus) „Fragmentum e Josephi antiquitatibus excerptum". — Nicht bei Niese.

(I.III) *Parisinus gr. 2991 A.* Im Jahre 1420 geschrieben, Sammelhandschrift. Enthält unter anderem Auszüge aus dem Bellum Judaicum (Reden des Agrippa, Josephus, Titus) und den Antiquitates Judaicae (Testimonium Flavianum).
Catalogus Codicum etc. II p. 625-626. — Nicht bei Niese.

(I.III) *Coislinianus gr. 131.* Papier, Ende des 14. Jh., 238 Bl. Enthält Teile von Pseudo-Josephus Περὶ τῆς τοῦ παντὸς αἰτίας und Ant. Jud. 18, 63-64. 116-119; 20, 199-203, also die Berichte über Jesus Christus und das Urchristentum, sowie fol. 11-238ᵛ das Bellum Judaicum Buch 1 - 7, 151 mit vielen Lücken beziehungsweise Ergänzungen von jüngerer Hand. Von Niese ist dieser Kodex, der einen stark kontaminierten, VR nahestehenden Text bietet, nicht berücksichtigt (nur erwähnt zu Bell. Jud. 2, 149. 156).
Flavii Josephi opera, ed. B. Niese (Berlin 1885-1895) VI p. XVII. L-LI; Bibliothèque Nationale. Departement des manuscrits. Catalogue des manuscrits grecs. II. Le Fonds Coislin. Par Robert Devreesse (Paris 1945) S. 123-124.

(III) *Coislinianus gr. 192.* 14.-15. Jh., Sammelhandschrift. Enthält fol. 2ᵛ das Testimonium Flavianum (Ant. Jud. 18, 63-64).
Devreesse S. 165. — Nicht bei Niese.

(I) *Coislinianus gr. 228.* Pergament, 11. Jh., Sammelhandschrift. Enthält fol. 88-95ᵛ Bell. Jud. 2, 56-195. Es handelt sich um einen Mischtext, der (L)V(R) am nächsten steht. Von Niese nur an zwei Stellen im Apparat angeführt (Bell. Jud. 2, 149. 156).
Flavii Josephi opera, ed. B. Niese (Berlin 1885-1895) VI p. XVIII. XLIII; Devreesse S. 207-208.

(Lat. I. II) *Parisinus lat. 1615* (irrtümlich „1655" bei Niese). Pergament, 14. Jh. Enthält Contra Apionem und das Bellum Judaicum. Genannt bei Niese zu Contra Ap. 2, 66. 112. 277.

Flavii Josephi opera, ed. B. Niese (Berlin 1885-1895) V
p. VIII; Flavii Josephi opera ex versione latina antiqua.
Pars VI. Ed. Carolus Boysen (Prag-Wien-Leipzig 1898) p. VI;
Bibliothèque Nationale. Catalogue général des manuscrits
latins. Tome II (Nr. 1439-2692), publié sous la direction de
Ph. Lauer (Paris 1940) S. 90; The Latin Josephus, ed. Franz
Blatt (Aarhus 1958) I p. 112.

(Lat. I. 11)   *Parisinus lat. 5049*. Pergament, 13. Jh. Enthält die Antiquitates Judaicae, die Bücher gegen Apion und das Bellum
Judaicum. Genannt bei Niese zu Contra Ap. 2, 58. 81. 106. 112.
277.

Flavii Josephi opera, ed. B. Niese (Berlin 1885-1895) V p.
VIII; Flavii Josephi opera ex versione latina antiqua. Pars VI.
Ed. Carolus Boysen (Prag-Wien-Leipzig 1898) p. VI; The
Latin Josephus, ed. Franz Blatt (Aarhus 1958) I p. 75. 108.

Rom

Bibliotheca Vaticana

(II. III)   *Vaticanus gr. 112*. Papier, 14. Jh., Sammelhandschrift.
Enthält fol. 135-136 einige Exzerpte aus den Antiquitates
Judaicae.

Codices Vaticani Graeci. Recensuerunt Johannes Mercati
et Pius Franchi de Cavalieri. Tomus I. Codices 1-329 (Rom 1923)
S. 134-136. — Nicht bei Niese.

V (II. III)   *Vaticanus gr. 147*. Papier, 13.-14. Jh. Enthält (mit einigen
Lücken) Ant. Jud. Buch 3-15. Ursprünglich war die erste
Pentade vollständig. Im Bereich II ist dieser Vaticanus durch
gemeinsame Fehler mit dem Laurentianus 69, 20 (L), aber
auch mit MSP Epit. Lat. verbunden. Doch zeigt sich auch
starker Einfluß von dem durch RO vertretenen Text her,
so daß V ebenso wie L von Kontamination gezeichnet ist.
Im Bereich III steht der Vaticanus gr. 147 ebenfalls dem
Laurentianus 69, 20 (F) am nächsten, weiter dem Lugdunensis
16 J (L). Andererseits zeigen viele Gemeinsamkeiten von V
beziehungsweise FLV mit dem Palatinus Vaticanus gr. 14 (P),
daß der Vaticanus gr. 147 auch hier einen Mischtext bietet
der sich nur sehr selten durch Trennfehler von den anderen
Zeugen abhebt. Niese hat den Vaticanus gr. 147 nur partiell
benutzt.

Flavii Josephi opera, ed. B. Niese (Berlin 1885-1895) I
p. XVI. XXXIX. XLVIII-LII; III p. IX-X. XXV-XXIX;
Mercati - Franchi de Cavalieri I S. 170-171.

V (I)   *Vaticanus gr. 148.* Pergament, 10.-11. Jh., 214 Bl. Enthält das
(B) (III)   Bellum Judaicum (das fehlende Stück 1, 493-623 ist im 15.
Jh. ergänzt) sowie das Testimonium Flavianum (Ant. Jud.
18, 63-64). V ist durch Fehlergemeinschaft eng mit RC verbunden. V bietet (wie R) einen durch zahlreiche Interpolationen
und willkürliche Änderungen entstellten Text, sichert sich aber
seine Selbständigkeit als Textzeuge dadurch, daß er gelegentlich
allein den wahrscheinlich genuinen Wortlaut hat. Im Bereich
III, und zwar für das Testimonium Flavianum, ist der Vaticanus
gr. 148 von Niese mit dem Marcianus 383 (M) unter der Sigle B
zusammengefaßt.
    Flavii Josephi opera, ed. B. Niese (Berlin 1885-1895) VI
p. IX. XXXVI-XXXVII; Mercati-Franchi de Cavalieri I
S. 171-172.

(II)   *Vaticanus gr. 228.* 14. Jh., Sammelhandschrift. Enthält fol. 305
ein Exzerpt aus den Antiquitates Judaicae (1, 37 ff.).
    Mercati - Franchi de Cavalieri I S. 298-299. — Nicht bei
Niese.

(III)   *Vaticanus gr. 342.* Sammelhandschrift. Enthält fol. 282^v das
Testimonium Flavianum (Ant. Jud. 18, 63-64).
    Codices Vaticani Graeci. Tomus II. Codices 330-603. Recen-
suit Robertus Devreesse (Rom 1937) S. 15-18. — Nicht bei
Niese.

(I)   *Vaticanus gr. 485.* Papier, 13. Jh., Sammelhandschrift. Enthält
fol. 260 Exzerpte aus dem Bellum Judaicum (4, 451-484.
530-533; 6, 292. 293. 420; 7, 96-99. 178-185).
    Devreesse S. 294-298. — Nicht bei Niese.

(I)   *Vaticanus gr. 983.* Papier, 15. Jh., 339 Bl. Enthält das Bellum
Judaicum. Bietet einen Mischtext. Von Niese nicht berücksichtigt.
    Flavii Josephi opera, ed. B. Niese (Berlin 1885-1895) VI
p. XVII. LI.

(I)   *Vaticanus gr. 984.* Pergament, im Jahre 1354 geschrieben.
W(III) Enthält Ant. Jud. Buch 1-20, die erste Dekade in der Fassung

(Epit.) der Epitome, ferner die Vita und das Bellum Judaicum. Im Bereich I gehört der Vaticanus gr. 984 zur Gruppe der durch den Urbinas gr. 84 (C) repräsentierten Handschriften. Im Bereich III (es fehlen dort Ant. Jud. 14, 185-301; 17, 94-296) stehen sich AMW nahe, W ist besonders mit A^{ante corr} (A 1) verbunden, hat jedoch auch nicht wenig gemeinsam mit PF(L)V, vor allem mit P und L. In der vierten Pentade der Antiquitates Judaicae ändert sich die Gruppierung, und W ist vor allem mit dem Laurentianus 69, 10 (M) verbunden, ohne daß andere Affinitäten ausgeschlossen wären, so zu P und M^{marg}. Bietet W auch eine Art Mischtext, so ist seine Eigenschaft als selbständiger Überlieferungsträger doch gesichert. Das gilt besonders für die Vita, wo W in Verbindung mit M öfters allein den wahrscheinlich genuinen Text aufweist. Niese hat den Vaticanus gr. 984 nur für den Bereich III berücksichtigt.

Flavii Josephi opera, ed. B. Niese (Berlin 1885-1895) I p. XXI-XXII; III p. X.XXIX-XXXIV; VI p. XVII-XVIII. LI. LIII; Flavii Josephi Antiquitatum Judaicarum Epitoma, ed. B. Niese (Berlin 1896) p. IV. VII. Nachtrag S.215.

(II) *Vaticanus gr. 1304.* Pergament, 14. Jh., 262 Bl. Enthält Ant. Jud. 1, 1 - 4, 87; 6-10. Bietet einen SP sehr nahestehenden, öfters auch RO verbundenen, durch Korrekturen entstellten Text. Von Niese nicht berücksichtigt, abgesehen von einer Erwähnung im Apparat zu Ant. Jud. 8, 148.

Flavii Josephi opera, ed. B. Niese (Berlin 1885-1895) I p. VIII. XVI. LXII-LXIV.

(Lat.I) *Vaticanus lat. 1992.* 10. Jh. Enthält das Bellum Judaicum. Erscheint bei Niese zu Bell. Jud. 4, 503.

Flavii Josephi opera, ed. B. Niese (Berlin 1885-1895) VI p. XX; The Latin Josephus, ed. Franz Blatt (Aarhus 1958) I S. 112.

Ottobonianus gr. 76. Papier, 17. Jh. Sammelhandschrift, 256 Bl. Enthält fol. 147-149 Ἀπὸ τοῦ πρώτου Φλαβίου Ἰωσήπου. Ich habe nicht ermittelt, um welches der Werke des Josephus es sich hier handelt.

Codices Manuscripti Graeci Ottoboniani Bibliothecae Vaticanae. Recensuerunt E. Feron et F. Battaglini (Rom 1893) p. 48. — Nicht bei Niese.

(IV)   *Barberinianus gr. 100 (I 100)*. Papier, 15.-16. Jh., 10 Bl. Enthält
Contra Apionem 1, 1-141. Ist wie alle anderen Handschriften
im Bereich IV abhängig vom Laurentianus 69, 22 (L).

   P. Wendland, Deutsche Litteraturzeitung 1891, 950; Sey-
mour De Ricci, Liste sommaire des manuscrits grecs de la
Bibliotheca Barberina, Revue des Bibliothèques 17 (1907) 90;
Codices Barberiniani Graeci. Tomus I. Codices 1-163. Recensuit
Valentinus Capocci (Rom 1958) p. 138-139. — Nicht bei Niese.

P (III) *Palatinus gr. 14*. Pergament, Anfang des 14. Jh., 315 Bl.
Vom ursprünglichen Inhalt (Ant. Jud. Buch 11-20, Vita) fehlen
jetzt die Bücher 18, 19, 20; außerdem ist die Handschrift
auch sonst lückenhaft. Niese hat den (zweifellos vorhandenen)
Wert von P zuungunsten der übrigen Textzeugen überschätzt.

   Codices manuscripti Palatini graeci Bibliothecae Vaticanae
descripti... recensuit et digessit Henricus Stevenson Senior
(Rom 1885) p. 8; Flavii Josephi opera, ed. B. Niese (Berlin
1885-1895) III p. III-V. XX-XXIV; IV p. III; Flavii Josephi
opera omnia, ed. S. A. Naber (Leipzig 1888-1896) III p. IV;
E. Schürer, Theologische Literaturzeitung 1892, 514. 516;
P. Wendland, Deutsche Litteraturzeitung 1892, 1266-1267 und
1893, 1230; C. Frick, Berliner Philologische Wochenschrift
1893, 296 ff.; K. Jacoby, Wochenschrift für klassische Philologie 1893, 1003-1004; Fr. Rühl, Literarisches Centralblatt
1893, 182-183. 1191-1192; Eusebius, Demonstratio Evangelica,
ed. Ivar A. Heikel (Leipzig 1913) p. XVII-XVIII; S. Ek,
Herodotismen in der jüdischen Archäologie des Josephos
und ihre textkritische Bedeutung (Lund 1946) S. 35.

R (I)   *Palatinus gr. 284*. Pergament, 11.-12. Jh., 221 Bl. Enthält
das Bellum Judaicum bis auf die fehlenden Stücke 1, 1-93;
7, 438. Ist durch Fehlergemeinschaft eng mit VC verbunden,
bietet aber gelegentlich allein den besten Text.

   Stevenson (1885) p. 160; Flavii Josephi opera, ed. B. Niese
(Berlin 1885-1895) VI p. X. XXXVI-XXXVII.

(IV)   *Rossianus gr. 25* (XI. 47). Papier, 15. Jh., 135 Bl. Enthält
fol. 1-105 Contra Apionem Buch 1-2 (unvollständig). Vermutlich
einer der zahlreichen (direkten oder indirekten) Abkömmlinge
des Laurentianus 69, 22 (L).

   C. Van De Vorst, Verzeichnis der griechischen Hss. der

Bibliotheca Rossiana, Zentralblatt für Bibliothekswesen 23 (1906) 539. — Nicht bei Niese.

(II) *Urbinas gr. 80.* Papier, 14.-15. Jh., Sammelhandschrift. Enthält fol. 266 Ant. Jud. 1, 1-6.

Codices Urbinates Graeci Bibliothecae Vaticanae. Recensuit Cosimus Stornajolo (Rom 1895) p. 111-127. — Nicht bei Niese.

C (I) *Urbinas gr. 84.* Pergament, 11. Jh., 291 Bl. Enthält das Bellum Judaicum bis auf 1, 238-247. Der Schluß 7, 445-455 ist zum Teil verlorengegangen. Steht am meisten VR nahe, zeigt aber darüber hinaus auch viele Gemeinsamkeiten mit PA, schließlich auch mit L. Besonders stark ist die kontaminierend überarbeitende Einwirkung auf den C-Text sichtbar in den Eigennamen, von denen viele durch geläufigere, aus der Septuaginta bekannte ersetzt sind. Die deutliche Bevorzugung des Urbinas gr. 84 durch Naber (Flavii Josephi opera omnia, Leipzig 1888-1896) ist nicht gerechtfertigt. Sie hat sich für ihn anscheinend mindestens teilweise unfreiwillig und ihm selbst nicht bewußt dadurch ergeben, daß seine Druckvorlage I. Bekker (Flavii Josephi opera omnia, Leipzig 1855-1856), dem er sehr stark verpflichtet ist, im Grunde der letzte Ausläufer der mit der Editio princeps des Arnoldus Peraxylus Arlenius (Basel 1544) beginnenden Texttradition war, innerhalb deren diese Erstausgabe lange Zeit einen beherrschenden Einfluß ausübte, einen Einfluß, der erst mit Nieses Ausgabe endgültig aufhörte. Die Editio princeps ihrerseits aber bietet für das Bellum Judaicum einen dem Urbinas gr. 84 sehr nahestehenden Text, so daß Nabers besonderes Verhältnis zu C letztlich von hier aus, also editionsgeschichtlich, sich versteht.

Flavii Josephi opera, ed. B. Niese (Berlin 1885-1895) VI p. X-XI. XXXVI-XL. LI-LV. LXVII. LXXIII; Stornajolo p. 130-131; P. Wendland, Deutsche Litteraturzeitung 1896, 1070.

(I) *Urbinas gr. 85.* Pergament, 12.-13. Jh., 245 Bl. Enthält das Bellum Judaicum. Kleinere fehlende Teile sind von jüngerer Hand ergänzt. Diese dem Palatinus Vaticanus gr. 284 (R) nahestehende Handschrift ist von Niese nicht berücksichtigt.

Flavii Josephi opera, ed. B. Niese (Berlin 1885-1895) VI p. XVIII. XLV-XLVI; Stornajolo p. 131-132.

(I) *Urbinas gr. 94.* Papier, 15. Jh., Sammelhandschrift. Enthält fol. 180ᵛ die Teknophagie der Maria (Bell. Jud. 6, 205-213). Stornajolo S. 139-147. — Nicht bei Niese.

Mit keinem der mir bekannten Vaticani identifizierbar ist der von Niese zu Ant. Jud. 6, 183; 7, 159; 8, 317; 9, 11. 32. 98. 138. 148. 151. 154. 163. 185. 225. 241; 16, 368 zitierte „cod. Vat. apud Hudson", der schon bei Hudson (Flavii Josephi opera omnia, Oxford 1720) vol I am Ende der unpaginierten Einleitung ganz unpräzise eingeführt wird mit „ ,Vat.' lectiones aliae Vaticanae aere nostro comparatae".

Biblioteca dell' Accademia Nazionale dei Lincei

(Lat. II) *Corsinianus lat. 839.* Papier, 16. Jh., Enthält Contra Apionem. Erscheint bei Niese zu Contra Ap. 1, 1; 2, 25. 113.
Flavii Josephi opera, ed. B. Niese (Berlin 1885-1895) V p. VIII; Flavii Josephi opera ex versione latina antiqua, ed. Carolus Boysen. Pars VI (Prag-Wien-Leipzig 1898) p. V.

Bibliotheca Vallicelliana

(II) *Vallicellianus gr. 30* (C 4). Papier, 14. Jh., Sammelhandschrift. Enthält fol. 176-191ᵛ Exzerpte aus den Antiquitates Judaicae, und zwar aus den Partien 1, 69 - 3, 141; 3, 170 - 4, 96.
E. Martini, Catalogo di manoscritti greci esistenti nelle bibliotechi Italiane. II (= Catalogus codicum graecorum qui in Bibliotheca Vallicelliana Romae adservantur) Milano 1902, S. 48. — Nicht bei Niese.

Saloniki

(I) *Blateon 36.* Papier, 15. Jh., 299 Bl. Enthält fol. 1-136 das Bellum Judaicum (ab 1, 317).
S. Eustratiades, Katalogos tōn en tē monē Blateōn apokeimenōn kōdikōn (Saloniki 1918) = Gregorios ho Palamās 2 (1918) 438-439.

Saragossa

Pilar-Bibliothek

(II-III) *Saragossa Nr. 253.* Papier, 15. Jh. Enthält den griechischen Text der Antiquitates Judaicae.
Ch. Graux-A. Martin, Rapport sur une mission en Espagne et en Portugal. Notices sommaires des manuscrits grecs

d'Espagne et de Portugal, Nouvelles Archives des Missions scientifiques et littéraires 2 (Paris 1892) 211. Nachträge.

Schleusingen
Heimatmuseum

(IV)   *Schleusingensis gr. 1 (Hennebergensis)*. Papier, 15.-16. Jh. Enthält die beiden Bücher gegen Apion. Gehört zu den zahlreichen (direkten oder indirekten) Abkömmlingen des Laurentianus 69, 22 (L). Von Niese nicht berücksichtigt.

Flavii Josephi opera, ed. B. Niese (Berlin 1885-1895) V p. VI. X-XI; A. von Gutschmid, Kleine Schriften (Leipzig 1889-1894) IV p. 375-376; Carl Wendel, Die griechischen Handschriften der Provinz Sachsen. In: Aufsätze, Fritz Milkau gewidmet (Leipzig 1921) S. 362-363.

(I.III) *Schleusingensis gr. 2 (Hennebergensis)*. Papier, 15.-16. Jh.
(Epit.) Enthält die Epitome Antiquitatum Buch 1-10, ferner Ant. Jud. Buch 11-19, 247 und Bell. Jud. 7, 393-455. Enthielt ursprünglich die Antiquitates Judaicae und das Bellum Judaicum vollständig, und zwar ebenso wie der Vaticanus gr. 984, als dessen Apographus ihn Bindefehler erweisen. Von Niese so gut wie ausschließlich (außer zu Ant. Jud. 1, 7 in den Addenda et Corrigenda) nur für die Epitome herangezogen.

Flavii Josephi opera, ed. B. Niese (Berlin 1885-1895) I p. XXII-XXIII; III p. XII; VI p. XVIII. LI. LIII; Flavii Josephi Antiquitatum Judaicarum Epitoma, ed. B. Niese (Berlin 1896) p. IV-VII; Wendel S. 362-364.

Uppsala
Universitätsbibliothek

(I)   *Upsaliensis gr. 8*. Papier, 15. Jh., Sammelhandschrift. Enthält fol. 297ᵛ-299ᵛ Reden des Titus (Bell. Jud. 3, 472-484) und Josephus (Bell. Jud. 3, 362-382).

Vilelmus Lundström, De codicibus graecis olim Escorialensibus, qui nunc Upsaliae adservantur. Eranos 2 (1897) 1-7 (dort S. 7). — Nicht bei Niese.

Utrecht

(I.III) *Codex Lintelous*. Papier, 15.-16. Jh. (?). Diese Handschrift

aus dem Privatbesitz des Herrn Lintelo de Geer aus Utrecht
wurde zeitweilig zur Disposition S. A. Nabers gestellt, und
zwar für den Zweck seiner Ausgabe. Ihr Verbleib ist mir nicht
bekannt. Sie enthält das Bellum Judaicum (von 1, 17-7, 393),
Ant. Jud. 14, 345-15, 132; 19, 247-268 und die Vita. Nach
Nabers Angaben steht sie im Bereich I dem Urbinas gr. 84 (C),
im Bereich III dem Vaticanus gr. 984 (W) nahe. Naber erwähnt
in seinem Apparatus criticus gelegentlich diesen Lintelous
(Bell. Jud. 2, 151; 4, 353. 433; 5, 70. 428; 6, 46. 315; 7, 225. 376),
bevorzugt ihn sogar einmal vor allen übrigen Textzeugen
(Bell. Jud. 7, 307), wohl mehr aus Höflichkeit als aus Über-
zeugung.

Flavii Josephi opera omnia, ed. S. A. Naber (Leipzig 1888-
1896) V p. VII.

Venedig
Biblioteca Nazionale di S. Marco

(II. III) *Marcianus 380.* Pergament, 383 Bl., geschrieben im Jahre
1469 in Rom. Enthält Ant. Jud. Buch 1-20 und die Vita.
Ist im Bereich II ein Abkömmling des Marcianus 381 (M);
das im Marcianus 381 Fehlende (Ant. Jud. 10, 206-281) ist
dem Vaticanus gr. 147 (V) entnommen. Im Bereich III ist
für die dritte Pentade der Antiquitates Judaicae der Vaticanus
gr. 147 (V) die Vorlage gewesen, für die vierte Pentade und die
Vita der Vaticanus gr. 984 (W), wobei auch deutliche Verwandtschaft mit dem Parisinus gr. 1420 besteht. Von Niese nicht
berücksichtigt.

Antonius Maria Zanetti - Antonius Bongiovanni, Graeca
D. Marci Bibliotheca codicum manuscriptorum per titulos
digesta (Venedig 1740) p. 181-183; Flavii Josephi opera, ed.
B. Niese (Berlin 1885-1895) I p. XVI-XVII. LXIV-LXV;
III p. XI. XLVI-XLVII. LVII).

M (II) *Marcianus 381.* Papier, 13. Jh., 308 Bl. Enthält Ant. Jud.
Buch 1-10. Es fehlen 1, 1-91.170-183; 10, 206-281. Von jüngerer
Hand ergänzt sind 1, 1-57. Steht durch Bindefehler einerseits
SP nahe, auch der ganzen Gruppe SPLV Epit. Lat., hat anderer-
seits aber auch viel gemeinsam mit der konträren Gruppe RO.
Dieser Marcianus bietet zwar eine Art Mischtext, jedoch nicht
selten den besten Wortlaut und verdient mehr Beachtung,
als Niese ihm geschenkt hat.

Zanetti - Bongiovanni p. 183; Flavii Josephi opera, ed.
B. Niese (Berlin 1885-1895) I p. XI-XII. XXXIX-XLII. LXXV.

(I) *Marcianus 382.* Pergament, 15. Jh., 254 Bl. Enthält — mit
einigen Lücken — das Bellum Judaicum. Gehört zu den
Zeugen des Bellum Judaicum, die angesichts der gerade in
diesem Bereich I sehr dichten Überlieferung zugunsten älterer
Handschriften von Niese vernachlässigt werden konnten,
weil sie keinen unmittelbaren Nutzen für die Textgestaltung
erwarten ließen.

Zanetti-Bongiovanni p. 183; Flavii Josephi opera, ed.
B. Niese (Berlin 1885-1895) VI p. XVIII. LI.

M (I) *Marcianus 383.* Pergament, 12. Jh., 321 Bl. Enthält das Bellum
(B) (III) Judaicum und das Testimonium Flavianum (Ant. Jud.
18, 63-64). Bietet einen Text, der mal dem Parisinus gr.
1425 (P), mal dem Ambrosianus 234 (A) nahesteht, aber auch
sehr viel Gemeinsamkeiten mit VRC beziehungsweise einzelnen
Gliedern dieser Gruppe (besonders C) aufweist, also Resultat
eines kontaminierenden Verfahrens ist, bei dem oft abweichende
Lesarten in der Art einer kritischen Ausgabe mit aufgenommen
werden. Der Marcianus 383 hat gelegentlich — wie auch zahlreiche andere Josephushandschriften mit einem Mischtext —
allein den (wahrscheinlich) genuinen Wortlaut, wodurch seine
Selbständigkeit gesichert ist. — Im Bereich III, für das Testimonium Flavianum, ist der Marcianus 383 von Niese mit
dem Vaticanus gr. 148 unter der Sigle B zusammengefaßt.

Zanetti-Bongiovanni p. 183; J. Morelli, Bibliotheca manu-
scripta graeca et latina I (Bassano 1802) p. 249; Flavii Josephi
opera, ed. B. Niese (Berlin 1885-1895) VI p. VII-VIII. XXXI-
XXXIII. LXVII.

(I) *Marcianus gr. VII, 2 (1005).* Papier, 15. Jh., 180 Bl. Enthält
das Bellum Judaicum.

Bibliothecae Divi Marci Venetiarum. Codices Graeci Manuscripti. Recensuit Elpidius Mioni. Volumen II (Rom 1960)
S. 18. — Nicht bei Niese.

(Lat. II) *Marcianus lat. X 60.* Pergament, im Jahre 1468 geschrieben.
Enthält Ant. Jud. Buch 1-20, Contra Apionem Buch 1-2.
Genannt bei Niese zu Contra Ap. 2, 25.

Flavii Josephi opera, ed. B. Niese (Berlin 1885-1895) V

p. VIII; Flavii Josephi opera omnia ex versione latina antiqua, ed. Carolus Boysen. Pars VI (Prag-Wien-Leipzig 1898) p. V; The Latin Josephus, ed. Franz Blatt (Aarhus 1958) I S. 39. 108.

Wien

Oesterreichische Nationalbibliothek

(III) *Vindobonensis gr. 91.* Papier, 15. Jh., Sammelhandschrift. Enthält fol. 164^{r-v} die Christus und Johannes den Täufer betreffenden Stücke Ant. Jud. 18, 63-64.116-119.

Herbert Hunger, Katalog der griechischen Handschriften der Oesterreichischen Nationalbibliothek (Wien 1957) S. 63-65. - Nicht bei Niese.

(I) *Vindobonensis hist. gr. 18 (Busbeckianus).* Papier, 14.-15. Jh., 126 Bl. Enthält Bell. Jud. 1, 336 - 6, 83. Gehört zur großen Gruppe der durch den Urbinas gr. 84 (C) repräsentierten Handschriften. Von Niese nicht berücksichtigt.

Flavii Josephi opera, ed. B. Niese (Berlin 1885-1895) VI p. XVIII. LI. LIII; Katalog der griechischen Handschriften der Oesterreichischen Nationalbibliothek. Teil 1 (Codices historici philosophici et philologici) von Herbert Hunger (Wien 1961) S. 21-22.

S (II) *Vindobonensis hist. gr. 20* (bei Niese irrtümlich „hist. gr. 2"). Pergament, 11. Jh., 336 Bl. Enthält Ant. Jud. Buch 1-10. Korruptelengemeinschaft verbindet S besonders mit dem Parisinus gr. 1419 (P), aber auch mit der ganzen Gruppe MSPLV Epit. Lat. beziehungsweise einzelnen Vertretern dieser Sippe. S ist wie P nicht frei von kontaminierenden Einflüssen.

Flavii Josephi opera, ed. B. Niese (Berlin 1885-1895) I p. XII-XIII. XXXIX. XLVI-XLVIII; Hunger (1961) S. 23.

(Epit.) *Vindobonensis hist. gr. 22 (Busbeckianus).* Papier, 14. Jh., 317 Bl. Enthält (bis auf den fehlenden Anfang) die Epitome Antiquitatum Buch 1-20.

Flavii Josephi opera, ed. B. Niese (Berlin 1885-1895) I p. XVIII-XIX; II p. III; III p. XII-XIII. LX. LXIV; IV p. IV; Flavii Josephi Antiquitatum Judaicarum Epitoma, ed. B. Niese (Berlin 1896) p. III. V-VI; Hunger (1961) S. 24-25.

(I)   *Vindobonensis hist. gr. 113.* 15. Jh., Sammelhandschrift.
Enthält fol. 151ᵛ-152ʳ die Rede des Titus Bell. Jud. 3, 472-484.
Hunger (1961) S. 116-117. — Nicht bei Niese.

(I)   *Vindobonensis phil. gr. 112.* 14. Jh., Sammelhandschrift.
Enthält fol. 23ʳ⁻ᵛ Bell. Jud. 6, 416-442 sowie fol. 24ʳ⁻ᵛ Bell.
Jud. 6, 149-182.
Hunger (1961) S. 222-223. — Nicht bei Niese.

(I)   *Vindobonensis phil. gr. 149.* 14. Jh., Sammelhandschrift.
Enthält fol. 270ᵛ-271ʳ Bell. Jud. 6, 516 ff.
Hunger (1961) S. 250-253. — Nicht bei Niese.

Wolfenbüttel
Herzog-August-Bibliothek

(Lat. I.II)   *Wissenburgensis 22.* Pergament, 9. Jh. Enthält Ant. Jud.
Buch 1-12 und das Bellum Judaicum.

Flavii Josephi opera, ed. B. Niese (Berlin 1885-1895) I
p. XXVIII; III p. XIV; The Latin Josephus, ed. Franz Blatt
(Aarhus 1958) I S. 40.110; Hans Butzmann, Die Weissenburger
Handschriften (= Kataloge der Herzog-August-Bibliothek
Wolfenbüttel. Die neue Reihe. Zehnter Band) Frankfurt
am Main 1964, S. 131-132.

Wroclaw (Breslau)
Biblioteka Uniwersytecka

(I)   *Vratislaviensis 283 (Rehdigeranus).* Papier, 15.-16. Jh., 266
Bl. Enthält das Bellum Judaicum. Steht dem Berolinensis
gr. 223 und dem Parisinus gr. 1426 nahe. Sie beziehungsweise
ihre gemeinsame Vorlage gehören zu der durch den Urbinas 84
(C) vertretenen Gruppe. Von Niese nur gelegentlich berücksichtigt (1, 238 ff.; 2, 624; 4, 298. 452; 6, 326; 7, 264).

Flavii Josephi opera, ed. B. Niese (Berlin 1885-1895) VI
p. XVII. LI. LIII-LV. LXXIII; Catalogus codicum graecorum
qui in Bibliotheca urbica Vratislaviensi adservantur etc.
(Breslau 1889) p. 68; Kurt Aland, Die Handschriftenbestände
der polnischen Bibliotheken (Berlin, Akademie-Verlag 1956)
S. 37.

Postscriptum: In der vorstehenden Liste sind nicht mit aufgeführt die zahlreichen Katenenhandschriften, die Josephus zitieren. Ich verweise dafür pauschal auf: Catenarum graecarum Catalogus. Composuerunt Georgius Karo et Johannes Lietzmann. Nachrichten von der Königl. Ges. d. Wiss. zu Göttingen. Philol.-hist. Kl. aus dem Jahre 1902. Göttingen 1902. Bei Karo-Lietzmann erscheint Josephus als zitierter Autor in Katenen zum Alten und Neuen Testament auf den Seiten 3.6.7.8.18.19.21.44.45.58.61.65.335.578.592.603. Eine Aufschlüsselung nach einzelnen Handschriften erübrigt sich hier. Ohnehin ist diese Verwendung eher von Interesse für die Erforschung der Kettenkommentare selbst und der Wirkungsgeschichte des Josephus als von unmittelbarem Nutzen für die Textgestaltung. Zudem ist immer auch mit der Möglichkeit zu rechnen, daß die Katenenzitate nicht unmittelbar aus Josephus stammen, sondern indirekter Provenienz sind (über Johannes Chrysostomus, Theodoret usw.). Vgl. P. Wendland, Deutsche Litteraturzeitung 1892, 1266; G. Bardy, Le Souvenir de Josèphe chez les Pères, Revue hist. ecclés. 43, 1948, 179-191 (dort S. 189).

KURZGEFASSTE LISTE DER
GRIECHISCHEN HANDSCHRIFTEN

	(I.II)	Batopedianus 386 (Athous)
	(II)	Batopedianus 387 (Athous)
	(III)	Dionysiou 194 (Athous)
	(II.III)	Iberon 92 (Athous)
		Iberon 159 (Athous)
	(II)	Iberon 586 (Athous)
		Koutloumousiou (Athous)
	(I)	Lavra H 158 (Athous)
	(I)	Lavra Θ 186 (Athous)
	(II)	Panteleemonos 95 (Athous)
	(III)	Basileensis A. VII. 1
	(Epit.)	Berolinensis gr. 222 (Phillippicus 1625)
	(I)	Berolinensis gr. 223 (Phillippicus 1626)
		Berolinensis gr. 248 (fol. 8)
	(III)	Berolinensis gr. 265 (fol. 27)
	(I.III)	Bononiensis gr. 3568
	(IV)	Cantabrigiensis Ll. IV. 12 (Eliensis)
	(III)	Cantabrigiensis gr. (Caius College Nr. 355)
T	(I.III)	Cheltenhamensis (Phillippicus) 6459
	(II.III)	Escorialensis gr. 307 (304)
	(II)	Escorialensis gr. 462
	(IV)	Laurentianus 28, 29
	(II)	Laurentianus 69, 10
M	(III)	,,
N	(I)	Laurentianus 69, 17
L	(I)	Laurentianus 69, 19
L	(II)	Laurentianus 69, 20
F	(III)	,,
L	(IV)	Laurentianus 69, 22
	(Epit.)	Laurentianus 69, 23
	(I)	Laurentianus 69, 36
	(I)	Laurentianus 74, 13
	(II.III)	Palatinus (Heidelbergensis) gr. 129
	(I.II)	Hafniensis (Rostgaardianus) 1569
	(IV)	Hafniensis 1570

	(III)	Vossianus gr. F 26
	(I.III)	Vossianus gr. F 72
L	(III)	Lugdunensis 16 J
	(II)	Vossianus Misc. 7
	(I)	Vossianus gr. Q 13
	(II)	Lipsiensis gr. 16 (361)
	(I)	Lipsiensis gr. 37 (783)
	(I)	Ambrosianus 139 (B 119 sup.)
A	(I)	Ambrosianus 234 (D 50 sup.)
A	(II)	,,
	(I)	Ambrosianus 270 (E 9 sup.)
	(I.II.III)	Ambrosianus 290 (E 64 sup.)
	(I.III)	Ambrosianus 350 (F 93 sup.)
A	(III)	Ambrosianus 370 (F 128 sup.)
		Ambrosianus 409 (G 69 sup.)
		Ambrosianus 945 (D 246 inf.)
		Neapolitanus II. C. 32
	(I.III)	Neapolitanus III. B. 17
	(I.II.III)	Neapolitanus III. B. 18
	(I)	Neapolitanus III. B. 19
	(III)	Yale Nr. 275
	(II.III)	Baroccianus 30
	(III)	Baroccianus 142
	(I)	Baroccianus 151
O	(II.III)	Bodleianus 186
		Bodleianus 15566 (Bigotianus)
		Canonicianus 56
NC	(III)	Oxoniensis Novi Collegii 44
	(III)	Parisinus gr. 961
	(Epit.)	Parisinus gr. 1418
P	(II)	Parisinus gr. 1419
	(III)	Parisinus gr. 1420
R	(II)	Parisinus gr. 1421
	(Epit.)	Parisinus gr. 1422
	(I)	Parisinus gr. 1423
R	(III)	,,
	(Epit.)	Parisinus gr. 1424
P	(I)	Parisinus gr. 1425
	(I)	Parisinus gr. 1426
	(I)	Parisinus gr. 1427

	(I)	Parisinus gr. 1428
	(I)	Parisinus gr. 1428 A
	(I)	Parisinus gr. 1429
	(Epit.)	Parisinus gr. 1601
	(II)	Parisinus gr. 1602
	(I)	Parisinus gr. 1603
	(III)	Parisinus gr. 1630
	(II.IV)	Parisinus gr. 1815
	(III)	Parisinus gr. 2075
	(I)	Parisinus gr. 2077
		Parisinus gr. 2610
	(I.III)	Parisinus gr. 2991 A
	(I.III)	Coislinianus gr. 131
	(III)	Coislinianus gr. 192
	(I)	Coislinianus gr. 228
	(II.III)	Vaticanus gr. 112
V	(II.III)	Vaticanus gr. 147
V	(I)	Vaticanus gr. 148
(B)	(III)	,,
	(II)	Vaticanus gr. 228
	(III)	Vaticanus gr. 342
	(I)	Vaticanus gr. 485
	(I)	Vaticanus gr. 983
	(I)	Vaticanus gr. 984
W	(III)	,,
	(Epit.)	,,
	(II)	Vaticanus gr. 1304
		Ottobonianus gr. 76
	(IV)	Barberinianus gr. 100 (I 100)
P	(III)	Palatinus gr. 14
R	(I)	Palatinus gr. 284
	(IV)	Rossianus gr. 25 (XI. 47)
	(II)	Urbinas gr. 80
C	(I)	Urbinas gr. 84
	(I)	Urbinas gr. 85
	(I)	Urbinas gr. 94
	(II)	Vallicellianus gr. 30 (C 4)
	(I)	Blateon 36 (Saloniki)
	(II-III)	Saragossa Nr. 253
	(IV)	Schleusingensis gr. 1 (Hennebergensis)

	(I.III)	Schleusingensis gr. 2 (Hennebergensis)
	(Epit.)	,,
	(I)	Upsaliensis gr. 8
	(I.III)	Codex Lintelous
	(II.III)	Marcianus 380
M	(II)	Marcianus 381
	(I)	Marcianus 382
M	(I)	Marcianus 383
(B)	(III)	Marcianus 383
	(I)	Marcianus gr. VII, 2 (1005)
	(III)	Vindobonensis gr. 91
	(I)	Vindobonensis hist. gr. 18 (Busbeckianus)
S	(II)	Vindobonensis hist. gr. 20
	(Epit.)	Vindobonensis hist. gr. 22 (Busbeckianus)
	(I)	Vindobonensis hist. gr. 113
	(I)	Vindobonensis phil. gr. 112
	(I)	Vindobonensis phil. gr. 149
	(I)	Vratislaviensis 283 (Rehdigeranus)

EDITIO PRINCEPS

Ed. pr. Die von Niese verhältnismäßig oft zitierte, aber nicht durchgehend herangezogene Editio princeps des Arnoldus Peraxylus Arlenius (Basel 1544) geht für den Bereich I (Bellum Judaicum) auf eine Handschrift der Gruppe zurück, die durch den Urbinas gr. 84 (C) repräsentiert wird. Doch ist damit zu rechnen, daß Arlenius hier auch andere Kodizes herangezogen hat; denn in seiner Einleitung p. 6 sagt er über seine Arbeitsweise: „Posterior pars ἀρχαιολογίας ita multis mendis confusa et incuria quadam librarii vel imperitia deformata erat, ut ad veram praestruendam lectionem multum laborem sufficere experti fuissemus, nisi Epitomen quam ante annos aliquot Romae mecum comportaveram adhibuissemus: e cuius collatione multa suae dignitati reddita, nonnulla quae praetermissa fuerunt restituta, beneficio in primis ac opera Sigismundi Gelenii: qui vir . . . assiduitate, labore ac omni diligentia perfecit ut omnia prodirent castigatissima. In bello Judaico ac reliquis minus negotii habuimus, propterea quod et nostra exemplaria accuratius erant descripta, et alia insuper nobis suppeditata a praestantissimis doctissimisque viris, Joanne Croto ac Petro Gillio . . . ." In der Tat läßt sich feststellen, daß im Bereich I auch Gemeinsamkeiten mit dem Text bestehen, wie ihn VR bieten. Im Bereich II-III war der Escorialensis 304 die Hauptquelle der Editio princeps, daneben vor allem die Epitome Antiquitatum, was Arlenius selbst bestätigt. Jedoch wird der Escorialensis 304 von Ant. Jud. Buch 16 an als Druckmanuskript ersetzt durch den Schleusingensis gr. 2. Auch der lateinische Josephus ist nicht selten zur Textbesserung herangezogen worden, und zwar ähnlich wie im Bereich IV, wo der Text der Editio princeps ebenso wie der aller Handschriften auf den Laurentianus 69, 22 (L) zurückgeht, wahrscheinlich indirekt über den Schleusingensis gr. 1. Nicht immer eindeutig bestimmbare Quellen verschiedener Art und wohl auch zahlreiche Konjekturen des Arlenius und Gelenius lassen eine genauere Kenntnis der Editio princeps, vielleicht sogar eine durchgehende Auswertung als wünschenswert erscheinen. Das ist auch deshalb sinnvoll, weil bei Naber (1888 ff.) und seinem Vorgänger I. Bekker (Flavii Josephi opera omnia, Leipzig 1855-1856) nicht selten Lesarten erscheinen, die im Apparat von Nieses Editio maior nicht verifizierbar sind (z. B. Ant. Jud. 12, 35.40 ἐκδόσεως, 181 om. αὐτόν, 308 εἶτα,

314 αὐτό, 329 ἀνέστρεψε, 354 ἐκεῖνον, 397 αὐτῷ, 16, 391 περιγραφήν, 18, 280 περιπεσεῖν) und mindestens teilweise bis auf die Editio princeps zurückgehen, da Bekker und Naber der letzte Ausläufer der mit der Ausgabe des Arlenius beginnenden editionsgeschichtlichen Entwicklung sind. Das zeigt sich besonders daran, daß Bekker und Naber öfters gegen die neueren Ausgaben mit der Editio princeps lesen, so Ant. Jud. 15, 324 (ἐπιεικής), 17, 124 (ἀπηλλαγμένους), 17, 231 (ἔχρην), 17, 244 (πρὸς τήν), 18, 94 (δή om.), 18, 89 (δὲ ἤ), 18, 210 (αἱρετόν), 19, 109 (περιττόν). In den gleichen Zusammenhang gehört die auffällige, teilweise sicher unbeabsichtigte Bevorzugung der Epitome Antiquitatum durch Naber sowie seine schon oben beobachtete Vorliebe für den Urbinas gr. 84 (C). — Der Vollständigkeit halber ist hier neben der Editio princeps auch die Editio Geneva (Flavii Josephi opera quae extant, Genf 1611) zu erwähnen, die einige Male in Nieses Apparat angeführt wird (z. B. Bell. Jud. 1, 65; 7, 18; 16, 368; Vita 112); über diese Ausgabe informiert meine „Bibliographie zu Flavius Josephus" (Leiden 1968) S. 21.

Flavii Josephi opera, ed. B. Niese (Berlin 1885-1895) I p. LXX-LXXI; V p. X-XI; VI p. LXVIII; Carl Wendel, Die griechischen Handschriften der Provinz Sachsen. In: Aufsätze, Fritz Milkau gewidmet (Leipzig 1921) S. 364.

DER PAPYRUS VINDOBONENSIS

Pap. Vind. Nur ein Papyrus ist mir bekannt geworden, der ein Stück Josephus-text überliefert, und zwar der Pap. Graec. Vindob. 29810. Es handelt sich um „Reste eines sorgfältigen Buchhändlerexemplares eines Kodex noch des späten III. Jahrh. nach Chr.", wie H. Oellacher S. 61 mitteilt. Sie betreffen Bell. Jud. 2, 576-579. 582-584. Die Schrift ist nicht mehr gut lesbar, zudem am Anfang und Ende der Zeilen regelmäßig nicht mehr erhalten. Die Kollation mit Nieses Editio maior ergibt an klar erkennbaren Abweichungen des Papyrus beziehungsweise Ergänzungen Oellachers:

§ 576 ἔκ τε: ἐκ cum C

ὅπλων ἐγκατασκευαζόμενος: ὅπλ[ων] {και?} ἐ[γκατασκευα-ζόμενος]

§ 577 διδασκαλίαν: διδασκαλείαν

ἔτεμνεν: ἔτεμνέν <τε> coni. Oellacher ex Pap.

στρατιὰν: [στ]ρατειὰν

καθίστατο ταξιάρχους: κατέστησεν ἄρχοντας coni. Oellacher ex Pap.

§ 578 δεκαδάρχαις καὶ ἑκατοντάρχαις: [.....ἑ]κατοντάρχας
δ[ι]ὲ δ[ωκεν.......αρχ]αι[ς]

χιλιάρχοις: χει[λιάρχους]

§ 579 προσβολάς: προβ[ολάς] cum V

§ 582 πάντες: om. cum VRC Lat.

§ 583 τετρακισχιλίους: τετρακισχειλίους

§ 584 στρατιὰν: στρατειὰν

Ferner hat der Papyrus oder dessen — im Hinblick auf die durchschnittliche Buchstabenzahl 30 pro Zeile einigermaßen wahrscheinliche — Ergänzung durch Oellacher:

§ 576 νεών cum PAMLVRC (om. Lat.)

§ 578 τε γὰρ cum PML (γὰρ A: δὲ VRC: que Lat.)

ἡγεμόνας cum PAML Lat. (ἡγεμόσι VR)

ἀφηγουμένους cum PMLV (ἀφηγουμένοις ARC)

§ 583 καὶ πεντακοσίους cum PAMLVRC Lat. (om. Heg.)

§ 584 ὥστε cum LVRC (ὡς PAM)

Leider ist das Erhaltene zu wenig, als daß sichere und allgemeine Schlüsse daraus gezogen werden könnten hinsichtlich der Qualität der bekannten Textzeugen. Nur soviel ist vielleicht erkennbar, daß der Kodex, dessen Fragment sich erhalten hat, mit keiner der bekannten Handschriften des Bellum Judaicum Ähnlichkeit aufweist und daß er weder der Gruppe PA noch der Gruppe VRC eindeutig affin ist. Das Zusammengehen des Papyrus mit VRC im Falle πάντες (§ 582) dürfte den Ausschlag geben, πάντες zu streichen (mit Bekker, Naber, Thackeray), und davor warnen, allzusehr im Sinne Nieses auf PAM zu bauen. VRC wird auch durch die — vom Zeilenumfang her wahrscheinliche — Lesart ὥστε (statt ὡς PAM) bestätigt in § 584. In § 576 scheint nicht schon der Papyrus korrupten Text zu bieten; vielmehr ist er in so schlechtem Zustand, daß Oellacher (S. 63) einräumen muß, das καί könne auch den Resten des vorhergehenden Wortes angehören. Die durchschnittliche Zeilenlänge von 30 Buchstaben (bei einer Zeilenzahl der Kolumne von 30) läßt Oellachers Deutung nicht als die einzig mögliche erscheinen. Niese (Editio minor) gibt: κατέλεξεν δὲ καὶ δύναμιν ... νέων ἀνδρῶν, οὓς πάντας ἔκ τε τῶν συλλεγομένων παλαιῶν ὅπλων † ἐγκατασκευαζόμενος (καὶ καινὰ σκευαζόμενος coni. Niese) ὥπλιζεν. Ich vermute: ... ἀνδρῶν, οὓς πάντας ἐκ τῶν συλλεγομένων παλαιῶν ὅπλων νέα τε κατασκευαζόμενος ὥπλιζεν. Niese hat die Lösung des Problems der Sache nach bereits gesehen; doch paßt sein Vorschlag, wie ich glaube, nicht so gut zu den Gegebenheiten des Papyrus.

H. Oellacher, Griechische Literarische Papyri II (Baden bei Wien 1939) S. 61-63; Roger R. Pack, The Greek and Latin Literary Texts from Greco-Roman Egypt (Ann Arbor 1965²) S. 74. — Nicht bei Niese.

ALTE ÜBERSETZUNGEN

Hegesippus (um 370)

Heg.   Die älteste Übersetzung des Josephus ist der sogenannte Hegesippus, eine freie Wiedergabe des Bellum Judaicum in fünf Büchern. Autor ist wohl nicht Ambrosius, wie lange angenommen wurde, sondern vielleicht der bekehrte Jude Isaak, von dem Hieronymus spricht (Comment. in Epist. ad Titum 3, 9), und den Th. Zahn (Der Ambrosiaster und der Proselyt Isaak, Theolog. Literaturblatt 1899, 313 ff.) identifizierte mit jenem Isaak, der im Jahre 372 Ankläger des Papstes Damasus war. Der Name Hegesippus (Egesippus) ist wahrscheinlich nicht ein verballhornendes Mißverständnis des Titels „E Josippi historia", sondern eher zu erklären über den in der damaligen Aussprache gegebenen ungefähren Gleichklang mit Giosippo, wobei vielleicht die Erinnerung an den durch Eusebius bekannten Kirchenhistoriker Hegesippus (2. Jh.) eine Rolle gespielt hat. In gewisser Weise vergleichbar ist die Verwechslung der Namen Aisopos und Joseppos in der syrischen Literatur, die dazu geführt hat, daß Äsopische Fabeln unter die Verfasserschaft des jüdischen Historikers kamen (A. Baumstark, Geschichte der syrischen Literatur, Bonn 1923, S. 26). Jedenfalls ist es zweckmäßig, den einmal eingebürgerten Namen Hegesippus beizubehalten.

Hegesippus gibt keine Übersetzung im strengen Sinne dieses Wortes, vielmehr eine mehr oder weniger freie, bald kürzende bald erweiternde Darstellung unter allerdings hauptsächlicher Verwendung des Josephus und mit beständiger Anlehnung an ihn. Dabei werden auch Stücke der Antiquitates Judaicae — was Niese entgangen zu sein scheint — und römischer Historiker wie Tacitus herangezogen; manches wird aus Eigenem hinzugegeben, vor allem die Reden sind recht frei gestaltet. Spürbar ist — darin zeigt sich der konvertierte Jude — ein starker antijüdischer Affekt, aus dem heraus er sich im Prolog sogar von seiner Vorlage Josephus moralisch distanziert („consortem se enim perfidiae Judaeorum ... exhibuit"). Der Untergang Jerusalems und die Zerstörung des Tempels durch Titus ist, von daher gesehen, die verdiente Strafe für die Perfidie der Juden und die Tötung Jesu Christi. Die Darstellung des Josephus und sein Geschichtsbild werden also in christlichem Sinne umgeformt. Bezeichnend für seine polemische Einstellung ist die Äußerung zum

Testimonium Flavianum (2, 12, 1): „si nobis non credunt Judaei,
vel suis credant. hoc dixit Josephus, quem ipsi maximum putant,
et tamen ita in eo ipso quod verum locutus est mente devius fuit,
ut nec sermonibus suis crederet. Sed locutus est propter historiae fidem, quid fallere nefas putabat, non credidit
propter duritiam cordis et perfidiae intentionen. non
tamen veritati praeiudicat, quia non credidit sed plus addidit testi-
monio, quia nec incredulus et invitus negavit. in quo Christi Jesu
claruit aeterna potentia, quod eum etiam principes synagogae quem
ad mortem comprehenderant deum fatebantur." Die inhaltlich-
sachliche betonte Distanziertheit des Hegesippus von seiner
Quelle korrespondiert mit der formalen Eigentümlichkeit, daß er
Josephus oft zitiert „dicente Josepho", „auctore Josepho", „ut
Josephus auctor est", gerade als ob er nicht sein Übersetzer wäre,
sondern mit dem Gewicht selbständiger Autorschaft auftreten könnte.
Daß bei dieser Sachlage der Textzeugniswert des Hegesippus nicht
besonders groß ist, leuchtet ein. Sehr oft ist nicht mehr festzustellen,
was er in seiner griechischen Vorlage las. Immerhin ist deutlich,
daß sie mehr der Gruppe PA als VRC nahestand. Besondere Affinität
besteht zu Lat. I und (partiell) zum Laurentianus 69, 19 (L).

Im Hinblick auf die textkritische Nutzbarmachung des Hegesippus
ist zu beachten, daß die von Niese verwendete Ausgabe (Hegesippus
qui dicitur sive Egesippus de bello Judaico ope codicis Casselani
recognitus. Edidit Carolus Fridericus Weber. Opus morte Weberi
interruptum absolvit Julius Caesar. Marburg 1864) veraltet ist durch
das Corpus Scriptorum Ecclesiasticorum Latinorum vol. LXVI.
Hegesippi qui dicitur historiae libri V. Edidit Vincentius Ussani.
Pars prior: textum criticum continens. Wien, Leipzig 1932. Pars
posterior: praefationem Caroli Mras et indices Vincentii Ussani
continens. Wien 1960.

H. Rönsch, Die lexikalischen Eigenthümlichkeiten der Latinität
des sogen. Hegesippus. Romanische Forschungen (Erlangen) 1 (1883)
256-321; Fr. Vogel, Ambrosius als Übersetzer des Josephus, Zeitschrift für die österreichischen Gymnasien 34 (1883) 241 ff.; Flavii
Josephi opera, ed. B. Niese (Berlin 1885-1895) I p. XXVII; VI p. XIX-
XX. LX-LXII; A. von Gutschmid, Kleine Schriften (Leipzig 1889-
1894) IV S. 378; E. Klebs, Das lateinische Geschichtswerk über
den jüdischen Krieg, Festschrift für Ludwig Friedlaender (Leipzig
1895) 210-241; Th. Zahn, Spuren von Hegesippus bei verschiedenen
Schriftstellern. In des Verfassers „Forschungen zur Geschichte des

neutestamentlichen Kanons und der altkirchlichen Literatur" Teil VI
(Leipzig 1900) S. 254-273; E. Schürer, Realenc. f. prot. Theol. u.
Kirche IX³ (1901) 385-386; E. Schürer, Geschichte des jüdischen
Volkes im Zeitalter Jesu Christi ³·⁴ (Leipzig 1901-1909) I S. 96-97;
G. Landgraf, Die Hegesippus-Frage, Archiv f. lat. Lexikogr. (Leipzig)
12 (1902) 465-472; V. Ussani, La questione e la critica del cosi detto
Egesippo, Studi Ital. di Filol. Class. 14 (1906) 245-361; C. Weyman,
Sprachliches und Stilistisches zu Florus und Ambrosius, Archiv f.
lat. Lexikogr. 14 (1906) 41-61; G. Wilbrand, Ambrosius quos anctores
quaeque exemplaria in epistulis componendis secutus sit (Münster
1909) S. 21-29; O. Bardenhewer, Geschichte der altkirchlichen
Literatur (Freiburg 1913-1932²) III S. 505-506; W. S. Teuffel, Ge-
schichte der römischen Literatur (Leipzig 1913-1920) III S. 325-326;
Josephus with an English Translation by H. St. John Thackeray
(London-Cambridge, Mass. 1926 ff.) II p. XXVIII; U. Cassuto,
Encyclopaedia Judaica VII (Berlin 1931) 1103-1104; E. M. Sanford,
Transact. and Proc. of the Am. Philol. Ass. 66 (1935) 133-136; K.
Mras, Die Hegesippus-Frage, Anzeiger der Oesterr. Ak. d. Wiss. in
Wien, Philos.-Hist. Kl. 95 (1958) 143-153.

Josephus Latinus

Mit Ausnahme der Vita liegen alle Schriften des Josephus in antiker
lateinischer Übersetzung vor. Die Übersetzung des Bellum Judaicum
gilt, obwohl das gelegentlich angefochten wird, als Leistung des
Rufin von Aquileja († 410); die der Antiquitates Judaicae und von
Contra Apionem ist, wie wir genau wissen, auf Veranlassung des
Cassiodor († um 578) entstanden (Inst. 1, 17, p. 55 Mynors). Daß
dieser lateinische Josephus von Nutzen ist bei der Herstellung des
griechischen Textes, unterliegt keinem Zweifel, obwohl erst Niese
diese Nutzbarmachung energisch in Angriff genommen hat. Problematisch ist die Frage des dafür maßgebenden lateinischen Textes. Angesichts des Fehlens einer kritischen Ausgabe — den ersten und für
lange Zeit letzten Versuch machte S. Gelenius (Basel 1534) — sah
sich Niese darauf verwiesen, den lateinischen Josephus provisorisch
in Form einzelner Handschriften heranzuziehen. Nur für einen Teil
der opera Josephi hat sich die Situation inzwischen geändert durch
Boysens Ausgabe der Bücher gegen Apion (Flavii Josephi opera ex
versione latina antiqua. Pars VI, Prag-Wien-Leipzig 1898) und Franz
Blatts Edition von Ant. Jud. Buch 1-5 (The Latin Josephus I, Aarhus
1958). Nach meiner Kenntnis der Dinge besteht vorerst keine Aussicht

auf eine vollständige kritische Ausgabe des gesamten lateinischen Josephus. Da er nur einer von vielen Textzeugen ist, freilich ein sehr alter, aber sicher nicht der beste, ist es nicht sinnvoll, deshalb die längst überfällige kritische Neuherausgabe des griechischen Josephus auf unabsehbare Zeit hinauszuschieben. Schließlich ist ja die Heranziehung der von Boysen und Blatt noch nicht edierten Teile auch auf anderem Wege möglich. Schon Niese hat für seine Editio maior (Berlin 1885-1895) — neben einzelnen, in der obigen Liste verzeichneten Handschriften — besonders die Editio Basilea von 1524 verwertet (z.B. Contra Apionem 2, 52-113; cf. vol. V p. XVI, Anm. 1; ibid. p. XXII, Anm. 2), die den lateinischen Josephus noch unverfälscht durch Emendationen und Korrekturen aller Art bietet, die seit S. Gelenius' Baseler Ausgabe von 1534 den lateinischen Josephus als Zeugen des griechischen Textes entwertet haben. Diese Baseler Ausgabe von 1524 bietet immerhin den lateinischen Josephus in einer einheitlichen, objektiv fixierten und kontrollierbaren Form dar, während ein Heranziehen einzelner Handschriften (von etwa 230 bekannten) sehr dem subjektiven Belieben unterliegt. So konnte man denn auch Niese nachweisen, daß er nicht die beste Überlieferung des lateinischen Josephus für seine Edition verwertet hatte (Fr. Hauptvogel, Welche Handschriften sind für eine Ausgabe der lateinischen Übersetzung der ἀρχαιολογία des Josephus besonders wertvoll?, Prag [Programm] 1913-1915). Natürlich stellen die Editionen von Boysen und Blatt für diesen Teil des lateinischen Josephus die verbindliche Form dar — und hier sind auch Nieses Angaben entsprechend zu kontrollieren und gegebenenfalls zu revidieren — ; für die nicht in neuer kritischer Ausgabe vorliegenden Teile ist es zweckmäßig, zwar nicht auf die gelegentliche Heranziehung einzelner Handschriften ganz zu verzichten, aber doch als, wenn nicht vollkommene, so doch einheitliche und allgemein zugängliche Zitatbasis die Baseler Editio Frobeniana von 1524 weiter zu verwenden. Eine Neukollation des gesamten lateinischen Josephus in seiner Eigenschaft als Zeuge des griechischen Textes ist jedenfalls erst ratsam und notwendig, wenn der von Boysen und Blatt beschrittene Weg zum Ziel geführt hat.

1. Bellum Judaicum

Lat. I   Der Autor dieser Übersetzung schreibt ein gutes Latein und bemüht sich, einigermaßen wortgetreu das Griechische wiederzugeben, weicht gleichwohl oft von seiner Vorlage ab. Er läßt einzelne Wörter oder Satzteile aus, erweitert, ergänzt und paraphrasiert, sei es, daß schon sein griechischer Kodex korrupt war, sei es, daß er ihn nicht verstand — obwohl seine Kenntnis der griechischen Sprache als gut zu bezeichnen ist. Die Vorlage dieses Lateiners ist weder PA noch VRC eindeutig zuzuordnen, sondern geht bald mit dieser bald mit jener Gruppe zusammen, wobei jedoch die Affinität zu PA etwas größer ist. Auffällig ist eine partiell starke Bindung an L. Selbstverständlich bezeugt der Lateiner an einer Anzahl von Stellen allein den besten Text beziehungsweise führt durch Rückübersetzung ins Griechische dahin.

2. Antiquitates Judaicae, Contra Apionem

Lat. II Die sprachlichen Fähigkeiten dieses Übersetzers sind weniger gut, sowohl hinsichtlich seiner Kenntnis des Griechischen als auch der Beherrschung der lateinischen Sprache. Sehr oft sind deshalb Schlüsse auf seine griechische Vorlage nicht möglich. Im Bereich II (Ant. Jud. Buch 1-10) steht diese Übersetzung durch Korruptelengemeinschaft der Gruppe MSPLV Epit. näher als RO. In der dritten Pentade der Ant. Jud. stützt dieser Lateiner nicht eindeutig eine der Zeugengruppen. Am meisten nähert er sich noch der Epitome, stützt auch oft AMW oder LAMW, nicht selten auch P, weniger dagegen FV. Auch in der vierten Pentade besteht die engste Beziehung zur Epitome; nicht ganz so nah steht der Lateiner hier MW beziehungsweise AMW. Nur partiell auffällig ist die Verbindung mit dem Palatinus Vaticanus gr. 14 (P). Im Bereich IV (Contra Apionem) hat zwar die Vorlage des Lateiners schon zahlreiche Korruptelen mit dem Laurentianus 69, 22 (L) gemeinsam, ist dieser Handschrift an Zeugniswert jedoch beträchtlich überlegen, wenngleich sie Eusebius deutlich nachsteht. Sehr enge Verwandtschaft besteht hier zur Quelle der Konstantinischen Exzerpte.

Beide Übersetzungen, Lat. I und Lat. II, sind zwar grundsätzlich einem griechischen Kodex von hohem Alter zu vergleichen; doch hinkt dieser Vergleich in verschiedener Hinsicht. Beide Übersetzer versuchen zwar wörtlich zu übersetzen; doch hindern sie viele Eigenarten der lateinischen Sprache. Es wird nicht immer das gleiche griechische durch das gleiche lateinische Wort wiedergegeben. Partikeln und Konjunktionen, Modi und Tempora werden oft willkürlich übersetzt beziehungsweise ausgelassen. Bei etwas diffizilerer Syntax, bei Sinnschwierigkeiten oder seltenen Wörtern ist der Übersetzer oft hilflos. Hinzu kommt auch, daß nicht selten schon die griechische Vorlage so korrupt war, daß er Unverstandenes einfach ausließ oder frei paraphrasierte. Schließlich macht sich auch kontaminierender Einfluß von der Bibel her bemerkbar, besonders bei Eigennamen,

Eine Rückübersetzung, eine durchgehende Rekonstruktion der
Quelle, ist bei dieser Sachlage unmöglich. Nur punktuell kann der
Lateiner befragt werden, was er in seiner Vorlage las, und auch dabei
bleibt die Antwort oft unsicher. Immer ist jedenfalls bei der textkriti-
schen Verwertung die Eigenart dieses Zeugen zu berücksichtigen.
Gleichwohl ist die alte lateinische Übersetzung oft geeignet, im
Hinblick auf die relative Qualität der von konträren Handschriften-
gruppen gebotenen Lesarten im Sinne des Majoritätsprinzips zu einem
Urteil zu verhelfen. Letztlich ausschlaggebend bleiben freilich auch
hier Argumente der inneren Kritik.

Flavii Josephi opera, ed. B. Niese (Berlin 1885-1895) I p. XXVII-
XXIX. LIII-LV. LVII-LIX; III p. XIV. XXXVIII-LI; V p. VII-
VIII. XII. XXI-XXIV; VI p. XX-XXI. LVI-LX; A.von Gutschmid,
Kleine Schriften (Leipzig 1889-1894) IV S. 378-380; Flavii Josephi
opera ex versione latina antiqua, ed. Carolus Boysen. Pars VI. De
Judaeorum vetustate sive Contra Apionem libri II. Prag-Wien-
Leipzig 1898; M. Manitius, Geschichte der lateinischen Literatur
des Mittelalters (München 1911-1931) I S. 51; O. Bardenhewer, Ge-
schichte der altkirchlichen Literatur (Freiburg 1913-1932) III S. 554;
G. C. Richards-R. J. H. Shutt, Class. Quart. 31 (1937) 170-177 und
33 (1939) 180-183; The Latin Josephus, ed. Franz Blatt (Aarhus 1958);
zu Blatt vgl. Gnomon 1959, 619-624; Speculum 34 (1959) 448-449;
The Classical Review 10 (1960) 44-46; Deutsche Literaturzeitung
81 (1960) 219-223.

Die syrische Übersetzung (4.-5. *Jh.*)

Syr. Als ,,fünftes Makkabäerbuch" befindet sich Buch 6 des Bellum
Judaicum in der syrischen Vulgata: Translatio Syra Pescitto Veteris
Testamenti ex codice Ambrosiano saec. fere VI photolithographice
edita curante et adnotante Antonio Maria Ceriani. 2 Bde. in 4 Teilen,
Mailand 1876-1883; darin II (1879) p. 660-679 Josephus. H. Kottek
hielt dieses Stück für eine Adaption des aramäischen Originals des
Bellum Judaicum (von dem Josephus selbst spricht Bell. Jud. 1, 3),
hat sich aber mit dieser These nicht durchgesetzt. Die Vorlage dieser
syrischen Bearbeitung läßt sich nicht eindeutig einer bestimmten
Textzeugengruppe oder einem einzelnen Textzeugen zuordnen.
Der Textzeugniswert ist sehr gering, weil der Autor durch zahlreiche
Änderungen und Kürzungen und durch mangelhafte Kenntnis des
Griechischen bedingte Mißverständnisse sich nicht unbeträchtlich
von seiner Vorlage entfernt. Niese benutzte für den Zweck seiner

Edition die Arbeit von Kottek, die leider nur einen Teil des sechsten Buches umfaßt, nämlich 6, 1-176. Ergänzend dazu konnte er sich der Hilfestellung von P. Jensen bedienen, vor allem für den Teil des sechsten Buches, der nicht mehr bei Kottek steht. Eine Neukollation des ganzen Buches ist wünschenswert, obwohl der textkritische Gewinn nicht groß sein dürfte.

Flavii Josephi opera, ed. B. Niese (Berlin 1885-1895) VI p. XXI. LXII; H. Kottek, Das sechste Buch des Bellum Judaicum nach der von Ceriani photolithographisch edirten Peschitta-Handschrift übersetzt und kritisch bearbeitet, Berlin 1886; Th. Nöldeke, Literarisches Centralblatt (Leipzig) 1886, 881-884; E. Schürer, Geschichte des jüdischen Volkes im Zeitalter Jesu Christi [3.4] (Leipzig 1901-1909) I S. 98; A. Baumstark, Geschichte der syrischen Literatur (Bonn 1923) S. 26.

Josippon (10. *Jh.*?)

Mehr der Vollständigkeit halber und nicht wegen des textkritischen Nutzwertes für den griechischen Josephus ist hier zu nennen die hebräisch geschriebene, etwa im 10. Jahrhundert wahrscheinlich in Italien entstandene volkstümliche Geschichte des jüdischen Volkes bis zur Zerstörung Jerusalems durch Titus. Dieses weit verbreitete Volksbuch, das die biblischen Berichte ergänzen und fortsetzen will, benutzt als Hauptquelle Josephus, vor allem das Bellum Judaicum, aber auch zahlreiche andere Quellen verschiedenster Art. Die sehr freie Art der Darstellung und die noch nicht völlig geklärte Art der Quellenverwertung (ausschließliche Benutzung oder Mitbenutzung des lateinischen Josephus und des Hegesippus) machen den Josippon im Hinblick auf die Kritik des griechischen Originals so gut wie wertlos.

E. Schürer, Geschichte des jüdischen Volkes im Zeitalter Jesu Christi [3.4] (Leipzig 1901-1909) I S. 159-160; U. Cassuto, Iosippon. In: Encyclopaedia Judaica 9 (Berlin 1932) 420-425; E. M. Sanford, Transact. and Proc. of the Am. Philol. Ass. 66 (1935) 137 ff.; L. Wallach, Quellenkritische Studien zum hebräischen Josippon, Monatsschr. f. Gesch. u. Wiss. d. Judent. 82 (1938) 190-198; vgl. Jew. Quart. Rev. 37 (1946-1947) 407-422; D. Flusser, The Author of the Book of Josiphon: his Personality and his Age [hebräisch], Zion 18 (1953) 109-126; Sidney B. Hoenig, Journ. Bibl. Lit. 83 (1964) 133 ff.

Die slavische Übersetzung (12.-13. *Jh.*)

Wie Josippon gehört auch die slavische Übersetzung als literarhistorisches Problem in den weiteren Umkreis der Traditions- und

Wirkungsgeschichte des Josephus. Im Hinblick auf die textkritische Relevanz für den griechischen Josephus ist sie jedenfalls nur der Vollständigkeit halber zu nennen. Sie ist überlieferungsgeschichtlich aufs engste verbunden mit einer slavischen Übersetzung beziehungsweise Bearbeitung der Chronik des Johannes Malalas († nach 565), die sich in einer Moskauer Sammelhandschrift befindet. Dieser Miszellankodex enthält ein historisches Sammelwerk, eine Kompilation, deren wesentlicher Bestandteil eben jene Übersetzung oder vielmehr Bearbeitung ist, innerhalb deren sich wiederum große Stücke befinden, die stoffliche Gemeinsamkeiten mit Josephus haben. Berendts und Graß nahmen an, daß dieser slavische Josephus auf eine verlorengegangene erste griechische Übersetzung der ursprünglich aramäischen Fassung des Bellum Judaicum (Bell. Jud. 1, 3) zurückgehe, die nicht mit der uns erhaltenen griechischen Fassung identisch sei. Diese von R. Eisler aufgegriffene und mit außerordentlichem Aufwand ausgebaute Hypothese ist gänzlich unbegründet und unbeweisbar. Es ist unzulässig, legendarische Wucherungen des Mittelalters, wie deren einige die weitere Darstellung der Josephustradition hier noch zutage fördern wird, historisch für bare Münze zu nehmen. Mit der absolut fiktiven ersten Auflage des griechischen Bellum Judaicum fallen aber alle Aussagen, die auf dieser Basis gemacht worden sind. Auch eine gemeinsame Vorlage des Hegesippus und des slavischen Josephus ist durch einige zufällige Gemeinsamkeiten nicht beweisbar. Eher wäre es vorstellbar, daß der Slave (beziehungsweise seine byzantinische Vorlage) auch aus der kräftig verzweigten Hegesippustradition geschöpft hat. Nur ganz vereinzelt finden die Hypothesen von Berendts, Graß und Eisler noch unkritische Nachfolger, zuletzt Franz Blatt (The Latin Josephus, Aarhus 1958, S. 10). Das letzte Wort zu diesem Thema hat bereits K. Mras (p. XLII) gesagt: ,,Phantasma igitur illud Josephi Slavi ad inferos rursus descendat.''

Flavii Josephi opera, ed. B. Niese (Berlin 1885-1895) VI p. XXII; Flavius Josephus, Vom Jüdischen Kriege Buch I-IV, nach der slavischen Übersetzung deutsch herausgegeben und mit dem griechischen Text verglichen von Alexander Berendts und Konrad Graß. Teil I Dorpat 1924-1926. Teil II Dorpat 1927; dazu A. Posner, Gnomon 1926, 677-680; Josephus with an English Translation by H. St. John Thackeray (London-Cambridge, Mass. 1926 ff.) III p. 635 ff. 659-660; R. Eisler, Jesous Basileus, 2 Bde. Heidelberg 1929-1930; Corpus Scriptorum Ecclesiasticorum Latinorum vol. LXVI. Hegesippi qui dicitur historiae libri V. Ed. V. Ussani. Pars prior: Wien, Leipzig 1932. Pars posterior (praefationem Caroli Mras et indices Vincentii Ussani continens) Wien 1960; La prise de Jérusalem de Josèphe le Juif. Texte vieux - russe publié intégralement par V. Istrin, imprimé sous la direction d'André Vaillant, traduit en Français par Pierre Pascal. I Paris 1934. II Paris 1938; A. C. Bouquet, Journ. Theol. Stud. 36 (1935) 289-293; E. M. Sanford, Transact. and Proc. of the Am. Philol. Ass. 66 (1935) 143-145; N. A. Meščerskij, Istoria judeskoij vojny Josifa Flavija etc. (= Geschichte des jüdischen Krieges von Josephus Flavius in der altrussischen Übersetzung), Verlag der Akademie der Wissenschaften der UDSSR, Moskau-Leningrad 1958.

Manuel Chartophylax (16. *Jh.*?)·

In das Volksgriechische wahrscheinlich des 16. Jahrhunderts übertrug die Antiquitates Judaicae und das Bellum Judaicum — in dieser Reihenfolge — der sonst nicht weiter bekannte Priester Manuel Chartophylax aus Kydonia (Kreta). Die beiden Werke befinden sich in dem Doppelkodex Barberinianus II 49-50 (228-229) der Bibliotheca Vaticana. Die Übersetzung erfolgte, wie Manuel in der Überschrift selbst sagt, ἀπὸ τὴν ἀττικὴν γλῶσσαν εἰς τὴν ἁπλῆν καὶ πεζὴν τῶν Γραικῶν. Da der Autor vermutlich keinen Druck, sondern eine handschriftliche Vorlage zugrunde legte, darf man mit einigem Recht diese Leistung noch den alten Übersetzungen zurechnen. Wie der Josephuskodex des Manuel Chartophylax beschaffen war, welchen Text er bot und ob dieser textkritisch nutzbar zu machen ist, bleibt zu prüfen.

K. Krumbacher, Geschichte der byzantinischen Litteratur (München 1897²) S. 909.

QUELLEN UND PARALLELEN
Septuaginta

Daß Josephus bei der Abfassung der ersten Hälfte der Antiquitates Judaicae neben der hebräischen Bibel auch und wahrscheinlich sogar überwiegend die Septuaginta vor Augen hatte, ist ein Umstand, der zunächst für eine rein literarhistorische und quellenkritische Betrachtungsweise von Interesse ist, dem aber auch jede Edition des griechischen Josephus Rechnung zu tragen hat. Es ist nun aus technischen Gründen nicht möglich, wenngleich an sich wünschenswert, in synoptischer Gegenüberstellung beide Texte, LXX und Josephus, nebeneinander zu drucken. So würde die Arbeitsweise des Josephus am besten transparent. Immerhin gibt auch der Notbehelf, unter dem Text im Apparat fortlaufend die Parallelstellen zu notieren, die Möglichkeit, bei Sinnschwierigkeiten oder textkritischen Problemen die Bibelquelle vergleichend zu Rate zu ziehen. Zu beachten ist, daß solche Vergleiche gewöhnlich nur partielle beziehungsweise punktuelle Gemeinsamkeiten zwischen Josephus und Bibel aufzeigen, da nur selten die einander gegenüberstehenden Passagen dem Inhalt und Umfang nach sich einigermaßen parallel verhalten. Erreichbar ist so also nur eine Art Orientierungshilfe, ein Brückenschlag von Fall zu Fall, keine systematische Kontinuität; denn die Bibeladaption des Josephus verkürzt, ergänzt und erweitert ihre Vorlage — die überdies nicht völlig identisch ist mit dem Text unserer Septuaginta — nach mannigfaltigen Gesichtspunkten. Es finden sich auch Umformungen, mehr oder weniger große Umstellungen beziehungsweise Veränderungen der Reihenfolge und Kombinationen verschiedener Berichte. Nicht unwichtig zu wissen ist, daß die Sammlung der Septuagintaparallelen in Nieses Editio maior (Berlin 1885-1895) alles andere als vollständig ist, so daß auf Schritt und Tritt Nachträge möglich und notwendig sind.

B. Niese, Kritik der beiden Makkabäerbücher, Berlin 1900; H. B. Swete, An Introduction to the Old Testament in Greek (Cambridge 1902) S. 376-379; W. Fell, Der Bibelkanon des Flavius Josephus. Bibl. Zeitschr. 7 (1909) 1-6. 113-122. 235-244; E. Nestle, Die Bibel des Josephus, Zeitschr. alttest. Wiss. 30 (1910) 152-153; R. Laqueur, Hermes 46 (1911) 166-175; A. Rahlfs, Stellung des Josephus zu Lucian, in des Verf. „Septuaginta-Studien", Heft 3 (Göttingen 1911)

S. 80-111; A. Schlatter, Die hebräischen Namen bei Josephus, Güters-
loh 1913; S. Mowinckel, Statholderen Nehemia (Kristiania 1916)
S. 1-72; J. A. Bewer, Journ. Bibl. Lit. 43 (1924) 224 ff.; H. Schecker,
Die Hellenisierung des Hexateuchs in der Archäologie des Josephus,
Verhandlungen d. 55. Vers. dt. Philol. 1925 (Leipzig 1926) S. 54;
E. Bickermann, Makkabäerbücher I-III, Pauly-Wissowa RE XIV 1
(1928) 779-800; S. Rappaport, Agada und Exegese bei Flavius
Josephus, Wien 1930; K. Kohler, The Halalik Portions in Josephus'
Antiquities (IV, 8, 5-43), in des Verf. „Studies, Adresses, and Personal
Papers" (New York 1931) S. 69-85; M. Braun, Griechischer Roman
und hellenistische Geschichtsschreibung, Frankfurt a.M. 1934; L.
Bieler, ΘΕΙΟΣ ΑΝΗΡ II (Wien 1936) S. 25-34; B. Heller, Monatsschr.
f. Gesch. u. Wiss. d. Judent. 80 (1936) 237 ff.; H. Sprödowsky,
Die Hellenisierung der Geschichte von Joseph in Ägypten bei Flavius
Josephus, Greifswald 1937; G. Ricciotti, Il testo della Bibbia in
Flavio Giuseppe. Atti Congr. Oriental. XIX (Rom 1938) S. 464-470;
E. Z. Melamed, Josephus and Maccabees I: A Comparison, Eretz
Israel 1 (Jerusalem 1951) 122-130; W. Dittmann, Die Auslegung
der Urgeschichte im Neuen Testament (Göttingen 1953) S. 38-
48; H.-G. Leder, Die Auslegung der zentralen theologischen
Aussagen der Paradieseserzählung (Greifswald 1960) S. 545-564;
Paul E. Kahle, Die Kairoer Genisa (Berlin 1962) S. 242-248; Ronald
B. Sobel, Josephus' Conception of History in Relationship to the
Pentateuch as a Source of Historical Data, Cincinnati 1962; Naomi
G. Cohen, Josephus and Scripture, Jew. Quart. Rev. 54 (1963-1964)
311-332; R.-M. Seyberlich, Esther in der Septuaginta und bei Flavius
Josephus, in: Neue Beiträge zur Geschichte der Alten Welt. Band I
(Berlin 1964) S. 363-366; A. Schalit, Ann. Swed. Theol. Inst. 4 (1965)
186.

Aristeasbrief

Ant. Jud. 12, 12-118 befindet sich eine paraphrasierende, verkürzende Bearbeitung des Aristeasbriefes, der wie die Septuaginta
bei Sinnschwierigkeiten oder textkritischen Problemen mit Nutzen
zu Rate gezogen werden kann. B. Niese verwendete die Ausgabe
von M. Schmidt (Halle 1869), die noch nicht die erst durch Wendlands
Edition eingeführte Paragraphenzählung aufweist, so daß die Paralle-
lenbelege in Nieses Apparat (nach paginae bei Schmidt) nur schwer
oder gar nicht brauchbar sind, je nachdem, ob man Schmidts Text
zur Verfügung hat oder nicht. Nieses Angaben sind hier durchgehend

zu kontrollieren und zu revidieren an Hand der neuen Ausgabe von André Pelletier: Lettre d'Aristée à Philocrate (Paris 1962). Dank der „Synopse Aristée Josèphe" bei André Pelletier, Flavius Josèphe, Adaptateur de la lettre d'Aristée (Paris 1962) S. 307-327, stehen jetzt nicht nur die Parallelen mit absoluter Vollständigkeit und Präzision zur Verfügung, sondern es lassen sich auch in die Arbeitsweise und historiographische Technik des Josephus Einblicke tun, wie sie sonst kaum möglich wären.

Flavii Josephi opera, ed. B. Niese (Berlin 1885-1895) III p. LVI; Aristeae ad Philocratem epistula, ed. P. Wendland, Leipzig 1900; G. Stählin, Josephus und der Aristeasbrief, Theolog. Stud. u. Krit. 102 (1930) 324-331.

Aufgabe einer künftigen Josephusedition wird es auch sein müssen, sonstige Quellen und Parallelen besser zu erschließen. Anklänge an Homer, Zitate aus Herodot, den Oracula Sibyllina usw. sollten überall belegt werden, Anführungen aus sonst nicht mehr erhaltenen Geschichtsschreibern müssen verifizierbar sein in den „Fragmenten der griechischen Historiker" von F. Jacoby (Leiden 1923 ff.). Wünschenswert wäre an sich auch die weitgehende Erfassung von Sachparallelen bei Philo und in der sehr umfangreichen rabbinischen Literatur. Doch bereitet hier die Frage der Grenzziehung Schwierigkeiten. Für Sachbezüge zur rabbinischen Literatur verweise ich auf den in dieser Hinsicht sehr nützlichen Kommentar der von Théodore Reinach veranstalteten französischen Übersetzung (Oeuvres complètes de Flavius Josèphe traduites en français, Paris 1900 ff.) und auf die über die Sachweisergruppe 14 meiner „Bibliographie zu Flavius Josephus" (Leiden 1968) zu ermittelnde Literatur.

AUSZÜGE, ZITATE, ENTLEHNUNGEN, ERWÄHNUNGEN UND ANKLÄNGE

Die Darstellung der Testimonia der Zitatoren, der Auszüge und Entlehnungen aller Art, also des Sektors der Josephustradition, der unter den Oberbegriff ,Nebenüberlieferung' gestellt werden kann, erfolgt zweckmäßig in chronologischer Ordnung. Nur so bietet sich die Möglichkeit, auch einzelne Traditionslinien und Motive der Josephusbenutzung schrittweise und quellenkritisch zu verfolgen. Den einzelnen Autoren sind jeweils nach Möglichkeit vollständige Listen der Einzelbezüge zu Josephus beigegeben. Aus der Summe dieser Mosaiksteine muß das Bild zusammengesetzt werden, das den Testimonienapparat einer neuen Ausgabe des Josephus darstellen kann. Nicht zuletzt hier ist Nieses Leistung von Grund auf neu zu erbringen; denn die pauschalen Testimonienbelege am Fuß jeder Seite seiner Editio maior sind nicht nur oft unvollständig, sondern lassen den Benutzer auch fast immer im unklaren über die Abgrenzung dieser Testimonien und führen ihn beständig in die Irre, da nicht selten der Überlieferungsbefund von Paragraph zu Paragraph wechselt. Eine Umstellung des gesamten Testimonienapparates auf die sehr viel präzisere Paragraphenzählung ist unerläßlich.

1.-2. Jahrhundert

Flavius Josephus. Der älteste Zeuge des Josephus ist Josephus selbst, insofern er über weite Strecken hin Ereignisse darstellt, von denen er auch an anderer Stelle seiner Werke berichtet. Am auffälligsten und umfangreichsten ist das erneute Referat des Gegenstandes von Bell. Jud. Buch 1-2 in der zweiten Hälfte der Antiquitates Judaicae. Nun haben aber Bezüge und Parallelen innerhalb der verschiedenen Werke des Josephus angesichts der inhaltlich oft differierenden Berichte erhebliche quellenkritische, mitunter auch textkritische Bedeutung. Sie sind deshalb in einer neuen Ausgabe in viel reicherem Maße unter dem Text zu notieren, als Niese das schon getan hat. Allerdings ist bei der textkritischen Nutzung solcher Parallelen die größte Zurückhaltung am Platz, weil in der Regel die Möglichkeit nicht auszuschließen ist, daß Josephus entweder seine Quellen bzw. die von ihm gesammelten Notizen nach anderen Gesichtspunkten, seien sie stilistischer oder sachlicher Art, verwertet

oder daß er anderen Quellen folgt bzw. auch neue Quellen
hinzuzieht. Dem Autor ist also zuzubilligen, daß er im Laufe der
Abfassung seiner Werke, die sich ja über mehrere Jahrzehnte er-
streckt, absichtlich oder unabsichtlich dieselben Vorgänge anders
sehen und darstellen kann. Die Beobachtung von Widersprüchen
bei Josephus darf jedenfalls nie dazu führen, den Autor selbst zu
verbessern. Im übrigen gilt hier für die Methode der Parallelen-
registrierung das gleiche wie bei den Septuagintaparallelen, d.h.
daß nur orientierende Anhaltspunkte gegeben werden können und
eine kontinuierliche, symmetrische Konfrontation unmöglich ist.
Parallele Passagen haben oft nur partielle oder punktuelle Gemeinsamkeiten. Ein optimales Bild ließe sich nur durch eine regelrechte
Synopse erzielen, was drucktechnisch im Rahmen einer Josephusausgabe natürlich kaum durchführbar ist.

Novum Testamentum (*Lukanische Schriften*). Der Vollständigkeit
halber ist zu erwähnen, daß nach einer vor allem von M. Krenkel
aufgestellten Theorie, die zeitweilig einige Beachtung gefunden hat
und zuletzt — soweit ich sehe — noch bei R. Knopf - H. Lietzmann -
H. Weinel, Einführung in das Neue Testament (Berlin 1949[5]) S. 144-
145 vertreten wurde, Lukas von Josephus abhängig ist.

M. Krenkel, Josephus und Lukas, Leipzig 1894; vgl. die Sach-
weiserchiffre 17 meiner „Bibliographie zu Flavius Josephus" (Leiden
1968) zu den Jahren 1894. 1895. 1900 sowie R. Eisler, Jesous Basileus
(Heidelberg 1929-1930) I p. XLII.

Tacitus (gest. etwa 120) ist nur mit Einschränkungen in der Reihe
der scriptorum testimonia zu nennen, weil Sachkonkordanzen Tacitus-
Josephus sich gewöhnlich auf eine beiden gemeinsame Quelle zurück-
führen lassen (A. Briessmann, D. Timpe). Daß er Josephus gekannt
und seine Werke benutzt hat, ist nicht sicher. Immerhin gibt es
— von F. Dornseiff vorgetragene — Gründe für diese Annahme.
Mögliche Abhängigkeiten oder Entsprechungen liegen vor: B 4,
483-484: Hist. 5, 6; B 6, 312: Hist. 5, 13; A 18, 63-64: Ann. 15, 44.

F. Dornseiff, Zeitschr. neutest. Wiss. 35 (1936) 143-155; A. Briessmann, Tacitus und das Flavische Geschichtsbild, Wiesbaden 1955;
D. Timpe, Historia 9 (1960) 474-502.

Sueton (1. Hälfte des 2. Jh.) berichtet Vespas. 5, 6: „et unus ex
nobilibus captivis Josephus, cum coiceretur in vincula, constantissime

asseverat fore ut ab eodem brevi absolveretur, verum iam imperatore''.
Damit ist angespielt auf die Bell. Jud. 3, 400 ff. (vgl. B 6, 312-313)
berichtete Szene. Vgl. Appian bei Zonaras 11, 16 und Cassius Dio
66, 4 sowie Johannes Xiphilinus († nach 1081) in seiner Epitome
Dionis zur Stelle.

Pseudo-Justinus (Justinus † um 165) erwähnt Josephus und Philo
in der Cohortatio ad Graecos 9 (Migne PG 6, 257): οἱ σοφώτατοι
Φίλων τε καὶ Ἰώσηπος, οἱ τὰ κατὰ Ἰουδαίους ἱστορήσαντες κτλ.; 10
(PG 6, 261): οἱ σοφώτατοι τῶν ἱστοριογράφων . . . Φίλων τε καὶ Ἰώσηπος;
13 (PG 6, 268): τῶν περὶ τούτων ἱστορησάντων σοφῶν καὶ δοκίμων
ἀνδρῶν, Φίλωνός τε καὶ Ἰωσήπου κτλ.

Theophilus Antiochenus († nach 181/182) schreibt teils wörtlich
teils sehr frei Josephus (Contra Apionem) aus in seiner Schrift Ad
Autolycum 3, 20-23. Der textkritische Nutzen für Josephus ist
eingeschränkt durch den Umstand, daß der Theophilustext teilweise
entstellt ist und aus Josephus korrigiert werden muß. Die Konkordanzen Josephus-Theophilus sind folgende:

A 1, 92:	3, 19	Ap 1, 116:	3, 22
Ap 1, 94-98:	3,20	Ap 1, 121-126:	3, 22
Ap 1, 102:	3, 20	Ap 1, 127:	3, 23
Ap 1, 104:	3, 21	Ap 1, 129 ff.:	3, 29
Ap 1, 107-111:	3, 22		

Niese verwendete die Theophilus-Ausgabe von Otto (Corpus
Apologetarum 8, 1861). Dafür jetzt: Théophile d'Antioche. Trois
livres à Autolycus. Texte grec établi par G. Bardy. Paris 1948 (= Sources Chrétiennes 20).

Flavii Josephi opera, ed. B. Niese (Berlin 1885-1895) I p. LXXXII;
V p. IX; A. von Gutschmid, Kleine Schriften (Leipzig 1889-1894)
IV S. 376; F. Rühl, Rheinisches Museum 48 (1893) 565 ff.; Flavii
Josephi opera ex versione latina antiqua, ed. C. Boysen. Pars VI
(Prag-Wien-Leipzig 1898) p. XXXIV; G. Bardy, Revue hist. ecclés.
43 (1948) 180; R. M. Grant, Notes on the Text of Theophilus, Ad
Autolycum III, Vigiliae Christianae 12 (1958) 136-144.

Minucius Felix (um 200) erwähnt Josephus als Quellenwerk der
jüdischen Geschichte in seinem Dialog Octavius 33, 4.

F. Dornseiff, Zeitschr. neutest. Wiss. 35 (1936) 149-150; G. Bardy,
Revue hist. ecclés. 43 (1948) 180. Nachträge.

Irenaeus († um 202) erwähnt beiläufig den Äthiopienfeldzug des
Moses nach Josephus Ant. Jud. 2, 238-253 (Fragment 33; Migne
PG 7, 1245).

G. Bardy, Revue hist. ecclés. 43 (1948) 180.

3. Jahrhundert

Clemens Alexandrinus († vor 215/216) Strom. I, 21.147, 2-3 erwähnt
chronologische Angaben des Josephus. — Das fiktive Zeugnis Fr. 51
(Die gr. chr. Schr. 17, 225, 6-14) läßt Josephus die Geschichte des
Sanchoniathon ins Griechische übersetzt haben.

A. Schlatter, Zur Topographie und Geschichte Palästinas (Calw
und Stuttgart 1893) S. 404 Anm. 1; G. Bardy, Revue hist. ecclés.
43 (1948) 180. — Clemens Alexandrinus. Zweiter Band. Stromata
Buch I-VI, hg. von Otto Stählin, Leipzig 1906 (= Die griech. christl.
Schriftst. Bd. 15 [52] p. 91, 21-25; vgl. die im Fontes-Apparat
genannte Literatur zur Stelle).

Julius Africanus, der ‚Vater der christlichen Chronographie', kannte
und benutzte Josephus in seiner bis etwa 220 n. Chr. reichenden
Chronik. Diese Chronik ist nicht erhalten; doch geben Fragmente bei
Eusebius, Georgios Synkellos, Kedrenos und anderen noch einigen
Aufschluß über ihren Inhalt.

H. Gelzer, Sextus Julius Africanus und die byzantinische Chronologie (Leipzig 1885-1895) I S. 246 ff. 254. 265; A. Harnack, Geschichte
der altchristlichen Litteratur bis Eusebius, I (Leipzig 1893) S. 859.

Tertullian († um 222) erwähnt Josephus (,,Judaeus Josephus, antiquitatum Judaicarum vernaculus vindex") Apologeticum 19, 6.

A. Harnack, Geschichte der altchristlichen Litteratur bis Eusebius,
I (Leipzig 1893) S. 859; R. Eisler, Jesous Basileus (Heidelberg 1929-
1930) I S. 131 mit Anm. 1; G. Bardy, Revue hist. ecclés. 43 (1948)
180. — Corpus Scriptorum Ecclesiasticorum Latinorum vol. LXIX,
p. 51.

Cassius Dio (gest. nach 229) erwähnt Josephus in seiner Römischen
Geschichte 66, 4: Ἰώσηπος δὲ ἀνὴρ Ἰουδαῖος ἀχθείς τε ὑπ' αὐτοῦ
(sc. Οὐεσπασιανοῦ) καὶ δεθεὶς ἐγέλασε καὶ ἔφη ,,νῦν μέν με δήσεις, μετ'

ἐνιαυτὸν δὲ λύσεις αὐτοκράτωρ γενόμενος". Diese legendenhafte Ausgestaltung der Szene Bell. Jud. 3, 399 ff. ist auch im Mittelalter verbreitet. Nachträge.

Cassii Dionis Cocceiani Historiarum Romanarum quae supersunt, ed. Ursulus Philippus Boissevain, vol. III (Berlin 1901) p. 135.

Hippolytus († 235) muß hier ebenfalls genannt werden, obwohl sein Verhältnis zu Josephus noch nicht befriedigend geklärt ist, d.h. die Frage noch nicht endgültig entschieden ist, ob der Bericht über die Essener, Pharisäer und Sadduzäer Refutatio omnium haeresium (Elenchos) 9, 18-29 unmittelbar von Bell. Jud. 2, 119-166 abhängig ist oder ob beide Berichte auf eine gemeinsame Quelle zurückgehen. Bei Abhängigkeit von Josephus müßte entweder konzediert werden, daß Hippolytus neben dieser Vorlage auch andere Quellen heranzog, daß er eine vom Original, dem Bellum Judaicum, bereits abweichende Mittelquelle benutzte oder daß sein Josephustext von dem uns bekannten nicht unbeträchtlich abwich. Die Konkordanzen Josephus-Hippolytus sind folgende:

B 2, 119:	El. 9, 18, 2	B 2, 141-142:	El. 9, 23, 4
B 2, 120-121:	El. 9, 18, 3	B 2, 143:	El. 9, 24, 1
B 2, 122:	El. 9, 19, 1	B 2, 144:	El. 9, 24, 2
B 2, 123:	El. 9, 19, 2	B 2, 145-146:	El. 9, 25, 1
B 2, 124-125:	El. 9, 20, 1	B 2, 147:	El. 9, 25, 2
B 2, 126-127:	El. 9, 20, 2	B 2, 148-149:	El. 9, 25, 3
B 2, 128-129:	El. 9, 21, 1	B 2, 150:	El. 9, 26, 1
B 2, 130-131:	El. 9, 21, 3	B 2, 151:	El. 9, 26, 3
B 2, 132:	El. 9, 21, 4	B 2, 152-153:	El. 9, 26, 4
B 2, 133:	El. 9, 21, 5	B 2, 154-155:	El. 9, 27, 1
B 2, 134-135:	El. 9, 22, 1	B 2, 160:	El. 9, 28, 1
B 2, 136:	El. 9, 22, 2	B 2, 161:	El. 9, 28, 2
B 2, 137:	El. 9, 23, 1	B 2, 162:	El. 9, 28, 3
B 2, 138:	El. 9, 23, 2	B 2, 164:	El. 9, 29, 1
B 2, 139-140:	El. 9, 23, 3	B 2, 166:	El. 9, 29, 3

Dabei ist natürlich nur jeweils punktuelle Koinzidenz markiert, nicht kontinuierliche Parallelität festgestellt. Einfluß von Josephus Ant. Jud. 1, 122 ff. scheint vorzuliegen Elenchos 10, 31 (Bauer-Helm S. 233); Berührungspunkte mit Ant. Jud. 20, 224 ff. weist Hippolyts Chronik (§ 740-741) auf.

Hippolytus Werke. Dritter Band. Refutatio omnium haeresium. Hg. von Paul Wendland. Leipzig 1916 (= Die griechischen christlichen Schriftsteller der ersten drei Jahrhunderte Bd. 26); Hippolytus

Werke. Vierter Band. Die Chronik. Hergestellt von Adolf Bauer (†), durchgesehen und herausgegeben von Rudolf Helm. Leipzig 1929 (= Die griech. christl. Schriftst. Bd. 36); Flavius Josephus. Vom jüdischen Kriege Buch I-IV. Nach der slavischen Übersetzung deutsch herausgegeben von A. Berendts und K. Graß (Dorpat 1924-1927) I S. 31 ff.; K. Schubert, Zeitschr. f. kath. Theol. 74 (1952) 1-62; M. Black, The Account of the Essenes in Hippolytus and Josephus. In: The Background of the New Testament and its Eschatology, ed. by W. D. Davies and D. Daube in Honour of Charles Harold Dodd (Cambridge 1956) S. 172-175; M. Black, The Essenes in Hippolytus and Josephus, in des Verfassers „The Scrolls and Christian Origins. Studies in the Jewish Background of the New Testament" (London 1961) S. 187-191; H. E. Del Medico, L'énigme des manuscrits de la mer Morte (Paris 1957) S. 79-95; H. E. Del Medico, Le mythe des Esséniens, Paris 1958; M. Smith, The Description of the Essenes in Josephus and the Philosophumena, Hebr. Un. Coll. Ann. 29 (1958) 273-313; S. Zeitlin, The Account of the Essenes in Josephus and the Philosophumena, Jew. Quart. Rev. 49 (1958-1959) 292-299.

Origenes († 253/254) zitiert oder erwähnt Josephus beziehungsweise nimmt Entlehnungen vor:

Contra Celsum 1, 16.47; 2, 13; 4, 11.

Matthäuserklärung Tom. 10, 17.21; 17, 25; Comm. ser. 25.40; Katenenfragment Nr. 457 II.

Johanneskommentar 6, 9; 13, 39.

Klageliederkommentar, Fragment aus der Prophetenkatene Nr. 105. 109. 115.

Jeremiahomilien, Fragment aus der Prophetenkatene Nr. 14.

In Cant. cant. Liber II (p. 116 Baehrens)

Selecta in Psalmos, Psalm 73, 5-6 (Migne PG 12, 1529).

Homiliae in Genesim 17, 6 (Migne PG 12, 258).

Davon entsprechen sich mehr oder weniger frei

B 2, 169 ff.:	Matthäuserklärung Tom. 17, 25
B 4, 335:	Matthäuserklärung, Katenenfragment 457 II
B 5, 446 ff.:	Klageliederkommentar Fr. 115
B 6, 208 ff.:	Klageliederkommentar Fr. 105
B 6, 299:	Klagerliederkommentar Fr. 109
A 2, 249:	In Cant. cant. II (p. 116 Baehrens)
A 3, 248:	Johanneskommentar 13, 39
A 8, 165 ff.:	In Cant. cant. II (p. 116 Baehrens)

A 10, 82:   Jeremiahomilien Fr. 14
A 10, 97:   Jeremiahomilien Fr. 14
A 18, 4 ff.:   Matthäuserklärung Tom. 17, 25
A 18, 55 ff.:   Matthäuserklärung Tom. 17, 25
A 18, 110. 136: Matthäuserklärung 10, 21
A 18, 116 ff.:   Contra Celsum 1, 47
A 20, 97:   Johanneskommentar 6, 9
A 20, 200:   Matthäuserklärung Tom. 10, 17; Contra Celsum 1, 47;
                 2, 13.

Der Textvergleich führt darauf, daß die Berichte des Josephus bei Origenes zum Teil in merkwürdiger Brechung und Verzerrung erscheinen. Entweder las er einen Josephus, der von dem uns bekannten Text stark abwich, oder, was wahrscheinlicher ist, ein Teil seiner Bezugnahmen auf Josephus ist über eine Mittelquelle erfolgt, die ihrerseits bereits Josephus sehr frei benutzte, d.h. in einer Weise, die Zitat und Deutung, Vorlage und eigene Argumentation nicht immer deutlich trennte, spätere Benutzer also leicht irreführen konnte. So entsprechen Matthäuskommentar Tom. 10, 17, Contra Celsum 1, 47; 2, 13 (vgl. Eusebius Hist. eccles. 172, 9-11. 15-174, 11) keineswegs korrekt A 18, 63-64; 20, 200, und ebensowenig harmonieren Klageliederkommentar Fr. 115 und B 5, 446 ff.; an der Stelle In Cant. cantic. Liber II (p. 116 Baehrens) ist A 2, 249 mit A 8, 165 ff. kontaminiert. Man scheut sich, Origenes selbst, den man „den größten und gewissenhaftesten Gelehrten der alten Kirche" genannt hat (Th. Zahn, Forschungen zur Geschichte des neutestamentlichen Kanons, Teil VI, Leipzig 1900, S. 303), dergleichen zu imputieren. Jedenfalls ist er als Zeuge des Josephustextes, wenn überhaupt, nur mit größter Zurückhaltung heranzuziehen. Ich gebe nun einige Stellen in extenso, die im Hinblick auf den Gang der Josephustradition besonderes Interesse beanspruchen können: Contra Celsum 1, 47: ἐν γὰρ τῷ ὀκτωκαιδεκάτῳ τῆς Ἰουδαϊκῆς ἀρχαιολογίας ὁ Ἰώσηπος μαρτυρεῖ τῷ Ἰωάννῃ ὡς βαπτιστῇ γεγενημένῳ καὶ καθάρσιον τοῖς βαπτισαμένοις ἐπαγγελλομένῳ. ὁ δ' αὐτός, καίτοι γε ἀπιστῶν τῷ Ἰησοῦ ὡς Χριστῷ, ζητῶν τὴν αἰτίαν τῆς τῶν Ἱεροσολύμων πτώσεως καὶ τῆς τοῦ ναοῦ καθαιρέσεως, δέον αὐτὸν εἰπεῖν ὅτι ἡ κατὰ τοῦ Ἰησοῦ ἐπιβουλὴ τούτων αἰτία γέγονε τῷ λαῷ, ἐπεὶ ἀπέκτειναν τὸν προφητευόμενον Χριστόν· ὁ δὲ καὶ ὥσπερ ἄκων οὐ μακρὰν τῆς ἀληθείας γενόμενός φησι ταῦτα συμβεβηκέναι τοῖς Ἰουδαίοις κατ' ἐκδίκησιν Ἰακώβου τοῦ δικαίου, ὃς ἦν ἀδελφὸς Ἰησοῦ τοῦ λεγομένου Χριστοῦ, ἐπειδήπερ δικαιότατον αὐτὸν ὄντα ἀπέκτειναν. In den gleichen Zusammenhang gehört Contra Celsum 2, 13: ... Οὐεσπασιανοῦ ... οὗ ὁ υἱὸς

Τίτος καθεῖλε τὴν Ἱερουσαλήμ, ὡς μὲν Ἰώσηπος γράφει, διὰ Ἰάκωβον τὸν δίκαιον, τὸν ἀδελφὸν Ἰησοῦ τοῦ λεγομένου Χριστοῦ, ὡς δὲ ἡ ἀλήθεια παρίστησι, διὰ Ἰησοῦν τὸν Χριστὸν τοῦ θεοῦ. Auf dasselbe Thema geht Origenes ein Matthäuserklärung Tom. 10, 17: ἐπὶ τοσοῦτον δὲ διέλαμψεν οὗτος ὁ Ἰάκωβος ἐν τῷ λαῷ ἐπὶ δικαιοσύνῃ, ὡς Φλάβιον Ἰώσηπον, ἀναγράψαντα ἐν εἴκοσι βιβλίοις τὴν Ἰουδαϊκὴν ἀρχαιολογίαν, τὴν αἰτίαν παραστῆσαι βουλόμενον τοῦ τὰ τοσαῦτα πεπονθέναι τὸν λαὸν ὡς καὶ τὸν ναὸν κατασκαφῆναι, εἰρηκέναι κατὰ μῆνιν θεοῦ ταῦτα αὐτοῖς ἀπηντηκέναι διὰ τὰ εἰς Ἰάκωβον τὸν ἀδελφὸν Ἰησοῦ τοῦ λεγομένου Χριστοῦ ὑπ' αὐτῶν τετολμημένα. καὶ τὸ θαυμαστόν ἐστιν, ὅτι τὸν Ἰησοῦν ἡμῶν οὐ καταδεξάμενος εἶναι Χριστὸν οὐδὲν ἧττον Ἰακώβῳ δικαιοσύνην ἐμαρτύρησε τοσαύτην. λέγει δὲ ὅτι καὶ ὁ λαὸς ταῦτα ἐνόμιζε διὰ τὸν Ἰάκωβον πεπονθέναι. Diese Stellen wollen im Zusammenhang mit Ant. Jud. 18, 63-64. 116-119; 20, 200 gesehen werden. Doch ist sehr deutlich, daß Origenes entweder Ant. Jud. 18, 63-64 und 20, 200 nicht so las, wie es in dem uns bekannten Text steht, oder auf einer Zwischenquelle fußt, die sich ihrerseits auf dem Wege über theologische Argumentation und Deutung bereits von der Vorlage Josephus entfernt oder sie doch dem unkritischen Benutzer dieser Mittelquelle in scheinbar echter, in Wahrheit jedoch verfremdeter und entstellter Form darbot. Ein möglicher Ansatzpunkt dieser Entwicklung ist der den Bericht über Johannes den Täufer einleitende Satz (Ant. Jud. 18, 116): Τισὶ δὲ τῶν Ἰουδαίων ἐδόκει ὀλωλέναι τὸν Ἡρώδου στρατὸν ὑπὸ θεοῦ, καὶ μάλα δικαίως τινυμένου κατὰ ποινὴν Ἰωάννου τοῦ ἐπικαλουμένου βαπτιστοῦ. Hier erscheint der (in späteren christlichen Erörterungen oft wesentliche) Gedanke der gerechten Strafe Gottes, der vielleicht in kontaminierender Erweiterung von der Tötung Johannes des Täufers auch auf die Steinigung des Herrenbruders Jakobus (Ant. Jud. 20, 200) und die Kreuzigung Christi (Ant. Jud. 18, 63-64) übertragen wurde. Dabei kann offen bleiben, wie die ursprüngliche Gestalt der Passage Ant. Jud. 18, 63-64 war. Sicher ist nur, daß so weit über die historische Faktizität hinausgehende christlich-theologische Schlußfolgerungen, hätte sie Josephus wirklich geschrieben, noch heute in unseren Josephustexten stünden; denn die Josephustradition erfolgt ganz im christlichen Raum und alle erhaltenen griechischen Handschriften (und wohl auch ihre Vorlagen) sind Produkte christlicher Abschreiber, die dergleichen bestimmt mit dankbarer Freude tradiert hätten. Lehrreich für die Lösung des hier diskutierten Problems ist Origenes, Selecta in Psalmos, Psalm 73, 5-6 (Migne PG 12, 1529): Ὡς ἐν δρυμῷ ξύλων ἀξίναις ἐξέκοψαν τὰς θύρας . . .] ταῦτα πάντα πεπλήρωται ἐν τῇ τῶν Ἱεροσολύμων ἁλώσει, ὥσπερ Ἰώσηπος ἱστορεῖ καθένα διηγούμενος τῶν πεπραγμένων. Da ist in statu nascendi zu beobachten, wie theologische Mißdeutungen zustande kommen können; denn die von Origenes vollzogene oder seinem Leser doch nahegelegte Verknüpfung hat in Josephus keine Stütze.

Origenes Werke. Erster Band. Die Schrift vom Martyrium. Buch I-IV gegen Celsus. Hg. von Paul Koetschau. Leipzig 1899 (= Die griech. christlichen Schriftsteller der ersten drei Jahrhunderte Bd. 2); Dritter Band. Jeremiahomilien. Klageliederkommentar. Erklärung der Samuel- und Königsbücher. Hg. von Erich Klostermann. Leipzig 1901 (= Die griech. christl. Schriftst. Bd. 3); Vierter Band. Der Johanneskommentar. Hg. von Erwin Preuschen. Leipzig 1903 (= Die griech. christl. Schriftst. Bd. 10); Achter Band. Homilien zu Samuel I, zum Hohelied in Rufins und Hieronymus' Übersetzungen. Hg. von W. A. Baehrens. Leipzig 1925 (= Die griech. christl. Schriftst. Bd. 33); Zehnter Band. Origenes, Matthäuserklärung. I. Die erhaltenen griechischen Tomoi. Hg. von Erich Klostermann. Leipzig 1935 (= Die griech. christl. Schriftst. Bd. 40); Elfter Band. Origenes, Matthäuserklärung. II. Die lateinische Übersetzung der commentariorum series. Hg. von Erich Klostermann. Leipzig 1933. — Flavii Josephi opera, ed. B. Niese (Berlin 1885-1895) V p. XXVIII; A. Harnack, Geschichte der altchristlichen Litteratur I (Leipzig 1893) S. 858-859; A. Schlatter, Zur Topographie und Geschichte Palästinas (Calw und Stuttgart 1893) S. 404 Anm. 1; A. Schlatter, Der Chronograph aus dem zehnten Jahre Antonins (Leipzig 1894) S. 66-75; Th. Zahn, Forschungen zur Geschichte des neutestamentlichen Kanons und der altkirchlichen Literatur VI (Leipzig 1900) S. 301-305; R. Eisler, Jesous Basileus (Heidelberg 1929-1930) I S. 7-8. 148 ff.; G. Bardy, Revue hist. ecclés. 43 (1948) 181.

4. Jahrhundert

Porphyrius (gest. 301/305) schreibt in De abstinentia 4, 11-13 den Essenerbericht des Josephus Bell. Jud. 2, 119-159 aus, jedoch mit Auslassungen und paraphrastischen Veränderungen des Wortlautes. In der gleichen Schrift De abstinentia 4, 18 zitiert er methodisch ähnlich Bell. Jud. 7, 352-356, den Bericht über den indischen Seelen- und Jenseitsglauben. Schließlich benutzt er De abstinentia 4, 14 das in den Zusammenhang seines Themas passende Stück Contra Apionem 2, 213. Die recht freie Art, in der Porphyrius mit Josephus umgeht, erschwert Rückschlüsse auf seinen Josephuskodex; doch läßt sich für das Bellum Judaicum immerhin sagen, daß sein Text dort LVRC näher stand als der Gruppe PA. Bell. Jud. 2, 441 hatte er noch nicht das wahrscheinlich interpolierte ἐλέγχειν unserer Handschriften und des Lateiners. Die Konkordanzen Josephus-Porphyrius sind folgende:

B 2, 119-116:	De abstin. 4, 11	B 2, 152-155:	De abstin. 4, 13
B 2, 128-133:	De abstin. 4, 12	B 2, 159:	De abstin. 4, 13
B 2, 137-138:	De abstin. 4, 12	B 7, 352-356:	De abstin. 4, 18
B 2, 139-144:	De abstin. 4, 13	Ap. 2, 213:	De abstin. 4, 14
B 2, 148:	De abstin. 4, 13		

Flavii Josephi opera, ed. B. Niese (Berlin 1885-1895) V p. IX. XXI Anm. 2; VI p. XXII. LXIII; Flavii Josephi opera ex versione latina antiqua, ed. Carolus Boysen. Pars VI (Prag-Wien-Leipzig 1898) p. XXXIV; G. Bardy, Revue hist. ecclés. 43 (1948) 185 Anm. 3; G. Ch. Hansen, Ein verkanntes Josephos-Zitat bei Porphyrios, Klio (Berlin) 48 (1967) 199-200. — Die auch heute noch maßgebende Ausgabe der Schrift De abstinentia ist enthalten in: Porphyrii opuscula selecta. Ed. A. Nauck, Leipzig 1886.

Methodius († 311) zitiert wörtlich Bell. Jud. 6, 435-437 in der Schrift De resurrectione 3, 9, 10-11. Bemerkenswert ist in textkritischer Hinsicht nur ἐνέπρησαν für ἐτήρησαν in § 436.

Methodius. Hg. von G. Nathanael Bonwetsch. Leipzig 1917 (= Die griechischen christl. Schriftst. Bd. 27).

Pseudo-Eustathius (Eustathius Antiochenus † vor 337). Der unter dem Namen des Eustathius überlieferte Commentarius in Hexaemeron (Migne PG 18, 707 ff., die bis heute maßgebende Ausgabe von Leo Allatius, Paris 1642) rekurriert öfters auf Josephus; doch ist der Zeugniswert für den Josephustext nicht sehr groß, einmal weil Josephus nicht immer wörtlich ausgeschrieben wird, was so weit gehen kann, daß nur noch sachliche Übereinstimmung besteht, dann weil auch andere Quellen, darunter die Bibel, kontaminierend mitverarbeitet werden, schließlich weil partiell vielleicht nicht Josephus selbst, sondern seine Quelle Alexander Polyhistor benutzt worden ist. Die Konkordanzen sind folgende:

B 4, 476:	18, 761 C	(καὶ ἔστι — ἐπιπολᾶσθαι)
B 4, 478:	18, 761 D	(ἀλλάττειν — ἀνταυγοῦσαν)
B 4, 479 480:	18, 761 D	(καὶ τῆς — πέφυκεν)

B 4, 483-484: 18, 761 B-C   (ὁ δὲ — ἀναλύεται)
A 1, 58-62:   18, 479 C-D   (καὶ ὁ — ἀσπαζομένων)
A 1, 68-71:   18, 449 D-752 A (ὁ δὲ — ἐστηλωμένη)
A 1, 72:   18, 752 C   (ἄχρι γὰρ — ἐξώκειλαν)
A 1, 74:   18, 752 C   (ὃς ἔπειθε — ἀρετήν; ὡς οὖν ἀνεχώρησεν)
A 1, 90:   18, 753 A   (ἡ δὲ — ἔστη)
A, 1, 92-93:   18, 753 A   (καὶ λωφήσαντος — κέχρηται)
A 1, 104:   18, 753 A   (ὁ δὲ — πεντήκοντα)
A 1, 109-112: 18, 753 A-B   (καὶ οἱ — ὑπελάμβανον)
A 1, 113-117: 18, 753 B-C   (ταύτην δὲ — ὀνομαζόντων)
A 1, 120-121: 18, 753 C   (ἕκαστος γοῦν — μετέπειτα)
A 1, 122:   18, 753 C   (ἐγένοντο οὖν — Γαδείρων)
A 1, 123-126: 18, 753 D-756 A (εἰσὶ δὲ — Θρήκας)
A 1, 126:   18, 756 A   (ἐγένοντο δὲ — Φρύγας)
A 1, 127-128: 18, 756 A   (υἱοὶ δὲ — καλοῦσιν)
A 1, 130:   18, 756 A-B   (οἱ δὲ — σώζονται)
A 1, 131-133: 18, 756 B   (εἰσὶ δὲ — βασιλεύοντος αὐτῶν)
A 1, 134-135: 18, 756 B-C   (τῷ δὲ — ἐτυράννησεν)
A 1, 136:   18, 756 C   (Μεστρὲμ υἱοὶ — Παλαιστίνη)
A 1, 138-139: 18, 756 C-757 A (ἐγένοντο δὲ — Ἰερουσαλήμ)
A 1, 143-144: 18, 757 A   (πέντη καὶ — Κανάται)
A 1, 145:   18, 757 B   (υἱοὶ δὲ — Μασσήνιοι)
A 1, 146-147: 18, 757 C   (ὁ δὲ — λέγουσιν)
A 1, 151:   18, 760 B-C   (ὁ δὲ — δείκνυται; γαμοῦσι — Ἀβραάμ)
A 1, 152:   18, 760 D   (ὁ δὲ — μετήλλαξεν)
A 1, 154:   18, 761 A   (καὶ ἀναστὰς — κατῴκησε)
A 1, 155-157: 18, 760 D-761 A (καὶ μείζω — ἀντεῖχον αὐτῷ)
A 1, 158:   18, 760 D   (Ἀβραὰμ δὲ — ἐτύγχανε)
A 1, 161:   18, 761 A   (λιμοῦ δὲ — παρεγένετο)
A 1, 166-168: 18, 761 B   (καὶ τοὺς — μεταδεδώκασιν)
A 1, 214:   18, 761 D-764 A (ὁ δὲ — περιτμηθέντος)
A 1, 215-216: 18, 764 A   (πεισθεὶς δὲ — Ἰσαάκ)
A 1, 221:   18, 764 A   (κατέσχον γοῦν — θάλασσαν)
A 1, 222-236: 18, 764 A-D   (μετὰ δὲ — παιδὸς αὐτοῦ)
A 1, 238-241: 18, 765 A-B   (καὶ ὁ — λέγουσιν)
A 1, 256:   18, 765 B   (ὁ δὲ — ἀπέθανεν)
A 2, 1-3:   18, 765 C   (τὸ δὲ — λέγουσι)
A 2, 201-202: 18, 780 A-B   (μετὰ δὲ — ἀεί)
A 2, 203:   18, 780 B   (καὶ διὰ — ἐγείρειν)
A 2, 205:   18, 780 B   (εἷς δὲ — κτησάμενος)
A 2, 206:   18, 780 C   (καὶ τὰ — ποταμοῦ)
A 2, 219:   18, 780 C   (ὑπῆρχεν — ἐκτίθεται)
A 2, 224-227: 18, 780 C-D   (καὶ ἡ — μυσαττόμενον)
A 2, 228:   18, 780 D   (ἀνδρωθέντα — προσαγορεύουσιν)
A 2, 231:   18, 780 D-781 A (ἦν δὲ — κάλλος)
A 2, 232-236: 18, 781 A-B   (προσάγει — ἀσφαλῶς)
A 2, 239-242: 18, 781 B-C   (Αἰθίοπες — Μωϋσῆν)
A 2, 244-248: 18, 781 C-D   (ὁ δὲ — ἔτρεψεν)

A 2, 249-253: 18, 781 D-784 A (οἱ δὲ — γάμον αὐτήν)
A 2, 349:   18, 789 A-B   (τῇ δ' ὑστεραίᾳ — ἄνοπλοι)

Flavii Josephi opera, ed. B. Niese (Berlin 1885-1895) I p. LXVI-
LXVII; A. von Gutschmid, Kleine Schriften (Berlin 1889-1894)
V S. 598; Fr. Zoepfl, Der Kommentar des Pseudo-Eustathios zum
Hexaëmeron (Münster i. W. 1927) S. 43-48.

Eusebius († 339/340) gehört zu den Kirchenvätern, die Josephus
als Autorität in allen Fragen der neutestamentlichen Zeitgeschichte
und der Geschichte und Religion des jüdischen Volkes betrachten.
Er zitiert oder erwähnt ihn in der Chronik, in der Kirchengeschichte,
im Onomastikon, in der Praeparatio evangelica und Demonstratio
evangelica sowie in der Theophanie. Ich gebe zunächst die Konkordanzen Josephus-Eusebius, die dank besserer Textausgaben präziser
und vollständiger ermittelt werden können, als das Niese möglich war.
Dabei sind die Eusebiusloci nach Seite und Zeile der Reihe „Die
griechischen christlichen Schriftsteller der ersten Jahrhunderte"
notiert, die Josephusstellen wie üblich nach Werk, Buch und Paragraph:

B 1, 3:	Kirchengesch. 222, 3-5. 12-13
B 1, 123:	Kirchengesch. 48, 11
B 1, 181:	Kirchengesch. 48, 11
B 1, 656:	Kirchengesch. 66, 16-68, 2
B 1, 657:	Kirchengesch. 68, 2-8
B 1, 658:	Kirchengesch. 68, 8-12
B 1, 659:	Kirchengesch. 68, 12-16
B 1, 660:	Kirchengesch. 68, 16-23
B 1, 662:	Kirchengesch. 70, 2-6
B 1, 664-665:	Kirchengesch. 70, 7ff.
B 1, 668-669:	Kirchengesch. 70, 21ff.
B 2, 93-94:	Kirchengesch. 70, 21ff.
B 2, 111:	Kirchengesch. 70, 21ff.
B 2, 118:	Kirchengesch. 46, 18-20
B 2, 167:	Kirchengesch. 70, 21ff.
B 2, 169-170:	Kirchengesch. 120, 18-23; Chronik (Hieron.) 175, 18-23
B 2, 169ff.:	Dem. ev. 390, 2
B 2, 175:	Kirchengesch. 122, 4-8
B 2, 176:	Kirchengesch. 122, 8-11

B 2, 177:	Kirchengesch. 122, 12-15
B 2, 180:	Kirchengesch. 114, 13
B 2, 204:	Kirchengesch. 124, 3-4
B 2, 227:	Kirchengesch. 158, 1-6
B 2, 247-248:	Kirchengesch. 158, 7-12
B 2, 254:	Kirchengesch. 158, 28-160, 1
B 2, 255:	Kirchengesch. 160, 1-6
B 2, 256:	Kirchengesch. 160, 6-9
B 2, 261:	Kirchengesch. 160, 11-14
B 2, 262:	Kirchengesch. 160, 14-17
B 2, 263:	Kirchengesch. 160, 17-21
B 2, 284:	Kirchengesch. 178, 20-21
B 2, 306-308:	Kirchengesch. 178, 16-19
B 2, 462:	Kirchengesch. 180, 1-4
B 2, 465:	Kirchengesch. 180, 4-8
B 3, 401:	Chronik (Hieron.) 185, 16-20
B 4, 491:	Kirchengesch. 194, 19-20
B 4, 658:	Kirchengesch. 194, 23-196, 1
B 5, 424:	Kirchengesch. 198, 21-24

B 5, 425:	Kircheng. 198, 24-200, 2	B 6, 205:	Kirchengesch. 208, 15-
B 5, 426:	Kirchengesch. 200, 2-5		17; Theophanie 198, 31-
B 5, 427:	Kirchengesch. 200, 5-10		199, 2
B 5, 428:	Kirchengesch. 200, 10-11	B 6, 206:	Kirchengesch. 208, 17-
B 5, 429:	Kirchengesch. 200, 11-15		19; Theophanie 199, 2-5
B 5, 430:	Kirchengesch. 200, 15-19	B 6, 207:	Kirchengesch. 208, 19-
B 5, 431:	Kirchengesch. 200, 19-20		20; Theophanie 199, 5-6
B 5, 432:	Kirchengesch. 200, 20-24	B 6, 208:	Kirchengesch. 208, 20-
B 5, 433:	Kirchengesch. 200, 24-		22; Theophanie 199, 7-8
	202, 3	B 6, 209:	Kirchengesch. 208, 22-
B 5, 434:	Kirchengesch. 202, 3-5		210, 1
B 5, 435:	Kirchengesch. 202, 5-9	B 6, 210:	Kirchengesch. 210, 1-4
B 5, 436:	Kirchengesch. 202, 9-12	B 6, 211:	Kirchengesch. 210, 4-6
B 5, 437:	Kirchengesch. 202, 12-14	B 6, 212:	Kirchengesch. 210, 6-10
B 5, 438:	Kirchengesch. 202, 14-18	B 6, 213:	Kirchengesch. 210, 10-12
B 5, 442:	Theophanie 32, 16-18	B 6, 288:	Kirchengesch. 214, 26-
B 5, 444:	Theophanie 32, 18-21		216, 2
B 5, 445:	Theophanie 32, 21-22	B 6, 289:	Kirchengesch. 216, 2-4
B 5, 512:	Kirchengesch. 202, 20-22	B 6, 290:	Kirchengesch. 216, 4-8
B 5, 513:	Kirchengesch. 202, 22-25	B 6, 291:	Kirchengesch. 216, 8-10
B 5, 514:	Kirchengesch. 202, 25-	B 6, 292:	Kirchengesch. 216, 10-12
	204, 2	B 6, 293:	Kirchengesch. 216, 12-16
B 5, 515:	Kirchengesch. 204, 2-6	B 6, 296:	Kirchengesch. 216, 16-18
B 5, 516:	Kirchengesch. 204, 6-10	B 6, 297:	Kirchengesch. 216, 18-20
B 5, 517:	Kirchengesch. 204, 10-13	B 6, 298:	Kirchengesch. 216, 20-
B 5, 518:	Kirchengesch. 204, 13-16		218, 1
B 5, 519:	Kirchengesch. 204, 16-19	B 6, 299:	Kirchengesch.218, 1-5;
B 5, 566:	Kirchengesch. 204, 21-		Dem. ev. 389, 31; Chro-
	206, 2		nik (Hieron.) 175, 11-18
B 6, 193	Kirchengesch. 206, 4-5	B 6, 312-313:	Kirchengesch. 220, 3-6
B 6, 194:	Kirchengesch. 206, 5-8	B 6, 417:	Kirchengesch. 210, 22-
B 6, 195:	Kirchengesch. 206, 8-10		212, 2
B 6, 196:	Kirchengesch. 206, 10-13	B 6, 418:	Kirchengesch. 212, 2-6
B 6, 197:	Kirchengesch. 206, 14-17	B 6, 420:	Kirchengesch. 212, 6-7;
B 6, 198:	Kirchengesch. 206, 17-19		Chronik (Hieron.) 187, 3
B 6, 199:	Kirchengesch. 206, 19-	B 6, 425-428:	Kirchengesch. 198, 5-8
	22; Theophanie 198, 9-12	B 6, 430:	Chronik (Hieron.) 187, 3
B 6, 200:	Kirchengesch. 206, 22-	A 1, 38-39:	Onom. 166, 7ff.
	208, 1; Theophanie 198,	A 1, 39:	Onom. 60, 3-4; 164, 8-9
	12-17	A 1, 92:	Onom. 4, 2-25
B 6, 201:	Kirchengesch. 208, 1-5;	A 1, 93:	Praep. ev. I 497, 13-18
	Theophanie 198, 17-20	A 1, 94:	Praep. ev. I 497, 18-21
B 6, 202:	Kirchengesch. 208, 5-8;	A 1, 95:	Praep. ev. I 497, 21-26
	Theophanie 198, 20-24	A 1, 105:	Praep. ev. I 499, 3-6
B 6, 203:	Kirchengesch. 208, 8-10;	A 1, 106:	Praep. ev. I 499, 6-12
	Theophanie 198, 24-25	A 1, 107:	Praep. ev. I 499, 12-16
B 6, 204:	Kirchengesch.208,10-15;	A 1, 108:	Praep. ev. I 499, 16-19
	Theophanie 198, 26-31	A 1, 115:	Onom. 40, 9-10

A 1, 117: Praep. ev. I 500, 11-13
A 1, 118: Praep. ev. I 500, 14-18
A 1, 119: Praep. ev. I 500, 18-21;
Onom. 148, 13-17
A 1, 120: Praep. ev. I 500, 21-23
A 1, 124: Dem. ev. 410, 4
A 1, 127: Onom. 100, 24
A 1, 147: Onom. 82, 2-3; 150, 15-16; 176, 15-16
A 1, 151: Onom. 140, 13
A 1, 158: Praep. ev. I 501, 6-8
A 1, 159: Praep. ev. I 501, 8-12
A 1, 160: Praep. ev. I 501, 12-17
A 1, 161: Praep. ev. I 501, 17-21
A 1, 165: Praep. ev. I 502, 1-2
A 1, 166: Praep. ev. I 502, 2-6
A 1, 167: Praep. ev. I 502, 6-9
A 1, 168: Praep. ev. I 502, 9-11
A 1, 239: Praep. ev. I 507, 8-10
A 1, 240: Praep. ev. I 507, 10-13
A 1, 241: Praep. ev. I 507, 13-508, 2
A 1, 336: Onom. 150, 24ff.
A 2, 249: Onom. 160, 22-24
A 2, 257: Onom. 124, 8
A 2, 346: Chronik (Hieron.) 4, 5-7
A 4, 82: Onom. 36, 13-14
A 4, 82-83: Onom. 176, 7
A 4, 303: Chronik (Hieron.) 4, 5-7
A 7, 305: Chronik (Hieron.) 4, 5-7
A 8, 62: Chronik (Hieron.) 55a22
A 8, 163: Onom. 150, 17; 160, 20
A 9, 7: Onom. 86, 18
A 9, 224-225: Dem. ev. 281, 5
A 9, 245: Onom. 6, 18
A 11, 106-107: Dem. ev. 379, 11
A 11, 112: Kirchengesch. 50, 5-11
A 11, 336: Dem. ev. 379, 29
A 11, 341: Dem. ev. 358, 19
A 13, 301: Dem. ev. 380, 28
A 14, 8: Kirchengesch. 48, 11
A 14, 121: Kirchengesch. 48, 11
A 17, 168: Kirchengesch. 64, 26-66, 2
A 17, 169: Kirchengesch. 66, 2-9
A 17, 170: Kirchengesch. 66, 9-12
A 17, 187: Kirchengesch. 70, 7ff.
A 17, 188-189: Kirchengesch. 70, 21ff.

A 17, 191: Kirchengesch. 70, 7ff.
A 17, 195: Kirchengesch. 70, 21ff.
A 17, 317-319: Kirchengesch. 70, 21ff.
A 17, 342-344: Kirchengesch. 70, 21ff.
A 18, 1: Kirchengesch. 46, 6-10
A 18, 4: Kirchengesch. 46, 12-15
A 18, 34-35: Kirchengesch. 74, 10-16; Dem. ev. 386, 4
A 18, 55ff.: Dem. ev. 390, 2
A 18, 56: Chronik (Hieron.) 175, 18-23
A 18, 63-64: Kirchengesch. 78, 19-80, 9; Dem. ev. 130, 17-131, 2; Theophanie 250, 10-20
A 18, 92-93: Kirchengesch. 52, 7-11; Dem. ev. 385, 6
A 18, 109-114: Kirchengesch. 76, 11-20
A 18, 116: Kirchengesch. 78, 1-3
A 18, 116-117: Dem. ev. 416, 17
A 18, 117: Kirchengesch. 76, 20-21; 78, 3-9
A 18, 118: Kirchengesch. 78, 9-14
A 18, 119: Kirchengesch. 78, 14-16
A 18, 224: Kirchengesch. 114, 13
A 18, 237: Kirchengesch. 114, 14-20
A 18, 240-255: Kirchengesch. 76, 22-25
A 18, 252: Kirchengesch. 114, 14-20
A 18, 255: Kirchengesch. 114, 14-20
A 18, 257: Kirchengesch. 116, 13-17
A 18, 258: Kirchengesch. 116, 18-21
A 18, 259: Kirchengesch. 116, 21-118, 1
A 18, 260: Kirchengesch. 118, 2-6
A 19, 201: Kirchengesch. 124, 3-4
A 19, 343: Kirchengesch. 126, 20-25
A 19, 344: Kirchengesch. 126, 25-128, 4
A 19, 345: Kirchengesch. 128, 4-8
A 19, 346: Kirchengesch. 128, 8-13
A 19, 347: Kirchengesch. 128, 13-18
A 19, 348: Kirchengesch. 128, 19-21
A 19, 349: Kirchengesch. 128, 21-130, 4

A 19, 350: Kirchengesch. 130, 4-6
A 19, 351: Kirchengesch. 130, 6-10
A 20, 97-98: Kirchengesch. 130, 24-
     132, 3
A 20, 101: Kirchengesch. 132, 6-8
A 20, 169: Chronik (Hieron.) 181,
     17
A 20, 180-181: Kirchengesch. 158,
     16-26
A 20, 197: Kirchengesch. 172, 14-15
A 20, 199: Kirchengesch. 172, 15-19
A 20, 200: Kirchengesch. 172, 19-
     174, 1
A 20, 201: Kirchengesch. 174, 1-5
A 20, 202: Kirchengesch. 174, 5-8
A 20, 203: Kirchengesch. 174, 8-11
A 20, 238-244: Dem. ev. 380, 26
A 20, 247-249: Dem. ev. 384, 25;
     Kirchengesch. 52, 1-7
A 20, 257: Kirchengesch. 178, 20-21
A 20, 267: Chronik (Hieron.) 191,
     22-24
A 20, 268: Kirchengesch. 224, 20-24
Vita 361: Kirchengesch. 226, 7-11
Vita 362: Kirchengesch. 226, 11-13
Vita 363: Kirchengesch. 226, 13-16
Vita 364: Kirchengesch. 226, 6-18
Ap 1, 6:   Praep. ev. I 578, 9-13
Ap 1, 7:   Praep. ev. I 578, 13-17
Ap 1, 8:   Praep. ev. I 578, 17-20
Ap 1, 9:   Praep. ev. I 578, 20-23
Ap 1, 10:   Praep. ev. I 578, 23-579,
     3
Ap 1, 11:   Praep. ev. I 579, 3-7
Ap 1, 12:   Praep. ev. I 579, 8-12
Ap 1, 13:   Praep. ev. I 579, 12-15
Ap 1, 14:   Praep. ev. I 579, 15-20
Ap 1, 15:   Praep. ev. I 579, 21-580,
     4
Ap 1, 16:   Praep. ev. I 580, 4-8
Ap 1, 17:   Praep. ev. I 580, 8-11
Ap 1, 18:   Praep. ev. I 580, 11-15
Ap 1, 19:   Praep. ev. I 580, 15-18
Ap 1, 20:   Praep. ev. I 580, 18-21
Ap 1, 21:   Praep. ev. I 580, 22-581
     3
Ap 1, 22:   Praep. ev. I 581, 3-4
Ap 1, 23:   Praep. ev. I 581, 5-7

Ap 1, 24:   Praep. ev. I 581, 7-10
Ap 1, 25:   Praep. ev. I 581, 10-14
Ap 1, 26:   Praep. ev. I 581, 14-17
Ap 1, 38:   Kirchengesch. 222, 22-24
Ap 1, 39:   Kirchengesch. 222, 24-
     224, 3
Ap 1, 40:   Kirchengesch. 224, 3-7
Ap 1, 41:   Kirchengesch. 224, 7-10
Ap 1, 42:   Kirchengesch. 224, 10-15
Ap 1, 73:   Pracp. cv. I 606, 18-22
Ap 1, 73-74: Chronik (arm.) 70, 3-14
Ap 1, 74:   Praep. ev. I 606, 22-607,
     3
Ap 1, 75:   Praep. ev. I 607, 3-7;
     Chronik (arm.) 70, 15-18
Ap 1, 76:   Chronik (arm.) 70, 18-21
Ap 1, 77:   Chronik (arm.) 70, 22-27
Ap 1, 78:   Chronik (arm.) 70, 27-32
Ap 1, 79:   Chronik (arm.) 70, 33-71,
     2
Ap 1, 80:   Chronik (arm.) 71, 3-5
Ap 1, 81:   Chronik (arm.) 71, 5-9
Ap 1, 82:   Chronik (arm.) 71, 10-
     15; Praep. ev. I 607, 9-12
Ap 1, 83: Chronik (arm.) 71, 15-20;
     Praep. ev. I 607, 12-16
Ap 1, 84: Chronik (arm.) 71, 21-24;
     Praep. ev. I 607, 16-18
Ap 1, 85:   Praep. ev. I 607, 19-608,
     1 ; Chronik (arm.) 71
     25-27
Ap 1, 86:   Praep. ev. I 608, 1-3;
     Chronik (arm.) 71, 27-
     31
Ap 1, 87:   Praep. ev. I 608, 4-6;
     Chronik (arm.) 71, 31-
     33
Ap 1, 88:   Praep. ev. I 608, 6-10;
     Chronik (arm.) 71, 33-72,
     5
Ap 1, 89:   Praep. ev. I 608, 10-
     12; Chronik (arm.) 72,
     5-9
Ap 1, 90:   Praep. ev. I 608, 12-15;
     Chronik (arm.) 72, 9-13
Ap 1, 91-92: Chronik (arm.) 72, 14-
     24
Ap 1, 93:   Chronik (arm.) 72, 25-28

Ap 1, 94: Chronik (arm.) 72, 29-33
Ap 1, 95: Chronik (arm.) 72, 33-73, 1
Ap 1, 96: Chronik (arm.) 73, 1-5
Ap 1, 97: Chronik (arm.) 73, 5-8
Ap 1, 98: Chronik (arm.)73, 8-14
Ap 1, 99: Chronik (arm.) 73, 14-20
Ap 1, 100: Chronik (arm.) 73, 21-26
Ap 1, 101: Chronik (arm.) 73, 26-30
Ap 1, 102: Chronik (arm.) 73, 30-32
Ap 1, 103: Praep. ev. I 608, 18-22; Chronik (arm.) 73, 32-37
Ap 1, 104: Praep. ev. I 608, 22-25; Chronik (arm.) 73, 37-74, 4
Ap 1, 105: Chronik (arm.) 74, 4-6
Ap 1, 106: Chronik (arm.) 54, 1-5
Ap 1, 107: Chronik (arm.) 54, 5-9
Ap 1, 108: Praep. ev. I 609, 2-5; Chronik (arm.) 54, 9-11
Ap 1, 109: Chronik (arm.) 54, 12-14
Ap 1, 110: Chronik (arm.) 54, 14-20
Ap 1, 111: Chronik (arm.) 54, 20-25
Ap 1, 112: Chronik (arm.) 54, 25-29
Ap 1, 113: Chronik (arm.) 54, 30-36
Ap 1, 114: Chronik (arm.) 54, 36-55,4
Ap 1, 115: Chronik (arm.) 55, 4-11
Ap 1, 116: Chronik (arm.) 55, 11-16
Ap 1, 117: Chronik (arm.) 55, 16-19
Ap 1, 118: Chronik (arm.) 55, 19-25
Ap 1, 119: Chronik (arm.) 55, 25-28
Ap 1, 120: Chronik (arm.) 55, 28-30
Ap 1, 121: Chronik (arm.) 55, 30-33
Ap 1, 122: Chronik (arm.) 55, 34-38
Ap 1, 123: Chronik (arm.) 55, 38-56, 4
Ap 1, 124: Chronik (arm.) 56, 4-6
Ap 1, 125: Chronik (arm.) 56, 7-9
Ap 1, 126: Chronik (arm.) 56, 9-13; Praep. ev. I 609, 2-5
Ap 1, 127: Chronik (arm.) 56, 14-19
Ap 1, 128ff.: Praep. ev. I 609, 6-7; Chronik (arm.) 21, 1-16
Ap 1, 131: Chronik (arm.) 21, 17-19
Ap 1, 132: Chronik (arm.) 21, 19-30
Ap 1, 133: Chronik (arm.) 21, 30-22, 1

Ap 1, 134: Chronik (arm.) 22, 1-2
Ap 1, 136: Praep. ev. I 559, 4-11
Ap 1, 137: Chronik (arm.) 22, 16-22
Ap 1, 138: Chronik (arm.) 22, 22-26
Ap 1, 139: Chronik (arm.) 22, 26-34
Ap 1, 140: Chronik (arm.) 22, 34-23, 2
Ap 1, 141: Chronik (arm.) 23, 2-8
Ap 1, 142: Chronik (arm.) 23, 9-14
Ap 1, 143: Chronik (arm.) 23, 14-19
Ap 1, 144: Chronik (arm.) 23, 19-24
Ap 1, 145: Chronik (arm.) 23, 24-29
Ap 1, 146: Praep. ev. I 549, 13-15
Ap 1, 147: Praep. ev. I 549, 15-19
Ap 1, 148: Praep. ev. I 549, 19-550, 2
Ap 1, 149: Praep. ev. I 550, 2-6
Ap 1, 150: Praep. ev. I 550, 6-8
Ap 1, 151: Praep. ev. I 550, 8-11
Ap 1, 152: Praep. ev. I 550, 11-13
Ap 1, 153: Praep. ev. I 550, 13-17
Ap 1, 154: Praep. ev. I 550, 18-22; Chronik (arm.) 24, 29-25, 5
Ap 1, 155: Chronik (arm.) 25, 6-8
Ap 1, 156: Chronik (arm.) 25, 9-10
Ap 1, 157: Chronik (arm.) 25, 10-14
Ap 1, 158: Chronik (arm.) 25, 14-18
Ap 1, 159: Chronik (arm.) 25, 19-22
Ap 1, 160: Chronik (arm.) 25, 23-24
Ap 1, 172: Praep. ev. I 494, 19-21
Ap 1, 173: Praep. ev. I 495, 1-6
Ap 1, 174: Praep. ev. I 495, 7-10
Ap 1, 176: Praep. ev. I 491, 13-15
Ap 1, 177: Praep. ev. I 491, 16-20
Ap 1, 178: Praep. ev. I 491, 21-23
Ap 1, 179: Praep. ev. I 491, 23-492, 5
Ap 1, 180: Praep. ev. I 492, 5-7
Ap 1, 181: Praep. ev. I 492, 7-11
Ap 1, 197: Praep. ev. I 490, 2-4
Ap 1, 198: Praep. ev. I 490, 5-9
Ap 1, 199: Praep. ev. I 490, 10-13
Ap 1, 200: Praep. ev. I 490, 14-17
Ap 1, 201: Praep. ev. I 490, 18-21
Ap 1, 202: Praep. ev. I 490, 21-491, 2
Ap 1, 203: Praep. ev. I 491, 2-6

Ap 1, 204: Praep. ev. I 491, 6-11
Ap 1, 215: Praep. ev. I 553, 16-18
Ap 1, 216: Praep. ev. I 553, 18-21
Ap 1, 217: Praep. ev. I 553, 21-
554, 2
Ap 1, 218: Praep. ev. I 554, 2-5
Ap 2, 163: Praep. ev. I 433, 16-18
Ap 2, 164: Praep. ev. I 433, 18-21
Ap 2, 165: Praep. ev. I 433, 21-
434, 3
Ap 2, 166: Praep. ev. I 434, 3-6
Ap 2, 167: Praep. ev. I 434, 6-9
Ap 2, 168: Praep. ev. I 434, 9-14
Ap 2, 169: Praep. ev. I 434, 14-18
Ap 2, 170: Praep. ev. I 434, 18-22
Ap 2, 171: Praep. ev. I 434, 22-26
Ap 2, 172: Praep. ev. I 434, 26-
435, 3
Ap 2, 173: Praep. ev. I 435, 3-7
Ap 2, 174: Praep. ev. I 435, 7-11
Ap 2, 175: Praep. ev. I 435, 11-16
Ap 2, 176: Praep. ev. I 435, 16-19
Ap 2, 177: Praep. ev. I 435, 19-21
Ap 2, 178: Praep. ev. I 435, 22-25
Ap 2, 179: Praep. ev. I 435, 25-
436, 3
Ap 2, 180: Praep. ev. I 436, 3-8
Ap 2, 181: Praep. ev. I 436, 8-12
Ap 2, 182: Praep. ev. I 436, 12-16
Ap 2, 183: Praep. ev. I 436, 16-20
Ap 2, 184: Praep. ev. I 436, 20-23
Ap 2, 185: Praep. ev. I 436, 23-26
Ap 2, 186: Praep. ev. I 436, 26-
437, 4
Ap 2, 187: Praep. ev. I 437, 4-6
Ap 2, 188: Praep. ev. I 437, 7-10
Ap 2, 189: Praep. ev. I 437, 10-13
Ap 2, 190: Praep. ev. I 437, 13-17
Ap 2, 191: Praep. ev. I 437, 17-20
Ap 2, 192: Praep. ev. I 437, 20-
438, 2

Ap 2, 193: Praep. ev. I 438, 2-4
Ap 2, 194: Praep. ev. I 438, 4-7
Ap 2, 195: Praep. ev. I 438, 7-9
Ap 2, 196: Praep. ev. I 438, 9-12
Ap 2, 197: Praep. ev. I 438, 12-15
Ap 2, 198: Praep. ev. I 438, 15-18
Ap 2, 199: Praep. ev. I 438, 18-
439, 2
Ap 2, 200; Praep. ev. I 439, 2-4
Ap 2, 201: Praep. ev. I 439, 4-8
Ap 2, 202: Praep. ev. I 439, 9-12
Ap 2, 203: Praep. ev. I 439, 12-15
Ap 2, 204: Praep. ev. I 439, 15-20
Ap 2, 205: Praep. ev. I 439, 20-440,
3
Ap 2, 206: Praep. ev. I 440, 3-7
Ap 2, 207: Praep. ev. I 440, 7-9
Ap 2, 208: Praep. ev. I 440, 9-12
Ap 2, 209: Praep. ev. I 440, 12-14
Ap 2, 210: Praep. ev. I 440, 15-18
Ap 2, 211: Praep. ev. I 440, 18-20
Ap 2, 212: Praep. ev. I 440, 20-
441, 3
Ap 2, 213: Praep. ev. I 441, 3-8
Ap 2, 214: Praep. ev. I 441, 8-11
Ap 2, 215: Praep. ev. I 441, 11-14
Ap 2, 216: Praep. ev. I 441, 14-17
Ap 2, 217: Praep. ev. I 441, 17-20
Ap 2, 218: Praep. ev. I 441, 20-
442, 2
Ap 2, 219: Praep. ev. I 442, 2-5
Ap 2, 220: Praep. ev. I 442, 5-7
Ap 2, 221: Praep. ev. I 442, 7-11
Ap 2, 222: Praep. ev. I 442, 11-14
Ap 2, 223: Praep. ev. I 442, 14-17
Ap 2, 224: Praep. ev. I 442, 18-20
Ap 2, 225: Praep. ev. I 442, 20-
443, 1
Ap 2, 226: Praep. ev. I 443, 2-4
Ap 2, 227: Praep. ev. I 443, 4-7
Ap 2, 228: Praep. ev. I 443, 7-9

In vorstehender Liste fehlt die Entsprechung B 2, 119-159: Praep.
ev. I 486, 16-489, 23, weil Eusebius hier nicht Josephus selbst, sondern
die Mittelquelle Porphyrius De abstin. 4, 11-13 ausschreibt. Ebenso
fehlen Konkordanzen Josephus-Eusebius, die durch Abhängigkeit
von der Bibel als gemeinsamer Quelle zu erklären sind.

Eusebius zitiert Josephus im allgemeinen wörtlich oder fast wörtlich; doch fehlt es nicht an paraphrastischen Veränderungen des Wortlautes, vor allem natürlich am Anfang von Zitaten. Grundsätzlich ist der Umstand zu beachten, daß Eusebiushandschriften öfters streckenweise korrigierenden d.h. kontaminierenden Einfluß von Josephushandschriften her aufweisen, so daß nicht selten der Eusebiustext aus diesem Grunde zweifelhaft ist. Die Vorlage des Eusebius schließt sich in keinem der vier Überlieferungsbereiche (Bellum Judaicum; Ant. Jud. 1-10; Ant. Jud. 11-20, Vita; Contra Apionem) ganz eindeutig an eine der seit Niese bekannten Handschriften oder Handschriftengruppen an. Sie hat schon Fehler, die in allen diesen Kodizes stehen, enthält andererseits an einer Anzahl von Stellen sowohl allein den genuinen Wortlaut wie auch Korruptelen, die sonst nicht bekannt sind. Immerhin stehen partielle Affinitäten fest. Im Bereich I stimmt der Josephuskodex des Eusebius meistens mit LVRC, MLVRC, VRC oder VR überein, verhältnismäßig selten mit PAM. Im Bereich II steht seine Josephushandschrift MSPL Lat. näher als RO. Für den Bereich III bestätigt der Josephus des Eusebius die Hochschätzung von A durch Niese; doch warnt zahlreicher Konsensus auch mit MW davor, diese Kodizes zugunsten von A zu unterschätzen. Der Rang des Eusebius im Bereich IV ist ohnehin unumstritten. Im ganzen zeigt sich, daß Nieses Wertung der Textzeugen durch Eusebius weithin nicht bestätigt wird; denn in den Bereichen I und II steht sein Kodex überwiegend auf Seiten der von Niese als genus deterius eingestuften Gruppe. Das warnt vor einseitiger Bevorzugung einer Handschrift oder Handschriftenfamilie und begünstigt ein eklektisches Verfahren. Besonderes Interesse verdient das Zusammengehen des Eusebius beziehungsweise seiner Vorlage mit bisher scheinbar vereinzelten, isoliert dastehenden Lesarten unserer Josephushandschriften, die dadurch als alt erwiesen werden. Daß Eusebius gelegentlich und ausnahmsweise vielleicht Josephus nicht unmittelbar ausschreibt, sondern ihn indirekt über (den nur noch durch seine Exzerptoren für uns faßbaren) Julius Africanus benutzt, wie Gelzer vermutete, mindert nicht wesentlich den Wert seiner Zeugnisse. Das schon bei Origenes auftauchende Problem, daß nicht alle Josephustestimonia in ihrer Quelle verifizierbar sind, erscheint auch bei Eusebius. In der Kirchengeschichte II 23, 19 ff. (S. 172, 2 ff.) heißt es vom Herrenbruder Jakobus: οὕτω δὲ ἄρα θαυμάσιός τις ἦν καὶ παρὰ τοῖς ἄλλοις ἅπασιν ἐπὶ δικαιοσύνῃ βεβόητο ὁ Ἰάκωβος, ὡς καὶ τοὺς Ἰουδαίων ἔμφρονας δοξάζειν ταύτην εἶναι τὴν αἰτίαν τῆς παραχρῆμα μετὰ τὸ μαρτύριον αὐτοῦ πολιορκίας τῆς Ἱερουσαλήμ, ἣν δι' οὐδὲν ἕτερον αὐτοῖς συμβῆναι ἢ διὰ τὸ κατ' αὐτοῦ τολμηθὲν ἄγος. ἀμέλει γέ τοι ὁ Ἰώσηπος οὐκ ἀπώκνησεν καὶ τοῦτ' ἐγγράφως ἐπιμαρτύρασθαι δι' ὧν φησιν λέξεων ,,ταῦτα δὲ συμβέβηκεν Ἰουδαίοις κατ' ἐκδίκησιν Ἰακώβου τοῦ δικαίου, ὃς ἦν ἀδελφὸς Ἰησοῦ τοῦ λεγομένου Χριστοῦ, ἐπειδήπερ δικαιότατον αὐτὸν ὄντα οἱ Ἰουδαῖοι ἀπέκτειναν." Dieses Josephuszitat, offenbar eine Wucherung aus Ant. Jud. 20, 200, steht nicht in dem uns überkommenen Text. Eusebius fährt fort: ὁ δ' αὐτὸς (sc. Ἰώσηπος) καὶ τὸν θάνατον αὐτοῦ ἐν εἰκοστῷ τῆς Ἀρχαιολογίας δηλοῖ διὰ τούτων· ,,πέμπει δὲ καὶ Καῖσαρ Ἀλβῖνον ..."Ανανος ... καθίζει συνέδριον κριτῶν, καὶ παραγαγὼν εἰς αὐτὸ τὸν ἀδελφὸν Ἰησοῦ, τοῦ Χριστοῦ λεγομένου, Ἰάκωβος ὄνομα αὐτῷ, καί τινας ἑτέρους" κτλ. Erst hier erscheint das echte, verifizierbare Zitat von Ant. Jud. 20, 200, und zwar innerhalb der korrekt angeführten Passage 20, 197.199-203. Die seltsame Verdoppelung scheint Eusebius entgangen zu sein. Zweifellos nahm er das echte Zitat unmittelbar aus seinem Josephuskodex, während die Dublette wohl aus einem Nebenzweig der Josephustradition stammt, aus dem, was wir heute Sekundärliteratur nennen, einer Quelle, in der vermutlich Zitate und argumentierende theologische Diskussion in mißverständlicher Weise ineinander verschränkt waren. Diese Zwischen- oder Mittelquelle war wohl ähnlich der, auf welche die fiktiven Josephuszitate des Origenes zurückgehen. Darauf deutet die beiden gleiche Eigenart, die Ereignisse um Jakobus ursächlich mit der Belagerung Jerusalems zu verknüpfen, wie denn auch Eusebius ibid. 2, 23, 18 im gleichen Zusammenhang sagt: καὶ εὐθὺς Οὐεσπασιανὸς πολιορκεῖ αὐτούς. Theologisch konsequent geht Eusebius über Josephus hinaus, der Bell. Jud. 6, 312-313 die geschichtliche Entwicklung in Vespasian kulminieren ließ, und deutet die Prophetie des Weltherrschers auf Christus (Kirchengesch. 3, 8, 10-11; S. 220, 3 ff.): ἕτερον δ' ἔτι τούτου παραδοξότερον ὁ αὐτὸς (sc. Ἰώσηπος) ἱστορεῖ, χρησμόν τινα φάσκων ἐν ἱεροῖς γράμμασιν εὑρῆσθαι περιέχοντα ὡς κατὰ τὸν καιρὸν ἐκεῖνον ἀπὸ τῆς χώρας τις αὐτῶν ἄρξει τῆς οἰκουμένης, ὃν αὐτὸς μὲν ἐπὶ Οὐεσπασιανὸν πεπληρῶσθαι ἐξείληφεν· ἀλλ' οὐχ ἁπάσης γε οὗτος ἀλλ' ἢ μόνης ἦρξεν τῆς ὑπὸ Ῥωμαίους· δικαιότερον δ' ἂν ἐπὶ τὸν Χριστὸν ἀναχθείη.

Eusebius hat in seiner Eigenschaft als Textzeuge des Josephus seit Niese sehr viel gewonnen durch den Umstand, daß für ihn nun weit zuverlässigere Ausgaben vorliegen. Niese benutzte für das Onomastikon die Edition von P. de Lagarde (Onomastica sacra,

Göttingen 1870), für die Kirchengeschichte die Ausgaben von E. Burton (2 Bde., Oxford 1838) und A. Schwegler (Tübingen 1852); die Praeparatio evangelica verwertete er in der Edition von Th. Gaisford (Oxford 1843), die Chronik in der Ausgabe von A. Schoene und H. Petermann (2 Bde., Berlin 1866-1875), dazu als Zeugen der Chronik Georgios Synkellos (ed. Dindorf, Bonn 1829) und die Ἐκλογὴ ἱστοριῶν, einen chronologischen Abriß aus der 2. Hälfte des 9. Jahrhunderts, in der Edition von J. A. Cramer (Anecdota Parisina, Oxford 1839, p. 165-230). Jetzt sind zu benutzen (in der Reihe „Die griech. christl. Schriftst."): Eusebius Werke. II. Die Kirchengeschichte. Hg. von E. Schwartz. 3 Teile. Leipzig 1903-1909 (Teil III p. CLIII-CLXXXVI: „Über die Exzerpte aus Justin und Josephus"). — III 1. Das Onomastikon der biblischen Ortsnamen. Hg. von E. Klostermann. Leipzig 1904. — III 2. Die Theophanie. Die griechischen Bruchstücke und Übersetzung der syrischen Überlieferungen. Hg. von Hugo Gressmann. Leipzig 1904. — V. Die Chronik. Aus dem Armenischen übersetzt mit textkritischem Commentar. Hg. von J. Karst. Leipzig 1911. — VI. Die Demonstratio evangelica. Hg. von Ivar A. Heikel. Leipzig 1913 (zum Verhältnis Eusebius-Josephus p. XVII-XVIII). — VII. Die Chronik des Hieronymus. Hg. von R. Helm. Berlin 1956². — VIII. Die Praeparatio evangelica. Hg. von K. Mras. Teil 1-2, Berlin 1954-1956 (zum Verhältnis Eusebius-Josephus I p. LV). Nachträge.

H. Gelzer, Sextus Julius Africanus und die byzantinische Chronologie (Leipzig 1885-1895) I S. 247 ff.; II S. 31. 37. 46-57. 50. 63; Flavii Josephi opera, ed. B. Niese (Berlin 1885-1895) I p LXVI-LXVII; III p. XVI. XLIX; IV p. X; V p. III. VIII-IX. XII-XIII. XVI. XIX-XXIII. XXVII; VI p. XXII. LXIII-LXIV; F. Rühl, Literarisches Centralblatt 1891, 346; 1892, 1472-1473; A. Harnack, Geschichte der altchristlichen Litteratur bis Eusebius (Leipzig 1893-1904) I S. 858-859; F. Rühl, Rheinisches Museum 48 (1893) 565; Flavii Josephi opera ex versione latina antiqua, ed. C. Boysen. Pars VI (Prag-Wien-Leipzig 1898) p. XXXIV; E. Schürer, Zur Chronologie des Lebens Pauli, zugleich ein Beitrag zur Kritik der Chronik des Eusebius, Zeitschr. f. wiss. Theol. (Leipzig) 41 (1898) 21-42; H. Montzka, Die Quellen zu den assyrisch-babylonischen Nachrichten in Eusebios' Chronik, Beitr. z. Alt. Gesch. 2 (1902) 351-405; E. Schwartz, Zeitschr. neutest. Wiss. 4 (1903) 48-61; P. Thomsen, Palästina nach dem Onomastikon des Eusebius, Zeitschr. d. dt. Pal.-Vereins 26 (1903) 97-141; E. Schwartz, Pauly Wissowa RE. VI 1

(Stuttgart 1907) 1399-1400; R. Eisler, Jesous Basileus (Heidelberg 1929-1930) I S. 134 ff. 158; Flavius Josèphe Contre Apion, ed. Th. Reinach (Paris 1930) p. X-XI.

Basilius d. Gr. († 379) bezieht sich in der Homilia dicta tempore famis et siccitatis (Migne PG 31, 321 D) auf den von Josephus Bell. Jud. 6, 201-213 berichteten Fall von Kannibalismus und sagt: Καὶ τοῦτο τὸ δρᾶμα Ἰουδαϊκὴ ἐτραγῴδησεν ἱστορία, ἣν Ἰώσηπος ἡμῖν ὁ σπουδαῖος συνεγράψατο, ὅτε τὰ δεινὰ πάθη τοὺς Ἱεροσολυμίτας κατέλαβε, τῆς εἰς τὸν Κύριον δυσσεβοῦς ἐνδίκους τιμωρίας τιννύντας.

Ambrosius († 397) kennt und benutzt gelegentlich die Werke des Josephus, ist aber wohl nicht der Verfasser des sogenannten Hegesippus. Die Konkordanzen Ambrosius-Josephus sind folgende:

A 1, 39:	Epist. 19, 2	A 5, 297:	Epist. 19, 19; Ps.-
A 4, 78:	Ps.-Ambr. De XLII		Ambr. De XLII
	mans., PL 17, 34		mans., PL 17, 16
A 4, 85ff.:	Ps.-Ambr. De XLII	A 5, 298-300:	Epist. 19, 20-22
	mans., PL 17, 39	A 5, 301:	Epist. 19, 23
A 5, 136-140:	Epist. 6, 3-5	A 5, 302-303:	Epist. 19, 24
A 5, 141-142:	Epist. 6, 6	A 5, 304-305:	Epist. 19, 25
A 5, 143-149:	Epist: 6, 8-9	A 5, 306-307:	Epist. 19, 26
A 5, 149-155:	Epist. 6, 10	A 5, 307-310:	Epist. 19, 27
A 5, 166-167:	Epist, 6, 14	A 5, 310-312:	Epist. 19, 28
A 5, 168-174:	Epist. 6, 16-17	A 5, 312-313:	Epist. 19, 29-30
A 5, 276-284:	Epist. 19, 10-12	A 5, 317:	Epist. 19, 33
A 5, 286-288:	Epist. 19, 12-14	A 16, 22-31:	Epist. 19, 31-32
A 5, 289-290:	Epist. 19, 15	A 19, 17-21:	Epist. 6, 6
A 5, 291-296:	Epist. 19, 16-18		

Josephus wird nicht namentlich genannt („ut quidam existimavit" Ep. 19, 12) und in einer Weise mit der Erzählung des Richterbuches zusammengearbeitet, daß kaum ein sicherer Rückschluß auf den (griechischen) Josephuskodex des Ambrosius möglich ist. Ambrosius übernimmt auch sachliche Fehler des Josephus (Ant. Jud. 1, 39 Einmündung von Euphrat und Tigris ins Rote Meer statt in den Persischen Golf) und verfremdet dessen Bericht ins grob Fehlerhafte (zu Ant. Jud. 5, 276). Durchgehend entfernt er sich vom Wortlaut der Bibel auf der gleichen Linie periphrastischer Veränderung und rhetorischer Ausschmückung wie Josephus. — Namentlich genannt wird Josephus bei Pseudo-Ambrosius De XLII mansionibus filiorum Israel, PL 17, 16.34.39 und bei Pseudo-Ambrosius, Expositio in Apocalypsin, PL 17, 991.

E. Schürer, Geschichte des jüdischen Volkes im Zeitalter Jesu Christi[3.4] (Leipzig 1901-1909) I S. 96; G. Wilbrand, S. Ambrosius quos auctores quaeque exemplaria in epistulis componendis secutus sit (Münster 1909) S. 21-29; O. Weinreich, Der Trug des Nektanebos (Leipzig 1911) S. 23 ff.; O. Bardenhewer, Geschichte der altkirchlichen Literatur (Freiburg 1913-1932) III S. 542; G. Bardy, Revue hist. ecclés. 43 (1948) 185-187.

Josippos (4.-5. Jh.?), Verfasser eines Hypomnestikon biblion (J. A. Fabricius, Codex pseudepigraphus Veteris Testamenti. 2 Bde. Hamburg 1722-1723[2], im 2. Band; Migne PG 106, 10-175), einer Art Handbuch zur Bibel (Altes und Neues Testament), das Niese gelegentlich als Zeugen von Eigennamenlesarten verwendet (Ant. Jud. 15, 322; 18, 34; 20, 179.196).

Flavii Josephi opera, ed. B. Niese (Berlin 1885-1895) III p. LXIII. LXVI; Realenc. f. prot. Theol. u. K. VI (Leipzig 1899) 692; B. Niese, Encyclopaedia of Religion and Ethics, edited by J. Hastings, VI (Edinburgh 1914) 579; J. Moreau, Byzantion 25-27 (1955-1957) 241 ff.; H.-G. Beck, Kirche und Lit. im byz. Reich (München 1959) S. 799.

5. Jahrhundert

Vegetius (um 400) hat in seiner Epitoma rei militaris — wahrscheinlich über eine Mittelquelle, die der Zeit des Septimius Severus angehört — aus Julius Caesar, Diodor, Josephus und anderen Autoren geschöpft. Freilich wird Josephus als Quelle nicht namentlich genannt, und es handelt sich um bloße Anklänge, die nirgends über den Charakter von Sachparallelen hinaus Zitatform annehmen, also auch keinerlei textkritischen Wert haben. Es ergeben sich folgende Entsprechungen:

B 3, 167-168:	4, 21	B 3, 223-224:	4, 23
B 3, 169:	4, 15. 18	B 3, 230:	4, 23
B 3, 171:	4, 19	B 3, 319 ff.:	4, 26
B 3, 174:	4, 19	B 7, 311-314:	4, 3

E. Sander, Die Quellen von IV, 1-30 der Epitome des Vegetius, Philologische Wochenschrift 51 (1931) 395-399.

Panodoros, ein Chronograph, dessen Akme in den Jahren 395-408 liegt, ist als Josephusbenutzer nur durch seine Exzerptoren (Panodoros ist Hauptvorlage des Synkellos) bekannt. Panodoros schöpfte seinerseits vor allem aus Eusebius und Julius Africanus. Die byzantinischen

Chronographen geben Josephus in zum Teil mehrfacher Brechung und oft freier Benutzung wieder.

H. Gelzer, Sextus Julius Africanus und die byzantinische Chronologie (Leipzig 1885-1895) I S. 257 f.; II S. 186.278 ff. 369; K. Krumbacher, Gesch. d. byz. Lit. (München 1897²) S. 340-341. 369; E. Schwartz, Pauly-Wissowa RE VI (1909) 1381; R. Eisler, Jesous Basileus (Heidelberg 1929-1930) I S. 522 ff.

Johannes Chrysostomus († 407) beruft sich auf keinen anderen antiken Autor — ausgenommen Platon — so oft wie auf Josephus. Indes sind darunter nur wenige wörtliche Anführungen. Die Mehrzahl der Stellen bietet nur sachliche Bezugnahmen und allgemeine Hinweise auf diesen Autor. Der Commentarius in Acta Apostolorum bezieht sich auf Bell. Jud. 6, 285-315 (Migne PG 60, 50-51), PG 60, 114 auf die Berichte über Theudas (Ant. Jud. 20, 97-99) und Judas (Bell. Jud. 2, 118.433; 7, 253; Ant. Jud. 18, 1-10.23-25; 20, 101), PG 60, 206 auf Ant. Jud. 19, 343-350, wobei aus § 344 drei Wörter übernommen werden. — Der Commentarius in S. Matthaeum, PG 57, 179, weist allgemein auf den Bericht des Josephus über Herodes den Großen. PG 58, 690 ist ebenfalls ohne direkten Stellenbezug; PG 58, 694-695 bezieht sich der Sache nach auf Bell. Jud. 1, 1.12 und verbindet irrtümlich den Fall von Kannibalismus Ant. Jud. 9, 65-66 mit dem Jüdischen Krieg. — Der Commentarius in S. Joannem, PG 59, 87, schließt sich der Sache nach an Ant. Jud. 18, 109-115.116-119 an. PG 59, 361 ist ebenso verbunden mit Bell. Jud. 6, 299. — De perfecta caritate, PG 56, 289, gibt zum Teil wörtlich Bell. Jud. 6, 197 wieder. — Orationes adversus Judaeos, PG 48, 896-899, zitiert wörtlich Ant. Jud. 10, 269-277. — Adversus oppugnatores eorum qui ad monasticam vitam inducunt, PG 47, 325-327, zitiert wörtlich Bell. Jud. 6, 192-214. — Pseudo-Chrysostomus In Sanctum Pascha, PG 59, 748, bezieht sich auf Ant. Jud. 2, 311-313; 3, 248. — Pseudo-Chrysostomus Opus imperfectum in S. Matthaeum, PG 56, 902. 904 erwähnt Josephus im Zusammenhang mit dem Jüdischen Krieg. — Pseudo-Chrysostomus In secundum adventum Christi, PG 59, 623, bezieht sich der Sache nach auf Bell. Jud. 1, 1 und Bell. Jud. 1, 12. An Konkordanzen ergibt sich:

B 1, 1:	58, 694-695; 59, 623	B 6, 192-214:	47, 325-327
B 1, 12:	58, 694-695; 59, 623	B 6, 197:	56, 289
B 2, 118:	60, 114	B 6, 285-315:	60, 50-51
B 2, 433:	60, 114	B 6, 299:	59, 361

B 7, 253:	60, 114	A 18, 23-25:	60, 114
A 2, 311-313:	59, 748	A 18, 109-115:	59, 87
A 3, 248:	59, 748	A 18, 116-119:	59, 87
A 9, 65-66:	58, 694-695	A 19, 344:	60, 206
A 10, 269-277:	48, 896-899	A 20, 97-99:	60, 114
A 18, 1-10:	60, 114	A 20, 101:	60, 114

Davon sind wörtlich oder zum Teil wörtlich wiedergegeben Bell. Jud. 6, 192-214.197; Ant. Jud. 10, 269-277; 19, 344. Einige sachliche Mißverständnisse und Irrtümer bezüglich des von Josephus wirklich Berichteten innerhalb der freieren Entlehnungen können zu der Vermutung führen, daß Chrysostomus Josephus entweder aus dem Gedächtnis ungenau anführt oder ihn zum Teil indirekt über eine Mittelquelle heranzieht. Darauf deutet vielleicht auch das angebliche Zitat PG 59, 623 (φησὶ γάρ, ὅτι πᾶσαν ἐνίκησε τραγῳδίαν ἐκεῖνα δεινά, καὶ ὅτι πόλεμος οὐδεὶς οὐδέποτε τοιοῦτος ἔθνος κατέλαβε), das nur eine schwache Basis in Bell. Jud. 1, 1.12 hat.

Flavii Josephi opera, ed. B. Niese (Berlin 1885-1895) I p. LXVIII. LXXXII; VI p. XXII. LXIV; P. R. Coleman-Norton, St. Chrysostom's Use of Josephus, Classical Philology 26 (1931) 85-89; G. Bardy, Revue hist. ecclés. 43 (1948) 187; St. Krawczynski - U. Riedinger, Byzant. Zeitschr. (München) 57 (1964) 6-15.

Rufinus († 410) bezieht sich auf Josephus in der Schrift De benedictionibus patriarcharum 1,3 (PL 21, 303). In der handschriftlichen Tradition gilt er — vielleicht zu Unrecht — als Autor der lateinischen Übersetzung des Bellum Judaicum.

G. Bardy, Revue hist. ecclés. 43 (1948) 185.

Sulpicius Severus († um 420) benutzt in seinen Chronica 1, 22, 3 Ant. Jud. 5, 16-17, wie Niese zur Stelle notiert. Daß in Chron. 2, 30, 6-8 indirekt über Tacitus, der seinerseits eine andere Quelle verwertete, Bell. Jud. 6, 238-241 anklingt, ist vielleicht nicht ausgeschlossen.

Hieronymus († 420) ist nicht Übersetzer des Josephus (Epist. 71, 5, 2: „Josephi libros ... falsus ad te rumor pertulit a me esse translatos"), doch benutzt er seine Schriften in der ausgedehntesten Weise und ähnlich häufig wie Eusebius, oft auch, ohne ihn namentlich zu erwähnen. Josephus ist für Hieronymus vor allem in Fragen der neutestamentlichen Zeitgeschichte ein Quellenwerk von kanonischem Rang. Kennzeichnend dafür ist, daß er gelegentlich lakonisch auf ihn ver-

weist wie auf ein einschlägiges Handbuch: „Lege Josephi historiam"
(Comm. in Matth. 1, 2, 22), „Lege Josephi Historias" (In Esaiam
5, 19, 18) und daß er ihm das Prädikat „Graecus Livius" verleiht
(Epist. 22, 35, 8; an gleicher Stelle wird Philo gewürdigt als „Platonici
sermonis imitator"; vgl. Epist. 70, 3), was nicht nur im Sinne
stilistischer Wertschätzung verstanden sein will. So kann es nicht
verwundern, wenn Josephus auch in seiner christlichen Literatur-
geschichte, in der Schrift De viris illustribus 13 (PL 23, 662-663),
ausführlich vorgestellt wird. Doch ist sein Verhältnis zu ihm nicht
so kritiklos, daß er nicht gelegentlich seine Angaben bezweifelt
(Etymologie von Israel, zu Ant. Jud. 1, 333). Auch notiert er einmal,
was Josephus vom biblischen Bericht übergeht (Comm. in Ps. CV).
Nur selten referiert er ihn mehr oder weniger wörtlich, wie zu Ant.
Jud. 1, 122 ff.; 10, 195.248-249. 264-265); fast immer handelt es sich
um freie, an Josephus sich nur anlehnende Benutzung. Hieronymus
kennt Josephus gut, hat aber Einzelheiten oft nicht präsent, so daß
gar nicht so selten das, was er als Referat aus ihm gibt, nicht oder
nicht so bei Josephus steht (z.B. zu Bell. Jud. 6, 299.420; Ant. Jud.
1, 127). Solche Fälle deuten weniger auf eine von unserem Josephustext
abweichende (griechische) Vorlage, eher schon auf gelegentliche
Benutzung einer — schon von Josephus abweichenden — Mittelquelle,
lassen sich aber meistens auch erklären aus einer gewissen Nachlässig-
keit des Hieronymus, der ziemlich unbekümmert, ohne immer nachzu-
schlagen, auf Josephus Bezug nimmt und dabei ab und zu, von
seinem Gedächtnis verlassen, in Irrtümer und Widersprüche gerät.
Das alles führt dazu, abgesehen von den durch das lateinische Medium
gegebenen Schwierigkeiten, daß des Hieronymus Benutzung der
Werke des Josephus nur selten Ertrag für die Kritik des Josephustextes bringt, am ehesten noch bei Eigennamen. Interessant ist
vielleicht auch, daß er zu Bell. Jud. 6, 299 in der Frage μεταβαίνομεν
oder μεταβαίνωμεν sich überall für das zweite entscheidet.

Die folgende Liste der Entsprechungen Josephus-Hieronymus
ist nicht ganz frei von subjektivem Ermessen, insofern mitunter,
wenn Josephus als Quelle nicht ausdrücklich genannt ist, strittig
sein kann, ob tatsächlich Entlehnungen oder Anklänge feststellbar
sind. Einerseits muß Hieronymus nicht alle außerbiblischen historischen Informationen aus Josephus bezogen haben; andererseits
ist Josephus für ihn eine Art Standardwerk der jüdischen Geschichte,
dessen Einfluß nirgends ohne weiteres von der Hand zu weisen
ist.

B 1, 70:   In Hiezechielem 7, 21, 25-27
B 5, 2:   In Matth. 4, 24, 23; In Esaiam 2, 3, 5; 18, 66, 6
B 6, 201-213: In Hiezechielem 2, 5, 10
B 6, 293-299: In Esaiam 14, 42, 4-6
B 6, 299:   In Esaiam 18, 66, 6; In Hiezechielem 3, 11, 22-23; 14, 47,
               6-12; In Matth. 4, 27, 51
B 6, 420:   Hom. in Joh. Ev. 1, 1-14
B 7, 238:   In Hierem. 2, 87, 5; In Esaiam 1, 2, 16; 18, 66, 18-19;
               In Danielem 3, 10, 6
A 1, 10:   In Hiezechielem 2, 5, 12-13
A 1, 122 ff.: Quaest. in Gen. 10, 21 ff.
A 1, 124:   In Hiezechielem 11, 38, 1-23
A 1, 125:   In Hiezechielem 11, 38, 1-23
A 1, 127:   Quaest. in Gen. 10, 4-5; In Hierem. 2, 87, 5; In Esaiam 1, 2,
               16; 18, 66, 18-19; In Danielem 3, 10, 3
A 1, 128:   In Hierem. 1, 21, 2
A 1, 333:   Quaest. in Gen. 32, 28-29
A 2, 246:   In Hierem. 3, 28, 2
A 2, 346:   Comment. in Ps. CXVIII
A 3, 320:   In Hiezechielem 1, 4, 9-12
A 4, 303:   Comment. in Ps. CXVIII
A 5, 76:   In Hiezechielem 13, 43, 10-12
A 7, 243:   Tract. in Ps., series altera, De Ps. XV, 1
A 7, 305:   Comment. in Ps. CXVIII
A 9, 208:   In Hierem. 2, 87, 5; In Esaiam 1, 2, 16; 18, 66, 18-19; In
               Danielem 3, 10, 6
A 9, 223-225: In Esaiam 3, 7, 3-9
A 10, 18-20:   In Esaiam 11, 37, 8-13
A 10, 195:   In Danielem 1, 2, 1a
A 10, 211-212: In Danielem 1, 2, 47b
A 10, 214-215: In Danielem 1, 3, 23
A 10, 229 ff.: In Danielem 2, 5, 1
A 10, 232-233: In Danielem 2, 5, 30-31
A 10, 237:   In Danielem 2, 5, 10a
A 10, 243-244: In Danielem 2, 5, 25-28
A 10, 248-249: In Danielem 2, 6, 1-2
A 10, 264-265: In Danielem 2, 8, 2a
A 10, 272-276: In Danielem 2, 8, 3b
A 10, 275-281: In Esaiam 11, 36 (Prologus)
A 11, 5-7:   In Esaiam 12, 14, 1-7
A 11, 106-107: In Danielem 3, 9, 24
A 11, 305:   In Danielem 3, 11, 3-4a
A 11, 333:   In Danielem 1, 2, 47b
A 11, 336:   In Danielem 3, 9, 24
A 12, 2:   In Danielem 3, 11, 4b
A 12, 14:   In Hiezechielem 2, 5, 12-13
A 12, 135-136: In Danielem 3, 11, 14b
A 12, 154:   In Danielem 3, 11, 17a

A 12, 242:   De Antichristo in Danielem 4, 11, 27-28a
A 12, 242-244: De Antichristo in Danielem 4, 11, 21
A 12, 248:   In Danielem 2, 8, 14
A 12, 320:   De Antichristo in Danielem 4, 12, 7a
A 12, 320:   De Antichristo in Danielem 4, 12, 11
                      De Antichristo in Danielem 4, 11, 36
A 13, 62-73:   In Esaiam 5, 19, 18
A 13, 68:   In Esaiam 7, 19, 1
A 14, 490-491: In Hierem. 4, 43, 7
A 18, 35:   In Matth. 4, 26, 57
A 18, 95:   In Matth. 4, 26, 57
A 18, 109 ff.:   In Matth. 2, 14, 3-4
A 18, 119:   In Matth. 2, 14, 12
A 20, 241:   In Hiezechielem 7, 21, 25-27
Ap 1, 146 ff.: In Danielem 2, 5, 1
Ap 2, 45-47:   In Hiezechielem 2, 5, 12-13

Keiner bestimmten Stelle bei Josephus lassen sich zuordnen:

In Esaiam 4, 10, 20-23; 17, 54, 8-12
In Hiezechielem 2, 5, 1-4; 2, 7, 22; 11, 38, 1-23
Comment. in Ps. CV
In Danielem, prologus; 3, 9, 24 (Corpus Christ. 85, 888)
Comm. in Matth. 1, 2, 22
Adversus Jovinianum 2, 14
De viris illustribus 13.14
Epist. 29, 7 (,,Josephus ac Philo, viri doctissimi Judaeorum'');
    22, 35, 8; 70, 3, 3; 71, 5, 2.

Besondere Beachtung verdient das Josephuskapitel in De viris
illustribus (Kapitel 13; PL 23, 662-663), das sozusagen als Ersatz
für die (nur griechisch erhaltene) Vita Josephi in frühen Drucken des
lateinischen Josephus erscheint (vgl. die ,,Bibliographie zu Flavius
Josephus'' S. 3 ff.): ,,Josephus Matthiae filius, ex Hierosolymis
sacerdos, a Vespasiano captus, cum Tito filio eius relictus est. Hic
Romam veniens, septem libros Judaicae captivitatis imperatoribus
patri filioque obtulit, qui et bibliothecae publicae traditi sunt, et ob
ingenii gloriam statuam quoque meruit Romae. Scripsit autem et
alios viginti Antiquitatum libros, ab exordio mundi usque ad decimum
quartum annum Domitiani Caesaris, et duos Ἀρχαιότητος, adversus
Appionem grammaticum Alexandrinum ... Alius quoque liber eius,
qui inscribitur περὶ Αὐτοκράτορος λογισμοῦ, valde elegans habetur,
in quo et Machabaeorum sunt digesta martyria. Hic in decimo octavo
Antiquitatum libro manifestissime confitetur, propter magni-

tudinem signorum Christum a Pharisaeis interfectum, et Joannem Baptistam vere prophetam fuisse, et propter interfectionem Jacobi apostoli dirutam Hierosolymam. Scripsit autem de Domino in hunc modum: Eodem tempore fuit Jesus . . . et usque hodie Christianorum gens ab hoc sortita vocabulum, non defecit." Die bei Origenes zuerst sichtbare Verdrehung und entstellende Umdeutung von Berichten des Josephus geht hier ganz entschieden weiter. Dergleichen gehört fortan zum festen Bestand der Josephustradition.

A. von Gutschmid, Kleine Schriften (Leipzig 1889-1894) V S. 599-600; A. Harnack, Geschichte der altchristlichen Litteratur (Leipzig 1893-1904) I S. 858-859; R. Eisler, Jesous Basileus (Heidelberg 1929-1930) I S. 130-131; II S. 776; G. Bardy, Revue hist. ecclés. 43 (1948) 183-185. — Editionen innerhalb des Corpus Christianorum, Series Latina, sowie des Corpus Scriptorum Ecclesiasticorum Latinorum (CSEL); ältere Ausgabe: Migne PL 22-30.

Orosius (Anfang des 5. Jh.) Hist adv. pag. 7, 6, 15; 7, 9, 3; 7, 9, 7 bezieht sich auf Josephus, scheint ihn aber nur indirekt über Eusebius beziehungsweise Hieronymus zu kennen. Nachträge.

W. S. Teuffel, Geschichte der römischen Literatur (Leipzig 1913-1920) III S. 407; R. Eisler, Jesous Basileus (Heidelberg 1929-1930) I S. 132; G. Bardy, Revue hist. ecclés. 43 (1948) 185-186.

Philostorgius († nach 424) erwähnt Josephus beiläufig in seiner Kirchengeschichte, Fragment 1a (= Suda s.v. Φλέγων) sowie Kirchengesch. 1, 1 als Autor des 4. Makkabäerbuches. Nur sachliche Berührungspunkte liegen vor

A 1, 39:	Kirchengesch. 3, 10	A 1, 125:	Kirchengesch. 9, 12
A 1, 90ff.:	Kirchengesch. 3, 8	A 1, 238ff.:	Kirchengesch. 3, 4

Philostorgius, Kirchengeschichte. Hg. von Joseph Bidez. Leipzig 1913 (= Die griech. christl. Schriftst. Bd. 21).

Theodor von Mopsuestia († 428) und sein Kreis kannten Josephus gut. Theodor zitiert Ant. Jud. 11, 284-285 in seiner Expositio in Psalmos, Ps. 65, 3 b. Auf Ant. Jud. 5, 37; 7, 154. 327 greift er zurück Ps. 34, 13b. In Ps. 54 und 55 scheinen für den kurzen Abriß der Oniasgeschichte und der Geschichte des Mattathias und Judas Makkabäus einschlägige Abschnitte bei Josephus wenigstens mitbenutzt zu sein. In Ant.

Jud. 11, 284-285 steht der Josephuskodex Theodors AWEpit. nahe — soweit bei der Kürze des Zitates sich überhaupt etwas sagen läßt.

Le Commentaire de Théodore de Mopsueste sur le Psaumes, ed. R. Devreesse, Rom 1939 (Studi e Testi 93); M. Stern, Zion 25 (1960) 13-15.

Augustinus († 430) kannte sehr wahrscheinlich das Bellum Judaicum des Josephus in lateinischer Übersetzung (vermutlich Hegesippus). Wohl nur indirekt benutzt hat er die Bücher 11-14 der Antiquitates Judaicae, und zwar in De civitate Dei 18, 45 (CSEL Nr. 40) in seinem Referat der Geschichte des jüdischen Volkes von Alexander bis zu Herodes dem Großen. Jedenfalls konnte ihm die erst im 6. Jahrhundert von Cassiodor veranstaltete Übersetzung noch nicht vorliegen. Mit Namen erwähnt er Josephus im Brief an Hesychius, Epist. 199, 30 (PL 33, 916): „. . . eversionem Hierusalem . . . nam Josephus, qui Judaicam scripsit historiam, talia mala dicit illi populo tunc accidisse, ut vix credibilia videantur", wo vielleicht auf Bell. Jud. 6, 193 ff. oder ähnliche Passagen angespielt ist. An bloßen Sachparallelen zu einzelnen Stellen ergeben sich:

A 2, 252-253: Quaest. in Heptat. 4, 20
A 3,102 ff.: Quaest. in Heptat. 2, 177, 1
A 3, 215: Quaest. in Heptat. 2, 117
A 4, 79-81: Quaest. in Heptat. 4, 33, 1
A 5, 216-217: Quaest. in Heptat. 7, 37
A 11, 336: De civitate dei 18, 45 (CSEL Nr. 40 II p. 341)
A 18, 110: De fide et operibus 35

G. Bardy, Revue hist. eccl. 43 (1948) 185; B. Altaner, Revue Bénedictine 62 (1952) 207.212-213; G. Cary, Journ. Warb. Inst. (London) 17 (1954) 106.

Isidor von Pelusium († um 435) schätzt Josephus sehr (Ἰώσηπος ὁ ἱστορικώτατος Epist. 3, 19 [PG 78, 475]; ἀνὴρ ἐπὶ παιδεύσει καὶ εἰδήσει λόγων ἐπισημότατος Epist. 3, 81 [PG 78, 787]) und zitiert ihn einige Male mehr oder weniger wörtlich. Die Konkordanzen Josephus-Isidor sind folgende:

B 7, 360: Epist. 3, 257   A 18, 63-64: Epist. 4, 252
A 1, 24: Epist. 3, 19   A 18, 136: Epist. 4, 96
A 8, 186: Epist. 2, 66

Ohne direkten Stellenbezug wird Josephus namentlich erwähnt Epist. 3, 81; 4, 175. Neben dem schon bekannten Element der ursächlichen Verknüpfung der Belagerung und Zerstörung Jerusalems mit dem Verhalten der Juden gegenüber Jesus und seinem Kreis erscheint bei Isidor von Pelusium eine starke Betonung der Wahrheitsliebe des Josephus, ein Aspekt der christlichen Josephustradition, der bis ins späte Mittelalter zu ihrem festen Bestand gehört. So sagt Isidor Epist. 4, 225 (PG 78, 1320) mit Bezug auf das Christuszeugnis (Ant. Jud. 18, 63-64): Ἐπειδὴ καὶ Ἕλλησι καὶ βαρβάροις καὶ πᾶσιν ἀνθρώποις ἡ τῶν ἐχθρῶν μαρτυρία εἰκότως δοκεῖ ἀξιόχρεως εἶναι, Ἰουδαῖοι δὲ πᾶσαν ὑπερβαλλόμενοι κακίαν, οὐ μόνον τοῖς προφήταις οὐκ ἐπίστευσαν, ἀλλ' οὐδὲ αὐτῷ τῷ θεῷ· ἐγένετο δέ τις Ἰώσηπος, Ἰουδαῖος ἄκρος καὶ τοῦ νόμου ζηλωτής, καὶ τὴν παλαιὰν διαθήκην μετὰ ἀληθείας παραφράσας, καὶ ὑπὲρ Ἰουδαίων ἄριστα ἀνδρισάμενος, κατὰ πάντα τε τὰ ἐκείνων κρείττονα λόγου ἀποφαίνων, τῇ δὲ τῶν πραγμάτων ἀληθείᾳ παραχωρῆσαι ἀξιώσας· οὐ γὰρ ἐζήλωσε τῶν ἀσεβῶν τὴν γνώμην· ... ἐγὼ δὲ λίαν θαυμάζω τἀνδρὸς ἐν πολλοῖς μὲν τὸ φιλάληθες· μάλιστα δὲ ἐν οἷς εἶπε „διδάσκαλος ἀνθρώπων τῶν ἡδονῇ τἀληθῆ δεχομένων". Ebenso entschieden äußert sich Isidor Epist. 4, 75 (PG 78, 1136): Εἰ τὰ ἐπίχειρα τῶν ἀλιτηρίων Ἰουδαίων τῶν κατὰ τοῦ Χριστοῦ ἐπιλυττησάντων γνῶναι βούλει, ἔντυχε τῇ Ἰωσήπου, ἀνδρὸς Ἰουδαίου μέν, φιλαλήθους δέ, περὶ τῆς ἁλώσεως ἱστορίᾳ, ἵνα ἴδῃς θεήλατον ἱστορίαν ... ἵνα γὰρ μηδεὶς ταῖς ἀπίστοις αὐτῶν καὶ παραλόγοις ἀπιστήσῃ συμφοραῖς, οὐκ ἀλλόφυλόν τινα· ἢ γὰρ ἂν ἴσως, μᾶλλον δὲ ἀναγκαίως ἠπιστήθη· ἀλλ' ὁμόφυλον αὐτὸν καὶ ζηλωτὴν παρεσκεύασεν ἡ ἀλήθεια τὰ ἀλλόκοτα ἐκεῖνα ἐκτραγῳδῆσαι πάθη.

Flavii Josephi opera, ed. B. Niese (Berlin 1885-1895) I p. LXXXII (kennt nur das Zitat von Ant. Jud. 1, 24); L. Bayer, Isidors von Pelusium klassische Bildung (Paderborn 1915) S. 78-80; O. Bardenhewer, Geschichte der altkirchl. Lit. IV (Freiburg 1924) S. 105 Anm. 2.

Kyrill (†444) kennt und erwähnt Josephus nur indirekt In Isaiam 19, 18 (PG 70, 468); Contra Julianum 6 (PG 76, 813); In Johannis Evangelium 8, 28 (PG 73, 825-828; Pseudo-Kyrill PG 33, 1208). An der genannten Stelle In Joh. Ev. 8, 28 bezieht sich Kyrill mit τεκνοφαγία auf Bell. Jud. 6, 201 ff.

G. Bardy, Revue hist. ecclés. 43 (1948) 181 (Anm. 1). 187 (Anm. 5).

Sozomenus kennt und erwähnt Josephus und das Testimonium Flavianum (Ant. Jud. 18, 63-64) in seiner (443-450 geschriebenen) Kirchengeschichte 1, 1, 5-6; 7, 18, 7, aber nur indirekt über Eusebius, so daß er als Zeuge des Josephustextes nicht in Frage kommt.

Eucherius von Lyon († 449/455) in De situ Hierusolimitanae urbis atque ipsius Judaeae epistola ad Faustum presbyterum (CSEL 39, 130, 19-134, 16) bezieht sich auf ,,Josephus nobilis historicus Judaeorum" und zitiert große Stücke — allerdings aus Hegesippus (3, 6) —, eine Verwechselung, die auch in späterer Zeit noch begegnet.

E. Schürer, Geschichte des jüdischen Volkes im Zeitalter Jesu Christi I [3.4] (Leipzig 1901) S. 96.

Acta Sanctorum Donati et sociorum (5. Jh.?), in Acta SS. Maii V (Venedig 1741) p. 149, zitiert ein christlicher Märtyrer (Makarios) vor Diokletian das Christuszeugnis des Josephus (Ant. Jud. 18, 63-64): Ἰώσιππος ὁ ἐξ Ἱεροσολύμων ἱερεὺς γενόμενος, ὃς ἱστορῶν μετ' ἀληθείας τὰ κατὰ Ἰουδαίους, μαρτυρεῖ τὸν Χριστὸν τὸν Θεὸν ἀληθινὸν γεγονότα, ἐνανθρωπίσαντά τε καὶ σταυρωθέντα, καὶ τῇ τρίτῃ ἡμέρᾳ ἐγερθέντα, οὗ τὰ συγγράμματα ἐν τῇ δημοσίᾳ ἀπόκεινται βιβλιοθήκῃ. λέγει δὲ οὕτως· γίνεται δὲ κατὰ τοῦτον τὸν καιρὸν ... οὐκ ἐπέλιπε φῦλον. ταῦτα οὖν τοῦ τῶν Ἑβραίων γραμματέως πάλαι ταῖς ἑαυτοῦ βίβλοις ἐγχαράξαντος περὶ τοῦ δεσπότου καὶ σωτῆρος ἡμῶν, ποία ἄρα ἀπολογία τοῖς ἀπίστοις ὑποληφθήσεται;

R. Eisler, Jesous Basileus (Heidelberg 1929-1930) I S. 8 (Anm. 2). 15 (Anm. 5).

Theodoretus († um 457) zieht bei seiner Exegese oft Josephus vergleichend heran. Er schätzt seinen Zeugniswert sehr hoch ein, steht ihm jedoch so frei und kritisch gegenüber, daß er ihm gelegentlich auch widerspricht. Er zitiert Josephus im allgemeinen mehr oder weniger wörtlich, mitunter auch mit so starken Veränderungen, daß nur noch ein manchmal lockerer Sachbezug erhalten bleibt und der Zitatcharakter und damit die textkritische Verwertbarkeit nahezu verlorengehen. Mit Bezug offenbar auf das Testimonium Flavianum rühmt er ihn (In Daniel. 12, 14; PG 81, 1544): τὸ μὲν Χριστιανικὸν οὐ δεξάμενος κήρυγμα, τὴν δὲ ἀλήθειαν κρύπτειν οὐκ ἀνεχόμενος. Die Konkordanzen Josephus-Theodoret sind folgende:

B 2, 149:	Quaest. in I. Reg. 56; PG 80, 580
A 2, 238-253:	Quaest. in Num. 22; PG 80, 373
A 2, 313:	Quaest. in Exod. 24; PG 80, 252
A 3, 142:	Quaest. in Exod. 30; PG 80, 260
A 3, 197:	Quaest. in Exod. 64; PG 80, 289
A 4, 240:	Quaest. in Deut. 13; PG 80, 424
A 5, 33:	Quaest. in Jos. 10; PG 80, 472
A 6, 3:	Quaest. in I. Reg. 1b; PG 80, 541

A 6, 11:	Quaest. in I. Reg. 10; PG 80, 544
A 7, 81:	Quaest. In II. Reg. 19; PG 80, 612
A 7, 171:	Quaest. in II. Reg. 28; PG 80, 633
A 7, 211-212:	Quaest. in III. Reg. 38; PG 80, 704
A 7, 243:	Quaest. in II. Reg. 34; PG 80, 645
A 7, 305:	Ed. Paris. (1642) I p. 312 (nach Niese)
A 7, 347	Ed. Paris. (1642) II p. 616 (nach Niese)
A 7, 392-393:	Quaest. in III. Reg. 6; PG 80, 672
A 8, 57:	Quaest. in III. Reg. 21; PG 80, 684
A 8, 163:	Quaest. in III. Reg. 31; PG 80, 697
A 8, 177:	Quaest. in III. Reg. 35; PG 80, 700
A 8, 403 ff.:	Quaest. in III. Reg. 68; PG 80, 744
A 9, 92:	Quaest in IV. Reg. 24; PG 80, 765
A 9, 243:	Quaest. in IV. Reg. 47; PG 80, 780
A 10, 79:	Auctarium Theodoreti PG 84, 32
A 10, 248:	In Daniel. 5, 31; PG 81, 1393
A 10, 266-268	In Daniel. 12, 14; PG 81, 1544
A 12, 131 ff.:	In Daniel. 11, 5; PG 81, 1505
A 12, 239-256:	In Daniel. 8, 10; PG 81, 1444
A 12, 244:	In Daniel. 11, 27; PG 81, 1520
A 12, 322:	In Daniel. 12, 14; PG 81, 1544
A 18, 63-64:	In Daniel. 12, 14; PG 81, 1544
A 20, 247:	In Daniel. 9, 25; PG 81, 1477

Ohne Stellenbezug ist In Isaiam 3, 1 (PG 81, 245) die Erwähnung der Charakterisierung der Zelotenführer im Bellum Judaicum. Die relative Häufigkeit der Bezugnahmen auf Josephus spricht gegen eine nur indirekte Benutzung seiner Werke durch Theodoret.

Flavii Josephi opera, ed. B. Niese (Berlin 1885-1895) I p. LXVIII. LXXX. LXXXIII; II p. VII; G. Bardy, Revue hist. ecclés. 43 (1948) 188-189. — Die von Niese verwendete Theodoretausgabe von Jac. Sirmond (4 Bde. Paris 1642) war mir nicht zugänglich.

6. Jahrhundert

Hesychius (5.-6. Jh.) benutzt in seinem Lexikon s.v. μῶυ (II p. 693 Latte) Ant. Jud. 2, 228; s.v. ἀσαρθά (I p. 259 Latte) Ant. Jud. 3, 252; s.v. ἐφούδ Ant. Jud. 3, 162. Bernays hat nachgewiesen, daß zwischen ἄσεπτον und ἀσάριον die Glosse ἀσαρθά herzustellen ist. Das hat Niese übersehen, der noch die ältere Ausgabe von Mauricius Schmidt benutzte (5 Bde. Jena 1858-1868; Hesychii Alexandrini Lexicon. Editionem minorem curavit Mauricius Schmidt. Editio altera. Jena 1867). Die jetzt verbindliche Ausgabe ist: Hesychii Alexandrini Lexicon. Recensuit et emendavit Kurt Latte. I (A-Δ) Hauniae 1953; II (E-X) Hauniae 1966.

J. Bernays, Zu Hesychius und Josephus, Rheinisches Museum 19 (1864) 471-473; Flavii Josephi opera, ed. B. Niese (Berlin 1885-1895) I p. LXXXII.

Moses von Chorene (um 500) weist in seiner Geschichte Armeniens für den Zeitraum der neutestamentlichen Zeitgeschichte so zahlreiche Anklänge und Sachparallelen zu den einschlägigen Abschnitten des Bellum Judaicum und der Antiquitates Judaicae auf, daß eine — wenngleich sehr freie und willkürliche — Benutzung dieser Werke des Josephus durch Moses angenommen werden kann. Doch ist die Möglichkeit nicht auszuschließen, daß bei Abweichungen von Josephus Moses von Chorene für den fraglichen Zeitraum neben Josephus auch Justus von Tiberias (über Julius Africanus als Mittelquelle) ausschreibt. Selbst wenn die 1787 in Konstantinopel gedruckte armenische Josephusübersetzung von Stevanus Ilowatzi nicht zur Gänze nach der lateinischen des Rufin angefertigt sein, sondern in Rudimenten auf eine altarmenische Josephusübersetzung zurückgehen sollte, die entweder Moses schon vorlag oder von ihm angefertigt wurde, ist der armenische Josephus ebensowenig für die Kritik des griechischen Textes nutzbar zu machen wie die Parallelen bei Moses selbst.

A. von Gutschmid, Kleine Schriften (Leipzig 1889-1894) III S. 282-331 (zuerst 1876; IV S. 378); A. Baumgartner, Ueber das Buch „Die Chrie", Zeitschrift der Deutschen Morgenländischen Gesellschaft (Leipzig) 40 (1886) 457-515 (darin besonders S. 150); Fred. C. Conybeare, An Old Armenian Version of Josephus, Journ. Theol. Stud. 9 (1908) 577-583; F. Macler, Revue hist. rel. 98 (1928) 13-22; R. Eisler, Jesous Basileus (Heidelberg 1929-1930) I p. XLIV. 159. — Textausgabe von M. Abeghean und S. Yarutiwnean, Tiflis 1913; deutsche Übersetzung: Des Moses von Chorene Geschichte Groß-Armeniens. Aus dem Armenischen übersetzt von M. Lauer, Regensburg 1869.

Stephanus Byzantius (um 520) führt in seinen Ethnika, einem geographischen Lexikon, zahlreiche Eigennamen aus Josephus an, den er — außer zu Ant. Jud. 2, 3 — überall mit Namen nennt. Die Konkordanzen Josephus-Stephanus sind folgende:

B 1, 418:	s.v. Φασαηλίς	(p. 660 M.)
B 1, 428:	s.v. Φασαηλίς	(p. 660 M.)
B 2, 486:	s.v. Μαχαιροῦς	(p. 437 M.)
A 1, 127:	s.v. Ταρσός	(p. 605 M.)
A 2, 3:	s.v. Ἰδουμαῖοι	(p. 326 M.)

A 2, 6:	s.v. Γομολῖται	(p. 210 M.)
A 4, 96:	s.v. Γάλαδα	(p. 196 M.)
A 5, 35:	s.v. Ἄννα	(p. 97 M.)
A 5, 49:	s.v. Γεβεωνῖται	(p. 200 M.)
A 5, 83:	s.v. Δῶρος	(p. 255 M.)
A 5, 85:	s.v. Ἄρκη	(p. 121 M.)
A 5, 86:	s.v. Νεφθαλῖται	(p. 473 M.)
A 5, 87:	s.v. Δῶρος	(p. 255 M.)
A 5, 121:	s.v. Ζεβέκη	(p. 294 M.)
A 5, 140:	s.v. Γάβα	(p. 191 M.)
A 5, 164:	s.v. Ἴαβις	(p. 321 M.)
A 5, 274:	s.v. Φάραθος	(p. 657-658 M.)
A 5, 286:	s.v. Θάμνα	(p. 306 M.)
A 5, 296:	s.v. Θάμνα	(p. 306 M.)
A 5, 318:	s.v. Βήθλεμα	(p. 166 M.)
A 6, 67:	s.v. Γαβάθη	(p. 191 M.)
A 6, 71:	s.v. Ἴαβις	(p. 321 M.)
A 6, 78:	s.v. Βάλα	(p. 156 M.)
A 6, 105:	s.v. Γαβαούπολις	(p. 192 M.)
A 6, 242:	s.v. Νόμβα	(p. 478 M.)
A 6, 254:	s.v. Νόμβα	(p. 478 M.)
A 6, 260:	s.v. Νόμβα	(p. 478 M.)
A 6, 275:	s.v. Ξιφήνη	(p. 481 M.)
A 6, 322:	s.v. Σέκελλα	(p. 559 M.)
A 6, 330:	s.v. Δῶρος	(p. 255 M.)
A 6, 375-376:	s.v. Ἴαβις	(p. 321 M.)
A 7, 8:	s.v. Ἴαβις	(p. 321 M.)
A 13, 235:	s.v. Φιλαδέλφεια	(p. 665 M.)
A 20, 2-3:	s.v. Φιλαδέλφεια	(p. 665 M.)

Nicht einer bestimmten Stelle zuordnen lassen sich für Josephus bezeugte Namen s.v. Ἄμανον (p. 82 M.), s.v. Γάμαλα (p. 198 M.; hier gibt Stephanus irrtümlich die Antiquitates Judaicae statt des Bellum Judaicum als Fundort an), s.v. Ἰωτάπατα (p. 344 M.), s.v. Ταριχέαι (p. 603 M.). Nicht in der angegebenen Weise bei Josephus verifizierbar ist die Notiz s.v. Ξιφήνη (p. 481 M.).

Flavii Josephi opera, ed. B. Niese (Berlin 1885-1895) I p. LXVIII. Textausgabe: Stephani Byzantii Ethnicorum quae supersunt. Ex recensione Augusti Meinekii. Berlin 1849; Graz 1958 (Nachdruck).

Kosmas Indikopleustes (um 550) zitiert Josephus (ohne Namensnennung) wörtlich im 12. Buch seiner Topographia Christiana. Es entsprechen sich

Ap 2, 154-155: 457 A (p. 328-329 Winstedt)
Ap 2, 172:   457 A (p. 329 Winstedt).

Flavii Josephi opera, ed. B. Niese (Berlin 1885-1895) V p. IX. XXII;
A. von Gutschmid, Kleine Schriften (Leipzig 1889-1894) IV S. 377;
O. Bardenhewer, Gesch. d. altchr. Lit. V (Freiburg 1932) S. 95 ff. —
The Christian Topography of Cosmas Indicopleustes. Edited with
Geographical Notes by E. O. Winstedt. Cambridge 1909. Dadurch
ist die ältere Ausgabe bei Migne, PG 88, überholt. Nachträge.

Pseudo-Kaisarios (um 550) bietet als letzte (bisher ungedruckte)
‚Frage und Antwort' der Erotapokriseis, die nicht Kaisarios, den
Bruder Gregors von Nazianz, zum Verfasser haben, eine Paraphrase
aus den Homilien Adv. Jud. des Johannes Chrysostomus (PG 48,
896-899) und ist damit ein (indirekter) Zeuge des von Johannes dort
exzerpierten Textstückes Ant. Jud. 10, 269-277. Krawczynski —
Riedinger S. 12-14 geben eine Rezension dieses Stückes Josephus
mit Hilfe der drei voneinander unabhängigen Überlieferungen (Johannes Chrysostomus, Pseudo-Kaisarios, Josephus).

   H.-G. Beck, Kirche und theologische Literatur im byzantinischen
Reich (München 1959) S. 388-389; St. Krawczynski — U. Riedinger,
Byzantinische Zeitschrift (München) 57 (1964) 6-25; R. Riedinger,
Pseudo-Kaisarios.   Überlieferungsgeschichte   und   Verfasserfrage
(München 1969) S. 260. 379. — Textausgabe: Migne PG 38, 851-1190
(am Ende fehlt freilich das fragliche Stück).

Johannes Philoponos (6. Jh.) erwähnt indirekt über Eusebius (Hist.
eccles. I 10, 2) Josephus in seiner Schrift ,,De opificio mundi' 2,21
(p. 100 der Ausgabe von Gualterus Reichardt, Leipzig 1847), und zwar
in Zusammenhang des Wirkens Johannes des Täufers. De opif. m.
3, 16 (p. 155 R.) wird Pseudo-Josephus Περὶ τῆς τοῦ παντὸς αἰτίας
angeführt.

Oikumenios (6. Jh.) kennt und erwähnt mehrfach Josephus in seinem
Kommentar zur Apokalypse. So heißt es zu Apok. 7, 1-4 (Hoskier
p. 96): ἐντεῦθεν σαφῶς τὰ περιστάντα Ἰουδαίοις ἐν τῷ πρὸς Ῥωμαίους
πολέμῳ δείκνυται τῷ εὐαγγελιστῇ, ἃ προφάσει γέγονεν αὐτοῖς
τοῦ σταυροῦ καὶ τῆς κατὰ τοῦ Κυρίου παροινίας. οἱ γὰρ
τέσσαρες ἄγγελοι οἱ κρατοῦντες τὰς τέσσαρας γωνίας τῆς Ἰουδαίων
γῆς ἐφρούρουν ὅπως μηδεὶς τῶν ἀξίων τεθνάναι Ἰουδαίων διαφύγη
... μηδεμίαν αὐτοῖς ἀνάψυξιν εὕρασθαι ἐν τῷ πολέμῳ, μηδέ τινα τῶν
συμφορῶν παραψυχήν, μήτε τοὺς ἐπὶ τῆς γῆς πεζομαχοῦντας, μήτε
τοὺς ἐν τῇ θαλάσσῃ ναυμαχοῦντας — πολλὰ γὰρ ἐναυμάχησαν κατὰ

τὸν Ἰώσηππον — ... πάντας γὰρ ἄρδην κατέλαβε τὰ κακά, πόλεων μὲν πυρπολουμένων, γῆς δὲ δηουμένης, φυτῶν δὲ κειρομένων, ἃ δὴ πάντα ὁ Ἰώσηππος ἀκριβῶς ἐξέρχεται ἐν τῇ τῆς Ἱεροσολύμων ἁλώσεως ἱστορίᾳ. Die Ausmalung der Leiden der Juden und ihrer verdienten Strafe bezieht ihre Farben von Josephus und seinen Berichten im Bellum Judaicum. Die Benutzung ist so frei und allgemein gehalten, daß direkte Stellenbezüge sich nicht aufdrängen. Im gleichen Zusammenhang und zur gleichen Passage der Apokalypse sagt Oikumenios (p. 98 Hoskier): ὧν (sc. τῶν δούλων τοῦ θεοῦ ἡμῶν) διασωθέντων φυγῇ τε καὶ τῷ πρὸς Ῥωμαίους αὐτομολῆσαι οἱ λοιποὶ κακοὶ κακῶς διεφθάρησαν ... τούτων δὲ πάλιν μάρτυς ὁ Ἰώσηππος πλείστας ὅσας ἀπαριθμούμενος μυριάδας τῷ λιμῷ. Ein unmittelbarer Stellenbezug, und zwar zu Ant. Jud. 4, 129 ff., ergibt sich aus der Bemerkung zu Apokal. 2, 14-15 (p. 53 Hoskier): ἱστορεῖ δὲ ὁ Ἰώσηππος ὅτι συμβουλῇ τοῦ Βαλαὰμ ἐπεπέμφθησαν τῷ Ἰσραὴλ αἱ Μαδιανίτιδες εἰς πορνείαν καὶ τὴν ἀπὸ θεοῦ ἀποστασίαν αὐτοὺς ἐκκαλούμεναι. P. 88 (Hoskier) wird in extenso das Testimonium Flavianum (Ant. Jud. 18, 63-64) zitiert: ὁ Ἰώσηππος Ἰουδαῖος ἀνὴρ καὶ ὑπὸ τῆς ἀληθείας βιαζόμενος, καὶ γράφων περὶ αὐτοῦ ἐν βίβλῳ Ἰσραὴλ Ἀρχαιολογίας τάδε· γίνεται δὲ ... φῦλον. Oikumenios vertritt eine Geschichtstheologie, die sich in der Josephustradition viele Jahrhunderte hindurch behauptet. So erscheint noch im Codex Berolinensis gr. 223 fol. 208 (15.-16. Jh.) zu Bell. Jud. 5, 442-443 eine zornige Schreiberglosse: νῦν ἄκων ἀσεβέστατε καὶ τῆς ἀληθείας ἐχθρὲ ... εἴρηκας ὑπ᾿ αὐτῆς ἐκείνης τῆς ὄντως ἀληθείας ἐλαυνόμενος, μήτε γενεὰν ἄλλην κακίας γονιμωτέραν γενέσθαι μήτε τὴν τηλικαῦτα κακὰ πεπονθέναι τινὰ πόλιν ἄλλην. καὶ γὰρ ἄλλων πολλῶν ἀγαθῶν τε καὶ κακῶν γεγονότων Ἑβραίων ὑμεῖς μόνοι τὴν ὑπερβολικὴν καὶ πασῶν κακιῶν ἐσχάτην κακίαν ... εἰργάσασθε, τὸν κύριον ἡμῶν Ἰησοῦν Χριστὸν καὶ σωτῆρα τοῦ κόσμου παντὸς σταυρῷ προσηλώσαντες. καὶ διὰ τοῦτο ... τὴν δικαίαν ποινὴν ὑφίστασθε, ὡς ἐκεῖνός πού φησιν· ἔσται θλῖψις ἐν τῇ ἁλώσει ὑμῶν, οἵα οὐ γέγονεν ἀπὸ καταβολῆς κόσμου κτλ.

K. Krumbacher, Geschichte der byzantinischen Litteratur (München 1897²) S. 131-133; O. Bardenhewer, Geschichte der altkirchlichen Literatur (Freiburg 1913-1932²) V S. 101; H.-G. Beck, Kirche und theologische Literatur im byzantinischen Reich (München 1959) S. 417-418. — The Complete Commentary of Oecumenius on the Apocalypse. Edited with Notes by H. C. Hoskier, Ann Arbor 1928.

Jordanes (schrieb im Jahre 551) zitiert nur indirekt Josephus in

seiner Schrift De summa temporum vel origine actibusque gentis
Romanorum 264 (betrifft Bell. Jud. 6, 420) und in seinem Werk
De origine actibusque Getarum 29 (betrifft Ant. Jud. 1, 123), wo er
ihn „Joseppus annalium relator verissimus" nennt.

Jordanis Romana et Getica. Recensuit Theodorus Mommsen.
Berlin 1882; Nachdruck 1961 (= Monumenta Germaniae Historica.
Auctores antiquissimi V 1). — W. S. Teuffel, Geschichte der römischen
Literatur III (Leipzig 1913) S. 504.

Johannes Malalas († nach 565), dessen Chronik zu den einflußreichsten
byzantinischen Werken zählt, zitiert einige Male Josephus. Er nennt
ihn Ἰώσηπος ὁ Ἑβραίων φιλόσοφος (PG 97, 377) und Ἰώσηπος ὁ
σοφώτατος (PG 97, 376); doch erfolgt die Josephusbenutzung über
mehr als eine Zwischenquelle und weist entsprechend haarsträubende
Verdrehungen und Verfälschungen dessen auf, was Josephus wirklich
geschrieben hat. Die Konkordanzen Josephus-Malalas sind folgende:

B 6, 299:	PG 97, 377	A 1, 180: PG 97, 133
B 6, 418 ff.:	PG 97, 396	A 18, 63-64: PG 97, 377
A 1, 70-71:	PG 97, 69	

Ohne Entsprechung bei Josephus ist PG 97, 69 τοῦτον (sc. Ἄδαμον)
λέγεται ταφῆναι κατὰ τὴν τῶν Ἱεροσολύμων γῆν, ὥς φησιν Ἰώσηπος,
wo vielleicht eine Verwechslung mit Abraham vorliegt. Dieses (fiktive)
Element der Josephustradition war schon Julius Africanus bekannt
(R. Eisler, Jesous Basileus I [1929] S. 523 mit Anm. 3).

K. Krumbacher, Geschichte der byzantinischen Litteratur (München
1897²) S. 325-334. — Noch nicht ersetzt ist die Ausgabe: Joannis
Malalae Chronographia. Ex recensione L. Dindorfii. Bonn 1831
(= Migne PG 97).

Cassiodorus († um 578) kommt in seinem Werk De institutione
divinarum litterarum c. 17 bei der Aufzählung von Werken zur
Kirchengeschichte auch auf Josephus zu sprechen (Ut est Josephus
pene secundus Livius in libris Antiquitatum Judaicarum late diffusus,
quem pater Hieronymus . . . propter magnitudinem prolixi operis a
se perhibet non potuisse transferri. Hunc tamen ab amicis nostris . . .
magno labore in libris viginti duobus converti fecimus in Latinum).
Damit ist ein unbezweifelbares Zeugnis gegeben, daß die uns erhaltene
lateinische Übersetzung der Antiquitates Judaicae und von Contra

Apionem auf Veranlassung Cassiodors entstanden ist. An gleicher
Stelle (c. 17) kommt er auch auf das Bellum Judaicum zu sprechen
(... septem libros captivitatis Judaicae ... quam translationem
alii Hieronymo, alii Ambrosio, alii deputant Rufino), wobei Ambrosius
anscheinend als Verfasser des sogenannten Hegesippus angesehen wird,
also Josephus mit Hegesippus verwechselt wird. Sonstige allgemeine
Erwähnungen des Josephus finden sich in De institutione c. 5 und
Expos. in Ps. 73, 3. An direkten Entsprechungen zu einzelnen Josephusstellen ergeben sich:

A 3, 61 ff.: Expos. in Ps. 86, 1   A 7, 305(?): Expos. in Ps. 118
A 3, 108 ff.: Expos. in Ps. 14, 1   (All.)
A 3, 151 ff.: Expos. in Ps. 132, 2   A 18, 63-64: Hist. eccles. 1, 2, 4-5
A 3, 248:   Hist. eccles. 9, 38, 12

In welchem Ansehen Josephus bei Cassiodor steht, zeigt am besten
die Tatsache, daß er ihn zu den „patres nostri" rechnet (Expos. in
Ps. 132, 2).

M. Manitius, Geschichte der lat. Literatur des Mittelalters (München
1911-1931) I S. 44.51; G. Bardy, Revue hist. ecclés. 43 (1948) 183.
186. — Textausgabe im Corpus Christianorum.

Euagrius Scholasticus († nach 594) Hist. eccl. 5, 24 (Migne PG LXXXVI
2, 2840) erwähnt seine Quellen und Vorgänger, nämlich Eusebius,
die Historia ecclesiastica tripartita (Theodoretus, Sozomenus, Sokrates),
Moses (als Verfasser des Pentateuch) und οἱ μετ᾿ αὐτὸν τὴν ἡμετέραν
προοδοποιοῦντες θρησκείαν διὰ τῆς θείας ἀπέθεντο γραφῆς. πολλὴν δὲ
καὶ Ἰώσηπος ἔγραψεν ἱστορίαν, χρειώδη ἐς ἅπαντα τυγχάνουσαν. Zweifellos
hat Euagrius nicht selbst den Josephus gelesen, sondern kennt ihn
nur über Mittelquellen.

7. Jahrhundert

Isidor von Sevilla († 636) zitiert Josephus mit Namen in seiner Chronik
c. 16 und 17 (p. 428 Mommsen). Dabei bezieht sich c. 16 auf Ant.
Jud. 1, 70-71 und c. 17 auf Ant. Jud. 1, 90-92. Im gleichen Werk
ist c. 247 Hegesippus 3, 2 über eine Mittelquelle benutzt. Daß Isidor
Josephus selbst gelesen hat, ist nicht wahrscheinlich, zumal die beiden
loci zum oft weitergereichten Erzählgut des Josephus gehören.
Sie betreffen die beiden nach der Sintflut errichteten Säulen, die das
menschliche Wissen über eine neue mögliche Katastrophe hinwegretten
sollten (Ant. Jud. 1, 70-71), und die Arche Noah in Armenien (Ant.
Jud. 1, 90-92).

M. Manitius, Geschichte der lat. Literatur des Mittelalters I (München 1911) S. 52-58. Ausgabe: Monumenta Germaniae Historica. Auctores antiquissimi. Tomus XI (Berlin 1894; Nachdruck 1961), herausgegeben von Th. Mommsen.

Chronikon Paschale (um 631-641). Diese ‚Osterchronik' gehört zu den zahlreichen byzantinischen Kompilationen, die Josephus nur indirekt (über Eusebius u.a.) zitieren. Diese Brechung schränkt die Verwertbarkeit der Zitate und Paraphrasen erheblich ein. Es entsprechen sich

B 3, 401:	PG 92, 580	A 9, 213:	PG 92, 276
B 6, 418 ff.:	PG 92, 593	A 9, 280:	PG 92, 285
A 2, 313:	PG 92, 552	A 9, 288-290:	PG 92, 285-288

Die Paraphrase PG 92, 565 und erst recht PG 92, 596 sind nicht oder nicht so in dem uns bekannten Josephustext verifizierbar. Der Bericht PG 92, 596 (Ἰώσηππος ἱστορεῖ ἐν τῷ πέμπτῳ λόγῳ τῆς Ἁλώσεως κτλ.) bezieht sich partiell auf Ant. Jud. 20, 200 (zum Herrenbruder Jakobus), ist aber im fünften Buch des Bellum Judaicum nicht vorhanden. Daß er irgendwo im Bereich Bell. Jud. 5, 1-38 oder 5, 442-445 eingeschoben zu denken ist, bleibt eine reine Vermutung. Die Paraphrase von Bell. Jud. 6, 418 ff. in der Osterchronik zeigt bis ins einzelne gehende Übereinstimmung mit Malalas (PG 97, 396). Nur ist aus dem Ἰώσηπος ὁ σοφώτατος hier Ἰώσηππος ὁ σοφώτατος χρονογράφος geworden.

Flavii Josephi opera, ed. B. Niese (Berlin 1885-1895) I p. LXVI-LXVII. LXXXII; K. Krumbacher, Geschichte der byzantinischen Litteratur (München 1897²) S. 337 ff.; Th. Zahn, Forschungen zur Geschichte des neutestamentlichen Kanons und der altkirchlichen Literatur. Teil VI (Leipzig 1900) S. 305 Anm. 2; R. Eisler, Jesous Basileus (Heidelberg 1929-1930) I S. 148; O. Bardenhewer, Geschichte der altkirchlichen Literatur V (Freiburg 1932) S. 122 ff. — Chronicon Paschale. Ad exemplar Vaticanum recensuit Ludovicus Dindorfius. 2 vol. Bonn 1832 (= Corpus Scriptorum Historiae Byzantinae; Migne PG 92, 9-1160).

8. Jahrhundert

Pseudo-Anastasius Sinaita (Anastasius † nach 700) in der Disputatio adversus Judaeos (PG 89, 1248) beruft sich gegen die Juden auf das Christuszeugnis des Josephus (Ant. Jud. 18, 63-64), wobei er ihnen

gegenüber unterstreicht, daß es sich um einen der Ihren handele:
Ἰώσηπος ὁ συγγραφεὺς ὑμῶν ὃς εἴρηκε περὶ Χριστοῦ λέγων, ἀνδρὸς δικαίου
καὶ ἀγαθοῦ ἐκ θείας χάριτος ἀναδειχθέντος, σημείοις καὶ τέρασιν εὐεργε-
τοῦντος πολλούς.

Beda († 735) rekurriert in seinen exegetischen Werken in allen Fragen
der Sacherklärung so oft auf Josephus wie kaum ein anderer Kirchenvater und Kirchenschriftsteller außer Eusebius und Hieronymus.
Er nennt ihn illustris Hebraeorum historiographus (In Lucam I, 1057ff.;
vgl. De templo I, 576; Epistola 3, PL 94, 671). Er stellt ihn gleichrangig neben Origenes, Hieronymus und Augustinus: . . . Hebraica
videlicet veritate, per O r i g e n e m prodita, per H i e r o n y m u m
edita, per A u g u s t i n u m laudata, et per J o s e p h u m confirmata,
quibus ego in rebus talibus nullos invenio doctiores (Epistola 3,
PL 94, 675). Er betont nachdrücklich, daß exegetische Probleme
besonders mit Hilfe des Josephus lösbar werden: Quae, si Josephi
verba viderimus, facile quaestio solvitur. neque enim putandum est
hominem Judaeum genere sacerdotalem ingenio excellentissimum et
in scripturis divinis simul et saecularibus doctissimum ullatenus hoc
potuisse latere (De tabernaculo I, 336 ff.). Dem entspricht das exegetische Verfahren In I. Samuhelem 3, 21, 6 (refert etiam ad litterae
sensum planius dilucidandum Josephi dicta . . . intueri . . . Stante
enim suis adhuc temporibus religione et statu Hierosolimorum ac
templi facillime poterat ea quae avita successione gerebantur a
sacerdotibus utpote et ipse sacerdos nosse ac manifestare legentibus)
und In I. Samuhelem 2 (Praef.): Ergo ut aliqua quaerendi via pateat
r e v o l v a m u s s c r i p t a J o s e p h i q u o d o c t i o r d e t a l i b u s p o s t
d i v i n a e l o q u i a n e m o f a c i l e r e p p e r i t u r.
Beda zitiert Josephus fast immer namentlich; doch versteht sich
von selbst, daß auch sonst oft Einflüsse von Josephus her anzunehmen
sind, die zum Teil auch indirekt über mehr als eine Mittelquelle erfolgt
sind. So geht Bedas ,Liber de locis sanctis' (CSEL 39, 219-297) erst
über Adamnanus (De locis sanctis) und Hegesippus auf Josephus
zurück. Die Bezüge auf einzelne Josephusstellen sind seltener wörtliche
Zitate (der lateinischen Übersetzung), vielmehr Paraphrasen oder
summarische Darstellungen. Auch bei Beda ist — wie bei anderen
Kirchenvätern und Kirchenschriftstellern — die Erscheinung zu beobachten, daß aus Josephus Dinge berichtet werden, die sich dort
nicht oder nicht so verifizieren lassen, wie der käufliche Erwerb
seines Amtes durch den Hohenpriester Kaiphas (zu Ant. Jud. 18, 35),

was auf Vermittlung durch zweite oder dritte Hand deutet. Schon Hieronymus (In Matthaeum 4, 26, 57) kolportiert diese Geschichte als Bericht des Josephus. Es folgt die (nicht vollständige) Liste der Konkordanzen Josephus-Beda:

B 3, 334 ff.:	In Lucam 6, 1496-1501
B 6, 289 ff.:	In Lucam 6, 101-108
A 1, 60:	In Gen. 2, 14, 16
A 1, 147:	In Gen. 3, 26-29
A 1, 151:	In Gen. 3, 11, 27-28
A 1, 180:	Nom. loc. 301-302
A 1, 203:	In Gen. 4, 19, 26
A 3, 115:	De tabern. 2, 821-823
A 3, 115-116:	De tabern. 2, 894-896
A 3, 122-125:	De tabern. 2, 1120-1123
A 3, 135:	De tabern. 1, 336-341; In Gen. 2, 6, 21
A 3, 138:	De tabern. 2, 224-226
A 3, 157-158:	De tabern. 3, 349 ff.
A 3, 172:	De tabern. 3, 958 ff.
A 3, 255:	In Lucam 2, 1132-1139
A 3, 255-256:	De tabern. 1, 929 ff.; In I. Sam. 3, 21, 6
A 5, 117:	In I. Sam. 2 (Praef.)
A 6, 24:	In I. Sam. 2, 13, 7
A 6, 68 ff.:	In I. Sam. 2, 13, 1
A 6, 108:	In I. Sam. 2, 14, 13
A 6, 111-113:	In I. Sam. 2, 14, 13
A 6, 166:	In I. Sam. 3, 16, 23
A 6, 292-293:	In I. Sam. 4, 28, 3
A 6, 294:	In I. Sam. 2 (Praef.); In Reg. quaest. 4
A 6, 322:	In I. Sam. 4, 27, 6
A 6, 378:	In I. Sam. 2 (Praef.); In I. Sam. 4, 28, 3; In Reg. quaest. 4
A 7, 316:	In Reg. quaest. 10
A 7, 347:	Nom. loc. 433-434
A 7, 365:	In Lucam 1, 96 ff.
A 8, 35:	Nom. loc. 391-392
A 8, 63-64:	In Reg. quaest. 11; De templo 1, 381-384
A 8, 65-66:	In Reg. quaest. 13
A 8, 70(?):	De templo 1, 576
A 8, 95-96:	De templo 2, 14-27
A 8, 97:	De templo 2, 69-72
A 8, 153:	Nom. loc. 413-423
A 8, 164:	Nom. loc. 404-406
A 11, 21 ff.:	In Ezram 1, 1719 ff.
A 11, 99:	In Ezram 2, 202-204
A 11, 120:	In Ezram 2, 783-785
A 11, 134:	In Ezram 2, 1280. 1309
A 11, 145-146:	In Ezram 2, 1718-1723

A 11, 158:   In Ezram 2, 1744-1747
A 11, 184:   In Ezram 2, 783-785.
A 11, 302 ff.: In Ezram 3, 1490 ff.
A 18, 1:   In Lucam 1, 1057 ff.
A 18, 33-35:   In Lucam 1, 2194-2201
A 18, 35:   In Marcum 4, 994-996
A 18, 119:   In Marcum 2, 809-811

Nicht lokalisierbar sind beziehungsweise Schwierigkeiten bei der Verifizierung der Josephusstellen machen In Ezram 2, 216 ff. 468 ff. 479 ff.; In Reg. quaest. 18; De templo 1, 785 ff.; Epistola III (PL 94, 671.675); In Gen. 2, 4, 24.

M. Manitius, Geschichte der lat. Lit. des Mittelalters (München 1911-1931) I S. 70-78; E. M. Sanford, Transact. and Proc. of the Am. Philol. Ass. 66 (1935) 141; G. Bardy, Revue hist. ecclés. 43 (1948) 186. — Ich zitiere nach den Ausgaben innerhalb des Corpus Christianorum (Nr. CXIX. CXIX A. CXX). Nachträge.

Andreas von Kreta († 740) bietet ein fiktives Josephuszitat innerhalb eines Fragmentes, in dem es um Bilderverehrung geht (Anecdota Graeca, ed. J. F. Boissonade, IV [Paris 1832] p. 471-474): ἀλλὰ καὶ ὁ Ἰουδαῖος Ἰώσηπος τὸν αὐτὸν τρόπον ἱστορεῖ ὁραθῆναι τὸν Κύριον σύνοφρυν (εὐόφθαλμον) μακροπρόσωπον, ἐπίκυφον, εὐήλικα.

R. Eisler, Jesous Basileus (Heidelberg 1929-1930) I Tafel XXXVIII; II S. 322-323.

Johannes Damascenus († um 750) führt in den Sacra Parallela — die Frage der Verfasserschaft des Johannes kann hier offen bleiben — zum Ruhm der christlichen Wahrheit auch Gnomen aus Philo und Josephus an. Wie zur erklärenden Begründung oder Entschuldigung sagt er dazu (PG 95, 1040): Ἑβραῖοι δὲ ἄμφω καὶ λόγιοι ἄνδρες· διὸ προσήκειν δεῖ μετὰ πάσης ἀκριβείας τοῖς διηγήμασι καὶ ἀποφθέγμασι τούτων, ὡς οὐ μόνον τοῦ σκοποῦ τῶν παρ' ἡμῖν πιστοτάτων καὶ μακαρίων ἀνδρῶν οὐδ' ὅλως διαμαρτάνουσιν. Bardenhewer S. 59 deutet: „. . . die zwar 'Hebräer', doch 'verständige Männer' seien." Das kann nicht richtig sein; denn λόγιος bedeutet hier zweifellos „gelehrt", „hochgebildet" oder sogar „weise". Die Josephuszitate, die textkritisch nicht viel ergeben, beziehen sich auf folgende Stellen:

B 6, 193-196: PG 96, 101   A 1, 14:   PG 95, 1425
B 6, 197:   PG 96, 100   A 11, 331:   PG 95, 1549
B 6, 201-211: PG 96, 100   A 11, 333:   PG 95, 1549

Flavii Josephi opera, ed. B. Niese (Berlin 1885-1895) I p. LXVIII (wo irrtümlich von „Johannes Antiochenus" gesprochen wird). LXXXI; III p. XVI-XVII; VI p. XXII. LXIV; O. Bardenhewer, Geschichte der altkirchlichen Literatur V (Freiburg 1932) S. 59.

9. Jahrhundert

Alkuin († 804) zitiert neben anderen Autoren auch den lateinischen Josephus (Ant. Jud. 3, 63) im Zusammenhang der Frage nach dem grammatischen Geschlecht von „rubus" (Epist. 27; PL 100, 182; Monumenta Germaniae Historica, Epistulae IV [1895], 261, 16): Josephus quoque in Historiis dicit: „Et facto sacrificio, Moyses populo ministrabat iuxta ‚rubum, qui' flammam ignis evaserat."

M. Manitius, Geschichte der lat. Lit. des Mittelalters I (München 1911) S. 277.

Georgios Synkellos († kurz nach 810) gehört zu den Byzantinern, deren Josephuszitate nicht mehr wert sind als die von ihnen benutzten Quellen. Mit anderen Worten: Synkellos hat nicht Josephus selbst gelesen, sondern schreibt seine chronistischen Vorgänger aus, also Panodoros, Annianos, Eusebius und indirekt über Eusebius vielleicht auch Julius Africanus. Wo seine Josephusexzerpte noch bei Eusebius erhalten sind, tritt ihr Zeugniswert hinter dem des Eusebius zurück. Im anderen Fall muß er uns nicht mehr erhaltene Berichte des Eusebius ersetzen. Freilich ist die Möglichkeit nicht auszuschließen, daß Synkellos neben LXX und NT nur Panodoros und Annianos benutzt hat, Eusebius also gar nicht direkt heranzieht. Da die Quellenfrage bei Synkellos noch ziemlich im Dunklen liegt, sind sichere Aussagen hier nicht möglich. Meistens, nicht immer, wird Josephus von Synkellos unter Namensnennung (z.T. wörtlich) zitiert oder erwähnt. Nicht selten handelt es sich um sachliche Parallelen oder Anklänge, bei denen schwer zu entscheiden ist, ob indirekter Einfluß von Josephus her vorliegt oder ob nicht gewisse Gemeinsamkeiten sich daraus erklären, daß Synkellos und Josephus beziehungsweise Josephus und die Mittelquelle(n) des Synkellos zufällig gemeinsame Vorlagen — etwa die LXX — haben. Schließlich gibt es auch sachliche Berührungspunkte zwischen Josephus und dem NT. Die von solchen Punkten ausgehenden Traditionslinien müssen nicht immer unabhängig nebeneinanderher laufen, sondern können sich auf dem Wege über sachgegebene Affinitäten kreuzen und vermischen. So kann schon die Annahme von einzelnen Bezügen zwischen Synkellos und Josephus durchaus strittig sein. Jedenfalls erscheint Josephus bei Synkellos durchweg in mehrfacher Brechung und Verdünnung, die den Wert seiner Auszüge im Hinblick auf die Kritik des Josephustextes drastisch begrenzt.

An mehr oder weniger sicheren Konkordanzen Josephus-Synkellos ergeben sich

B 1, 123:	p. 561 (Dind.)	A 3, 216-218:	p. 253
B 1, 132:	p. 563	A 11, 302-303:	p. 487
B 1, 149:	p. 564	A 11, 310:	p. 487
B 1, 156:	p. 565	A 12, 49:	p. 518
B 1, 170-171:	p. 567	A 12, 112-113:	p. 518
B 1, 181:	p. 568	A 12, 129 ff.:	p. 537
B 2, 169-172:	p. 632	A 12, 248:	p. 531
A 1, 104-117:	p. 77-80	A 12, 265 ff.:	p. 531
A 1, 155:	p. 183-184	A 14, 54 ff.:	p. 564
A 1, 213:	p. 191	A 14, 69 ff.:	p. 564-565
A 1, 226:	p. 192	A 14, 487-491:	p. 580-581
A 2, 205-206:	p. 228	A 16, 142:	p. 595
A 2, 232:	p. 227	A 20, 169-172:	p. 632
A 2, 249-253:	p. 227	Ap 1, 107-126:	p. 343-345
A 3, 105:	p. 255	Ap 1, 135-142:	p. 416-418
A 3, 201:	p. 256	Ap 1, 146-154:	p. 427-428

Ohne bestimmbaren Stellenbezug ist die namentliche Erwähnung des Josephus p. 228. Einige Josephuszitate des Synkellos, die sich nicht oder nicht so bei Josephus verifizieren lassen (Dindorf p. 14, 4 ff.; 184, 6-11; 197, 1 ff. 12-13.14-15; 202, 18 ff.; 228, 14 ff.), führten R. Eisler zu der abenteuerlichen Annahme einer Bellum-Ausgabe in 24 Büchern, aus der die fiktiven Zitate stammen sollten. Eisler sah nicht, daß mitunter Linien der Josephustradition sich mit Linien anderer Provenienz kreuzen und vermischen, so daß der jeweilige Ausgangspunkt unkenntlich oder pseudepigraphisch werden kann. Auslösend für solche Entwicklungen ist sicher auch der Umstand, daß bei indirekter Josephusbenutzung über Zwischenquellen manchmal Zitatende oder Zitatanfang verkannt wurden, zumal dann, wenn die Vorlage den Josephus nicht wörtlich zitierte, sondern nur paraphrasierte oder (raffend) referierte. Daß Josephus irgendwo im Kontext der Vorlage genannt war, konnte dann dazu führen, daß ihm — zum Teil guten Glaubens — Dinge untergeschoben wurden, die ihm fremd sind.

H. Gelzer, Sextus Julius Africanus und die byzantinische Chronologie (Leipzig 1885-1895) I S. 246-265; II S. 186.210-211.278 ff.; Flavii Josephi opera, ed. B. Niese (Berlin 1885-1895) I p. LXVI;

III p. XLIX; V p. IX; VI p. XXII. LXIV; K. Krumbacher, Geschichte der byzantinischen Litteratur (München 1897²) S. 340; Flavii Josephi opera ex versione latina antiqua, ed. C. Boysen. Pars VI (Prag-Wien-Leipzig 1898) p. XXXIV; E. Schwartz, Pauly-Wissowa RE VI (1909) 1381; F. Zoepfl, Der Kommentar des Pseudo-Eustathios zum Hexaëmeron (Münster i.W. 1927) S. 43; R. Eisler, Jesous Basileus (Heidelberg 1929-1930) I S. 521 ff. — Noch nicht ersetzt ist die Ausgabe des Synkellos von Dindorf (Bonn 1829) im Corpus Scriptorum Historiae Byzantinae Nr. 20-21.

Gesta Abbatum Fontanellensium (reichen bis zum Jahre 842). Gelegentlich hören wir in mittelalterlichen Chroniken auch von Josephuskodizes. Die Gesta Abbatum Fontanellensium, die im Bereich der Jahre 823-833 eine lateinische Josephushandschrift erwähnen (Monumenta Germaniae Historica. Scriptores II, 296, 8), sind dafür nur ein zufällig herausgegriffenes Beispiel. Von lateinischen Josephuskodizes beziehungsweise deren Anfertigung ist auch die Rede in den „Chronica Mon. Casinensis" (Mon. Germ. Hist., Scriptores VII, 746, 43), im „Catalogus Abbatum Weingartensium" (Mon. Germ. Hist., Scriptores XV, 2 p. 1314,9), in den „Choumradi Schirensis Catalogi" (Mon. Germ. Hist., Scriptores XVII, 624, 5), in den „Bernardi Cremifanensis Historiae" (Mon. Germ. Hist., Scriptores XXV, 674, 18); vgl. Mon. Germ. Hist., Scriptores rerum Langobardicarum p. 434, 38 sowie Giraldi Cambrensis Opera (Rolls Series Nr. 21) VII p. 169. Daß Josephus in mittelalterlichen Handschriftenkatalogen sehr zahlreich erscheint, kann nicht verwundern (M. Manitius, Handschriften antiker Autoren in mittelalterlichen Bibliothekskatalogen, Leipzig 1935, = Zentralbl. f. Bibliothekswesen, Beiheft 67, 1935, 207-213). — Sonstige beiläufige Erwähnungen des Josephus finden sich Mon. Germ. Hist., Scriptores XXIV, 222, 2 (die Agripparede Bell. Jud. 2, 345 ff.); XXIV, 268, 50; XXIX, 526, 39; XXX, 1, 81, 29; Scriptores rerum Merovingicarum II 45, 8; Deutsche Chroniken VI 23, 22; 45, 27; 225, 8; 230, 26.

Frechulph von Lisieux († 852/853) erwähnt und referiert wiederholt Josephus in seiner Weltchronik (Migne PL 106, 917-1238). Er nennt ihn (nach Hieronymus) „vernaculus Judaeorum scriptor" (PL 106, 1121). Bei ihm begegnen die schon bekannten Verdrehungen und Verfälschungen wieder, wie PL 106, 1127 zeigt: Igitur Judaeos pro commisso scelere in Salvatorem ultio divina damnabat, ut idem auctor (sc. Philo) atque Josephus suis tradunt historiis, ostendens quidem evidentibus verbis quod ex admissi sacrilegii tempore nunquam ab eis seditionum furor, nunquam bella mortesque cessaverunt, usquequo ultimum et exitiale malum temporibus Vespasiani eos obsidione inclusit. Dazu ist zu stellen PL 106, 1139: Quantis ergo malis gens tunc universa multata sit, utque ipsa Judaeae terra bello, fame, igni, caedibus vastata sit, quanta populorum milia patres simul cum coniugibus ac parvulis et liberis absque numero, absque discretione, trucidati sint, quae etiam diversarum urbium obsidiones, sed et ipsius magnificae et famosissimae civitatis Hierusalem, quae vastitas, et quanta fuerit diversarum mortium strages, quis super haec singula bellorum extiterit modus, et ut secundum id, quod prophetae praedixerant, abominatio desolationis in ipso quondam Dei famosissima collata sit templo, utque ad ultimum cuncta ignis populatus sit, et flamma consumpserit, qui plenius nosse vult, Historias Josephi legat. Nos vero ex his ea tantum quae ad explanationem suscepti operis sufficiunt assumemus: in quibus refert quod ex omni Judaea populi, in die solemni Paschae, Hierosolymam, velut exitiali quadam manu cogente, convenerant, quos tricies centena milia hominum dicit fuisse, justo scilicet Dei judicio tempore hoc ultionis electo, ut qui in diebus Paschae Salvatorem suum et salutare Christi Domini, cruentis manibus et sacrilegis vocibus violaverant, in ipsis diebus velut in unum carcerem omnis multitudo conclusa feralis poenae exitium quod merebatur exciperet. Diese von Bell. Jud. 6, 428 ausgehende geschichtstheologische Vorstellung von der schicksalhaften Kongruenz der Ereignisse ist weit verbreitet. Ich nenne nur noch Mon. Germ. Hist., Scriptores rerum Langobardicarum p. 403, 17 ff. („Oportuit enim in his diebus paschae eos interfici, in quibus Salvatorem crucifixerant"). — Dann heißt es bei Frechulph weiter: Praeteribo quae in eos vel gladii caede, vel aliis belli machinis collata sunt, explicare; ea tantummodo quae dirae famis exitio pertulerunt supradicti historiographi sermonibus proferam, quo legentes haec intelligant quantum piaculi sit audere aliquid in Christum, et quam gravibus ausa suppliciis expietur. Es folgt ein Referat der grauenvollen Ereignisse während der Belagerung Jerusalems (Bell. Jud. 5, 425 ff. 512 ff.; 6, 193 ff.), das in der Teknophagie der Maria (Bell. Jud. 6, 201 ff.) kulminiert. Die Darstellung des Unterganges Jerusalems beschließt ein geschichtstheologisches Resümee (PL 106, 1144): Haec vero omnia gesta sunt secundo anno

imperii Vespasiani, juxta ea quae ipse Dominus et Salvator noster
Jesus Christus praedixerat ... Erit, inquit, necessitas magna super
terram, et ira populo huic, et cadent in ore gladii, et captivi ducentur
in omnes gentes, et Hierusalem erit conculcata a gentibus ... Com-
paret nunc unusquisque Domini et Salvatoris nostri sermo-
nes cum historiographi relatione de bello quod gestum est,
atque excidio civitatis, et videns miram divinae praesen-
tiae virtutem, agnoscat praedicentis divinitatem. Haec
quidem Judaeorum genti post passionem Salvatoris justa
ultione venerunt, pro eo quod auctorem vitae a semet
universa gens conclamavit auferri. Im Anschluß an Hieronymus gibt Frechulph die Vita Josephi (PL 106, 1149-1150) und
tradiert unbesehen, was ihm überkommen ist (col. 1150): Hic (sc.
Josephus) in Antiquitatum libro XVIII manifestissime confitetur,
propter magnitudinem signorum Christum a Pharisaeis
interfectum, et Johannem Baptistam vere prophetam
fuisse, et propter interfectionem Jacobi apostoli Hierosolymam dirutam. Scripsit autem de Domino in hunc modum:
Eo tempore fuit Jesus sapiens vir ... Refert idem historiographus
oraculum quoddam in sacris litteris repertum, quod per idem tempus
virum designaret ex eorum religione processurum, qui totius orbis
potiretur imperio. Cuius oraculi praesagium Vespasianum declarare
suspicatur. Sed Vespasianus non aliis quam illis solis gentibus quae
Romano imperio videbantur subditae dominatus est, nec de prosapia
aut religione Judaeorum processit. Unde iustius ad Christum
haec responsa referuntur etc. Dem entspricht der Sache nach
eine entrüstete Schreiberglosse im Codex Urbinas gr. 84 fol. 256
(11. Jh.) zu Bell. Jud. 6, 312 (bezogen auf Genesis 49, 10): οὐκ ἀμφί-
βολος ὁ χρησμός ... ὦ σὺ τερατουργὲ Ἰώσηπε, ἀλλὰ δῆλος καὶ σαφὴς
περὶ τοῦ ἐμοῦ δεσπότου καὶ θεοῦ τοῦ Χριστοῦ, ὃν σὺ παρεξηγούμενος
Οὐεσπασιανὸν ἐπεισάγεις τῇ προφητείᾳ. ἀλλὰ γὰρ ὁ Χριστὸς μόνος τηνικαῦτα καὶ τῆς Ἰουδαίας ὡρμήθη καὶ τῆς οἰκουμένης ἦρξε καὶ ἔτι νῦν
ἄρχει, βασιλεὺς βασιλέων αἰώνιος καὶ ὢν καὶ λεγόμενος καὶ ὑπὸ πάσης
σχεδὸν πνοῆς προσκυνούμενος καὶ σεβόμενος, Οὐεσπασιανὸς δὲ ὁ παρὰ
σοῦ κολακευόμενος τέφρα καὶ κόνις ὢν διερρύη καὶ ᾤχετο.

Die Konkordanzen Josephus-Frechulph sind folgende:

B 2, 182-183:	PL 106, 1127-1128	B 5, 566:	PL 106, 1141
B 3, 399-402:	PL 106, 1145	B 6, 193-200;	PL 106, 1142
B 5, 425-439:	PL 106, 1139-1141	B 6, 201-213:	PL 106, 1142-1143
B 5, 512-519:	PL 106, 1141	B 6, 299:	PL 106, 1122

B 6, 312-313:	PL 106, 1150		A 18, 60-62:	PL 106, 1127
B 6, 417-419:	PL 106, 1143-1144		A 18, 63-64:	PL 106, 1150
B 6, 420:	PL 106, 1143		A 18, 116-119:	PL 106, 1150
B 7, 420-421:	PL 106, 1139		A 18, 252-260:	PL 106, 1126
B 7, 428:	PL 106, 1139		A 19, 343-351:	PL 106, 1129-1130
A 18, 55-59:	PL 106, 1122		A 20, 97-99:	PL 106, 1130
A 18, 55-62:	PL 106, 1127		A 20, 200:	PL 106, 1150

M. Manitius, Geschichte der lateinischen Literatur des Mittelalters (München 1911-1931) I S. 663 ff.

Haimo von Halberstadt († 853) erwähnt oder referiert Josephus einige Male — meistens ohne Namensnennung — in seiner Historiae Sacrae Epitome. Die Leiden der Juden vor und während der Belagerung Jerusalems sind verdiente Strafe (2, 12; PL 118, 826): Circa hoc tempus Judaeis multa accidunt mala propter piaculum quod in Salvatorem commiserunt; vgl. 2, 13 (PL 118, 827): At Josephus mala enumerat quae apud Hierosolymam eis acciderunt, et quomodo Pilatus in Hierosolymam intulit imagines Caesaris etc.

Die Konkordanzen Josephus-Haimo sind folgende:

B 1, 656-660:	1, 6-7 (PL 118, 821)
B 2, 169 ff.:	2, 13 (PL 118, 827)
B 2, 181-183:	2, 12 (PL 118, 826)
B 6, 197. 201-219:	3, 6 (PL 118, 832)
B 6, 288 ff.:	3, 8-9 (PL 118, 833)
B 6, 418. 420 ff.:	3, 7 (PL 118, 833)
A 17, 168-179:	1, 6-7 (PL 118, 821)
A 18, 34-35:	1, 2 (PL 118, 822)
A 18, 63-64:	1, 12-13 (PL 118, 822-823)
A 19, 343-348:	2, 18 (PL 118, 827-828)
A 20, 160 ff.:	2, 24 (PL 118, 829)
B 20, 169-172:	2, 24 (PL 118, 829)

Ohne Stellenbezug wird Josephus namentlich erwähnt 1, 1 (PL 118, 819) und 2, 16 (PL 118, 827).

Hrabanus Maurus († 856) schätzt Josephus, den er nicht selten zitiert oder referiert, sehr. Er nennt ihn „historiographus Judaeorum" (Comm. in Gen. 2, 2.7; PL 107, 508.519) und „Hebraeorum doctissimus" (De clericorum institutione 3, 22; PL 107, 399). Das entspricht der Bezeichnung λόγιοι ἄνδρες für Josephus und Philo bei Johannes Damascenus. Hrabanus begründet seine Wertschätzung des Josephus als historischer Quelle mit der Qualität des Augenzeugen (Comm. in Exod., PL 108, 203): „....Josephus...qui stante adhuc templo et legali observantia celebrata, cum esset de genere sacerdotali, facillime potuit modum omnem sacerdotalis indumenti non tantum legendo sed videndo cognoscere." Über seine Arbeitsweise und Josephusbenutzung spricht er in einem Brief (Nr. 18; Monumenta Germaniae Historica, Epistolae V 423, 30 ff.): „. . . in Regum libros. . . quattuor commentariorum libros edidi . . . in quibus, sicut et in presenti opere feci, Josephi Judeorum historici narrationem, necnon et Hebrei cuiusdam, modernis temporibus in legis scientia florentis, opiniones plerisque in locis interposui". Über die Anlage und Anfertigung seines Commentarius in libros Macchabeorum äußert er sich in einem anderen Brief (Nr. 19; Mon. Germ. Hist., Epist. V, 424, 31 ff.): „. . . ipsum opus ideo partim de divina historia, partim de Josephi Judeorum historici traditione, partim vero de aliarum gentium historiis contexui, ut quia non tantum gestis Judeae ac principum eius, sed et aliarum gentium similiter in ipso libro mentio fit ex multorum librorum conlatione veritas sacrae historiae pateat et sensus narrationis eius lectori lucidior fiat." Seine Nutzanwendung findet dieser exegetische Grundsatz zum Beispiel Comm. in libros Macch., PL 109, 1232-1233, wo „Josepho testante" die Prodigien vor dem Untergang Jerusalems aufgezählt werden, kulminierend in dem monotonen Weheruf über Jerusalem (Bell. Jud. 6, 309). Dann wird die naheliegende und schon traditionelle Verknüpfung mit einschlägigen Bibelstellen vollzogen (PL 109, 1233): „Ergo omnia prodigia misera civitas merito perpessa est, quia semper, secundum latoris legis testimonium, seditionem egit contra Dominum, et ingrata beneficiorum eius, servos summi patrisfamilias, qui ad eam ab illo missi sunt, cum irrisione tractabant atque interimebant. Novissime vero ipsum interficientes haeredem, extra castra proiecerunt. Unde ipse Dominus in Evangelio, increpans incredulam civitatem, ait: ‚Jerusalem, Jerusalem, quae occidis prophetas et lapidas eos qui ad te missi sunt . . . Ecce relinquetur vobis domus vestra deserta' (Matth. 23, 37-38; vgl. 24, 15 ff.; Luk. 21, 20 ff.). Hoc enim praesagiebatur antiquitus: hoc in posterioribus homicidae truculentissimi condi quam reatus sui perceperunt mercedem: ita ut partim fame necarentur, partim pestilentia perirent, partim occisi et captivi in totius orbis partes ab hostibus ducerentur; sicque impletum est Jeremiae illud quod de eadem gente et civitate prophetavit, dicens: ‚Migravit Judas propter afflictionem et multitudinem servitutis: habitavit inter gentes, nec invenit requiem' . . ." (Klagelieder 1, 3 ff.).

Die Art und Weise, in der Hrabanus sich auf Josephus beruft, weckt den Verdacht, daß er seine Werke weitgehend indirekt benutzt. So zitiert er im Liber de computo cap. 92 (PL 107, 723) angeblich „liber Antiquitatum quartus decimus", doch handelt es sich eindeutig um Ant. Jud. 3, 248-250. Diesen Verdacht verstärkt die entstellte Wiedergabe von Bell. Jud. 1, 659-660; Ant. Jud. 17, 174-181. 193 (Comm. in Matth., PL 107, 764): „Legitur etiam in Josepho Herodem nonnullos de principibus Judaeorum ante mortem suam necasse, et merito ut eis, cum quibus ante paululum de Innocentium morte tractabat, ipse moriens causa mortis existeret." Auch was er aus „vetus historia" Comm. in Matth., PL 107, 959 ohne namentliche Nennung des Josephus gibt, steht zwar Ant. Jud. 18, 110 ff. 136-137, doch nicht so, wie Hrabanus es darstellt. Auf indirekte Josephusbenutzung deutet auch die beiläufige Bemerkung in einem Brief (siehe oben), daß er „de Josephi historici traditione" schöpft, also nicht „operibus", „scriptis" oder ähnlich. Bestätigt wird die Vermutung schließlich dadurch, daß Hrabanus einmal ausdrücklich eine Mittelquelle nennt, nämlich Hieronymus (PL 108, 203 zu Ant. Jud. 3, 154: „ut Hieronymus ex Josepho scribit").

Die Konkordanzen Josephus-Hrabanus (nicht vollständig ermittelt) sind folgende:

B 1, 659-660:	Comm. in Matth., PL 107, 764
B 5, 235:	Comm. in Exod., PL 108, 203
B 6, 288-306:	Comm. in libros Macchab., PL 109, 1232-1233
A 1, 64. 70-71:	Comm. in Gen. 2, 2; PL 107, 508
A 1, 92-95:	Comm. in Gen. 2, 7; PL 107, 519
A 1, 147:	Comm. in Gen. 1, 12; PL 107, 478
A 1, 167:	De cleric. inst. 3, 22; PL 107, 399
A 3, 122 ff.:	Comm. in Exod., PL 108, 174
A 3, 153:	De cleric. inst. 1, 16; PL 107, 306
A 3, 154:	Comm. in Exod., PL 108, 203
A 3, 157-158:	Comm. in Exod., PL 108, 203
A 3, 172:	Comm. in Exod., PL 108, 203
A 3, 248-250:	De computo 92; PL 107, 723
A 8, 45:	De cleric. inst. 1, 10; PL 107, 304
A 17, 174-181:	Comm. in Matth., PL 107, 764
A 17, 193:	Comm. in Matth., PL 107, 764
A 18, 110 ff.:	Comm. in Matth., PL 107, 959
A 18, 119:	Comm. in Matth., PL 107, 961
A 18, 136-137:	Comm. in Matth., PL 107, 959

Paulus Alvarus von Cordoba († um 860), ein Christ jüdischer Herkunft, zitiert mit glaubenseifernder Tendenz einige Male vermeintlich

Josephus in einem seiner vier Briefe an den Juden Eleazar (Epist. 16, 16; PL 121, 489-490), tatsächlich aber Hegesippus. Der nach der Taufe wieder zum Judentum zurückgekehrte Bodo-Eleazar muß ihn zuvor in einem nicht mehr erhaltenen, in der Handschrift getilgten („ne transgessoris deliramenta legerentur") Brief auf seinen Irrtum aufmerksam gemacht haben. Gleichwohl verharrt Alvarus bei seinem Standpunkt: „Scito quia nihil tibi ex Egesippi posui verbis, sed ex Josippi vestri doctoris (PL 121, 489; vgl. ibid.: „domesticus tibi testis assurgit Josephus"). Die Verwechselung Hegesippus—Josephus wurde schon früher beobachtet (zu Eucherius von Lyon) und ist in der Josephustradition nicht ungewöhnlich.

Realencyclopaedie für protestantische Theologie und Kirche I (1896) 426-428; - S. 428 zu Josephus bei Pseudo-Alvarus, ‚Liber Scintillarum'; E. Schürer, Geschichte des jüdischen Volkes im Zeitalter Jesu Christi[3.4] (Leipzig 1901-1909) I S. 96; M. Manitius, Geschichte der lateinischen Literatur des Mittelalters (München 1911-1931) I S. 421-426; E. M. Sanford, Transact. and Proc. of the Am. Philol. Ass. 66 (1935) 136-137; G. Bardy, Revue hist. ecclés. 43 (1948) 186. Nachträge.

Lupus von Ferrières († nach 862) zitiert in einem Brief an Altwin (Epist. 20; PL 119, 468; dazu kommen Mon. Germ. Hist.; Epistolae VI, 21, 8; 28, 12) Bell. Jud. 6, 289: „Josephus quoque prodit, priusquam everteretur Hierusalem, fuisse stellam in morem gladii per totum annum super eandem urbem."

M. Manitius, Geschichte der lateinischen Literatur des Mittelalters (München 1911-1931) I S. 483-490.

Georgios Monachos zieht in seiner Weltchronik oft Philo und Josephus heran. Er nennt sie Φίλων καὶ Ἰώσηπος οἱ ἐξ Ἑβραίων σοφοί (I 324, 17-18 De Boor). Josephus, den er teilweise indirekt, vor allem über Eusebius, benutzt, nennt er dabei nicht immer mit Namen. Die Zitate sind selten ganz wörtlich, meistens handelt es sich um — oft stark verkürzende — Referate oder Paraphrasen mit mehr oder weniger wörtlichen Anklängen, so daß eine textkritische Nutzung nur mit erheblichen Einschränkungen möglich ist. Aus der Josephustradition schon bekannte fiktive Zitate erscheinen auch hier, so I 43, 16-18 der Bericht über Adams Grab: ὃς λέγεται πρῶτος εἰς τὴν γῆν, ἐξ ἧς ἐλήφθη, ταφῆναι, καὶ μνῆμα αὐτῷ κατὰ τὴν Ἱεροσολύμων γεγονέναι γῆν Ἑβραϊκή τις ἱστορεῖ παράδοσις, ὥς φησιν Ἰώσηπος und I 379, 6-10: φησὶ γὰρ

Ἰώσηπος· ταῦτα δὲ συμβέβηκεν Ἰουδαίοις κατ' ἐκδίκησιν Ἰακώβου τοῦ δικαίου, ὃς ἦν ἀδελφὸς Ἰησοῦ τοῦ λεγομένου Χριστοῦ, ἐπειδήπερ δικαιότατον αὐτὸν ὄντα Ἰουδαῖοι ἀπέκτειναν. Pseudo-Josephus ist auch das Zitat I 114, 3-6. Auf bekannten und beliebten Traditionslinien bewegt sich Georgios auch mit seiner Umdeutung der Bell. Jud. 6, 312-313 erwähnten Prophetie ὃν αὐτὸς μὲν (sc. Ἰώσηπος) ἐπὶ Οὐεσπασιανὸν ἐξείληφε πεπληρῶσθαι, διήμαρτε δὲ τῆς ἑρμηνείας ἐκ διαμέτρου. οὐ γὰρ πάσης οὗτος ἦρξεν, ἢ μόνης τῆς Ῥώμης. λείπεται δὴ οὖν ἐπὶ τὸν κύριον ἡμῶν Ἰησοῦν Χριστὸν τοῦτο πληροῦσθαι, πρὸς ὅν φησιν ὁ πατήρ· αἴτησαι παρ' ἐμοὶ καὶ δώσω σοι ἔθνη τὴν κληρονομίαν σου κτλ. (I 316, 10 ff.). Auf Jesus Christus und Johannes den Täufer kommt Georgios I 324, 18 ff. zu sprechen: Ἰώσηπος φιλαλήθης ὑπάρχων μέμνηται Ἰωάννην τὸν πρόδρομον καὶ τὸν Χριστόν. καὶ περὶ μὲν Ἰωάννου λέγει τάδε· (es folgt Ant. Jud. 18, 116-119 in gekürzter Form) περὶ δὲ τοῦ Χριστοῦ πάλιν φησίν· (es folgt Ant. Jud. 18, 63-64) ταῦτα τοῦ ἐξ Ἑβραίων συγγραφέως ἀνέκαθεν διεξελθόντος, ποίαν ἀπολογίαν ἢ συγγνώμην ἔχουσιν ἀνοηταίνοντες οἱ ἐμβρόντητοι Ἰουδαῖοι. In einem anderen Zusammenhang (II 413, 6 ff. zu Ant. Jud. 10, 276) streicht Georgios ebenfalls die Wahrheitsliebe des Josephus heraus, durch die er sich von seinen Glaubensgenossen unterscheide: παρέξομεν Ἰώσηπον μάρτυρα τὸν τὰ ἐκείνων φρονοῦντα ... σὺ δέ μοι σκόπει τὸ φιλάληθες τοῦ ἀνδρός, ὡς, εἰ καὶ Ἰουδαῖος ἦν, ἀλλ' οὐκ ἠνέσχετο ζηλῶσαι τὴν Ἰουδαϊκὴν φιλονεικίαν τε καὶ ψευδηγορίαν. Die Konkordanzen Josephus-Georgios sind folgende:

B 1, 656 ff.:	I 310, 4-13	A 1, 109 ff.:	I 52, 7 ff.
B 2, 118:	I 318, 6	A 1, 155:	I 40, 10-11
B 2, 119 ff.:	I 329, 10 ff.	A 1, 167:	I 4, 10-12
B 2, 169 ff.:	I 317, 7 ff.	A 1, 180:	I 102, 5
B 2, 261-263:	I 327, 3-4	A 3, 162-163:	I 27, 14-19
B 4, 459 ff.:	I 258, 8-20	A 4, 78:	I 127, 19-20
B 5, 136 ff.:	I 278, 2 ff.	A 4, 84:	I 127, 19-20
B 5, 432 ff.:	II 383, 15 ff.	A 4, 327:	I 127, 19-20
B 5, 446 ff.:	II 384, 13 ff.	A 7, 392 ff.:	I 188, 13-189, 4
B 6, 157-163:	II 384, 21-385, 9	A 8, 46 ff.:	I 199, 18-200, 3
B 6, 193 ff.:	II 385, 10-14	A 8, 64:	I 190, 2-4
B 6, 201 ff.:	II 385, 24 ff.	A 8, 174:	I 201, 19-20
B 6, 289 ff.:	I 379, 17-380, 10	A 10, 41 ff.:	I 235, 21 ff.
B 6, 299:	I 316, 2-7	A 10, 276:	II 413, 6 ff.
B 6, 312-313:	I 316, 7 ff.	A 11, 33 ff.:	I 277, 9 ff.
B 6, 417 ff.:	II 404, 12 ff.	A 11, 173 (?):	I 244, 7 ff.
A 1, 71:	I 10, 24	A 11, 317 ff.:	I 26, 4-11

A 11, 329 ff.:	I 31, 1-32, 11	A 19, 1 ff.:	I 323, 13 ff.
A 12, 322:	II 405, 2-5; II 415,	A 19, 344-350:	I 308, 14-309, 3
	1-4	A 20, 186-188:	I 327, 3-4
A 12, 366 ff.:	I 291, 10-292, 15	A 20, 200:	I 379, 6-10
A 17, 168 ff.:	I 310, 4-13	A 20, 247:	I 301, 20; I 304, 18-
A 18, 4 ff.:	I 318, 6		21
A 18, 55 ff.:	I 317, 7 ff.	Vita 11-12:	I 331, 22-332, 4
A 18, 63-64:	I 324, 18-325, 15	Ap 1, 141:	I 265, 11-16
A 18, 116-119:	I 324, 18-325, 15	Ap 1, 201-204:	I 32, 11-33, 4
A 18, 256:	I 323, 7-10		

H. Gelzer, Sextus Julius Africanus und die byzantinische Chronologie (Leipzig 1885-1895) II S. 278 ff.; R. Eisler, Jesous Basileus (Heidelberg 1929-1930) I S. 522-523; E. A. Pezopoulos, Byzantinisch-Neugriechische Jahrbücher 6 (1930) 132-133.139. — Georgius Monachus. Edidit C. De Boor. 2 Bde., Leipzig 1904 (Zitate nach Band, Seite und Zeile).

Ratpert († nach 884), der Verfasser der ,Casus Sancti Galli', erwähnt beiläufig einmal die Werke des Josephus (Monumenta Germaniae Historica. Scriptores II 70, 33-34). — Angemerkt sei hier die etwa gleichzeitige Josephus- beziehungsweise Hegesippusbenutzung bei Hincmar von Reims († 882), Migne PL 125, 462.846, worauf E. M. Sanford hinweist (Transact. and Proc. of the Am. Philol. Ass. 66, 1935, 142).

Photios († 891) legt in seiner Bibliotheke ein umfangreiches Zeugnis seiner Josephuslektüre ab. Er zitiert ihn selten wörtlich oder partiell wörtlich, meistens sind es Paraphrasen und (oft stark kürzende) Referate mit mehr oder weniger wörtlichen Anklängen, mitunter nur flüchtige Anspielungen oder vage Anklänge, so daß sich Entsprechungen zu Josephus kaum geben lassen. Bemerkenswert souverän ist sein literarisch — ästhetisches Urteil über das Bellum Judaicum (cod. 47; p. 11 a Bekker): Ἔστι δὲ αὐτῷ τὸ σύνταγμα ἐν λόγοις ἑπτά. καθαρὸς τὴν φράσιν καὶ ἀξίωμα λόγου μετὰ εὐκρινείας καὶ ἡδονῆς δεινὸς ἐκφῆναι, πιθανός τε ταῖς δημηγορίαις καὶ ἐπίχαρις, κἂν ἐπὶ τἀναντία ὁ καιρὸς καλῇ χρήσασθαι τῷ λόγῳ, δεξιὸς καὶ γόνιμος ἐνθυμημάτων ἐφ' ἑκατέρα, καὶ γνωμολογικὸς δὲ ὡς εἴ τις ἄλλος, καὶ πάθη τῷ λόγῳ παραστῆσαι ἱκανώτατος, καὶ ἐγεῖραι πάθος καὶ πραῧναι δοκιμώτατος (vgl. zur Person des Josephus auch die Darlegungen Ad Amphilochium Quaestio 97; PG 101, 689). Sein kritisches Format zeigt Photios, wenn ihm nicht unbemerkt bleibt, daß Josephus gelegentlich in den Antiquitates Judaicae auch vom biblischen Bericht abweicht (cod. 76; p. 52 b Bekker): τὰ πολλὰ συνᾴδων τῇ Μωϋσέως συγγραφῇ, ἔστι δὲ ἔνθα ἀλλοιότερον συγγραφόμενος. Einige bei Josephus nicht verifizierbare Notizen (cod. 238, p. 314 a Bekker, zum Kindermord des Herodes; cod. 238, p. 316 a zu Ant. Jud. 18, 116-119; cod. 238, p. 316 b) lassen sich auch als eingeschobene Notizen des Photios deuten. Es muß sich nicht unbedingt um von Photios schon vorgefundene Elemente der hand-schriftlichen Josephustradition handeln, wie Henry z. St. erwägt. Es sind das eher Beispiele dafür, wie fiktive Josephuszitate entstehen können. Der theologische Standpunkt des Photios zu den Leiden des jüdischen Volkes bei der Belagerung Jerusalems klingt nur einmal kurz an (cod. 47, p. 11 b Bekker): καὶ τῷ λιμῷ ὁ λοιμὸς συνεπιλαβόμενος ἐδείκνυ πᾶσιν ἐμφανῶς θεομηνίας ἔργον καὶ τῆς δεσποτικῆς προρρήσεως καὶ ἀπειλῆς τὴν τῆς πόλεως ὑπάρξαι πανωλεθρίαν καὶ ἅλωσιν.

Die Konkordanzen Josephus-Photios sind folgende:

B 2, 568:	cod. 76 (p. 53 b Bekker)	A 14, 386-387:	cod. 238 (p. 315 b)
B 5, 526:	cod. 47 (p. 11 b)	A 15, 11-20:	cod. 238 (p. 316 a)
B 6, 201-213:	cod. 47 (p. 11 b)	A 15, 21:	cod. 238 (p. 316 a)
B 6, 290:	cod. 47 (p. 11 a)	A 15, 54-55:	cod. 238 (p. 316 a)
B 6, 292:	cod. 47 (p. 11 a)	A 15, 164-178:	cod. 238 (p. 316 a)
B 6, 293:	cod. 47 (p. 11 a)	A 15, 390:	cod. 238 (p. 314 a)
B 6, 298:	cod. 47 (p. 11 a)	A 15, 391-392:	cod. 238 (p. 313 b-314 a)
B 6, 299:	cod. 47 (p. 11 a)	A 17, 169:	cod. 238 (p. 314 a)
B 6, 300-309:	cod. 47 (p. 11 a)	A 18, 110:	cod. 238 (p. 316 a)
A 14, 8:	cod. 238 (p. 314 b)	A 18, 116-119:	cod. 238 (p. 316 a)
A 14, 77-79:	cod. 238 (p. 314 b)	A 18, 143 ff.:	cod. 238 (p. 316 a-316 b)
A 14, 123-125:	cod. 238 (p. 314b-315a)	A 18, 240-255:	cod. 238 (p. 316a-316b)
A 14, 143:	cod. 238 (p. 315 a)	A 19, 344-357:	cod. 238 (p. 316 b-317 a)
A 14, 158-159:	cod. 238 (p. 315 a)	A 19, 360-363:	cod. 238 (p. 317 a)
A 14, 162:	cod. 238 (p. 315 a)	A 20, 104:	cod. 238 (p. 317 a)
A 14, 280-293:	cod. 238 (p. 315 a)	A 20, 138:	cod. 238 (p. 317 a)
A 14, 297-300:	cod. 238 (p. 315 a)	A 20, 139:	cod. 238 (p. 317 a)
A 14, 301-304:	cod. 238 (p. 315 a)	A 20, 140:	cod. 238 (p. 317 a)
A 14, 330-332:	cod. 238 (p. 315a-315 b)	A 20, 141-142:	cod. 238 (p. 317 a)
A 14, 335-339:	cod. 238 (p. 315 b)	A 20, 159:	cod. 238 (p. 317 a)
A 14, 348:	cod. 238 (p. 315 b)	A 20, 199-203:	cod. 238 (p. 317 b)
A 14, 363:	cod. 238 (p. 315 b)	A 20, 223:	cod. 76 (p. 52 b)
A 14, 366:	cod. 238 (p. 315 b)	A 20, 225-234:	cod. 238 (p. 317 b)
A 14, 367-369:	cod. 238 (p. 315 b)	A 20, 229:	cod. 76 (p. 52 b)
A 14, 370-380:	cod. 238 (p. 315 b)	A 20, 235:	cod. 76 (p. 52 b)
A 14, 381-385:	cod. 238 (p. 315 b)		

A 20, 235-241: cod. 238 (p. 317 b-318 a)

A 20, 237: cod. 76 (p. 52 b)

A 20, 238: cod. 76 (p. 52 b)

A 20, 241 ff.: cod. 76 (p. 53 a)

A 20, 242-245: cod. 238 (p. 318 a)

A 20, 245-246: cod. 238 (p. 318 a-b)

A 20, 247-248: cod. 238 (p. 318 b)

A 20, 249-251: cod. 238 (p. 318 b)

A 20, 267: cod. 76 (p. 53 b)

Vita 2: cod. 76 (p. 53 a)

Vita 5: cod. 76 (p. 53 b)

Vita 9-12: cod. 76 (p. 53 b)

Vita 41: cod. 33 (p. 6 b)

Vita 336 ff.: cod. 33 (p. 6 b)

Flavii Josephi opera, ed. B. Niese (Berlin 1885-1895) III p. XVI-XVII. L; VI p. XXII. LXXVI; R. Eisler, Jesous Basileus (Heidelberg 1929-1930) I S. 155.157; A. C. Bouquet, The References to Josephus in the Bibliotheca of Photius, Journ. Theol. Stud. 36 (1935) 289-293; K. Ziegler, Pauly-Wissowa RE XX, 1 (1941) 698-699. — Photius. Bibliothèque. Texte établi et traduit par René Henry, Paris 1959 ff. (auch seit Henry wird weiter nach Bekker zitiert). — Die von Niese benutze Ausgabe ist: Photii Bibliotheca. Ex recensione I. Bekkeri. 2 Bde. Berlin 1824-1825.

Angelomus von Luxeuil († um 895) zitiert Josephus z.B. in seinen Enarrationes in libros Regum, PL 115, 411.414. Seine Kommentare haben stark kompilatorischen Charakter, so daß mit dem Einfluß von Zwischenquellen (Hrabanus Maurus und andere) zu rechnen ist.

M. Manitius, Geschichte der lateinischen Literatur des Mittelalters (München 1911-1931) I S. 420.

10. Jahrhundert

Remigius von Auxerre († um 908) zitiert in seinem Genesiskommentar einige Male Josephus (PL 131, 71: A 1, 64.70-71; PL 131, 79: A 1, 123).

M. Manitius, Geschichte der lateinischen Literatur des Mittelalters (München 1911-1931) I S. 515.

Notker Balbulus († 912) erwähnt in seiner Schrift De interpretibus divinarum scripturarum (Notatio de illustribus viris) auch Josephus (PL 131, 1004): Josephi vero Judaici historias et Hegesippi nostri legendas.

Odo von Cluni († 942) bezieht sich Coll. 2, 15 (PL 133, 562) auf Josephus, Bell. Jud. 4, 591. — Coll. 3, 22 (PL 133, 607) klingt Ant. Jud. 19, 344 ff. an.

M. Manitius, Geschichte der lateinischen Literatur des Mittelalters II (München 1923) S. 22; E. M. Sanford, Transact. and Proc. of the Am. Philol. Ass. 66 (1935) 142.

Adalger (10. Jh.) in seiner Admonitio ad Nonsuindam reclusam cap. 12 (PL 134, 930) bezieht sich auf Ant. Jud. 20, 200: Si te delectat balneorum usus, veniat tibi ad memoriam beatus Jacobus frater Domini, qui primus post apostolos Jerosolymorum rexit Ecclesiam, de quo Josephus narrat, quod numquam carnem comederit, nec balneo usus fuerit unquam etc.

M. Manitius, Geschichte der lateinischen Literatur des Mittelalters II (München 1923) S. 52-53.

Excerpta poliorcetica (10. Jh.). Daß bei Exzerptoren mit poliorketischen Interessen das Bellum Judaicum des Josephus mit seiner Fülle von einschlägigen Schilderungen Beachtung fand, kann nicht wundernehmen. So finden sich in einem sehr wahrscheinlich zur Zeit des Konstantinos Porphyrogennetos (912-959) verfaßten anonymen griechischen Traktat umfangreiche Auszüge aus Josephus: Anonymus De obsidione toleranda. Edidit Hilda Van den Berg, Leiden 1947. Die Anführungen aus Josephus sind nur partiell wörtlich, oder es handelt sich um (oft stark kürzende) Referate mit vielen wörtlichen Übernahmen.

Eine ebenfalls anonyme Sammlung von Verteidigungsregeln im Falle einer Belagerung, entstanden vor dem 13. Jahrhundert, hat A. Dain erstmalig herausgegeben und erläutert: Mémorandum inédit sur la défense des places, Revue des études grecques 53 (1940) 123-136 (S. 124-125 befindet sich der griechische Text). Dieses „Mémorandum" stimmt zum Teil wörtlich mit dem Traktat ‚De obsidione toleranda' überein, ist jedoch nicht von ihm herzuleiten, weil es — obwohl im ganzen sehr viel kürzer — einige überschießende Stücke enthält. Vielmehr ist es die Kurzfassung eines Werkes, das seinerseits auch die Vorlage des Traktates ‚De obsidione toleranda' war. Das ‚Memorandum' bietet keine echten Josephuszitate, sondern nur partiell wörtliche Übereinstimmungen mit dem Bellum Judaicum.

Schließlich ist hier noch ein poliorketisches Exzerpt zu nennen, das Bell. Jud. 3, 167-187 wörtlich zitiert: C. Wescher, Poliorcétique des Grecs, Paris 1867. Darin S. 338-341: Ἐκ τῶν Ἰωσήπου. Ἰωταπάτης ἅλωσις.

Die Konkordanzen Josephus-Excerpta poliorcetica sind folgende:

B 1, 350:	De obs. tol. § 101	B 3, 171-174:	De obs. tol. § 30-31
B 3, 167-187:	Jot. Hal. (p. 338-341 Wescher)	B 3, 222-287:	De obs. tol. § 147 -148
B 3, 171:	Mémor. § 6	B 3, 259-260:	Mémor. § 27-28

B 3, 263:   Mémor. § 29   B 5, 504-510: De obs. tol. § 347-353
B 5, 496:   De obs. tol. § 346   B 5, 522-523: De obs. tol. § 354-356

Flavii Josephi opera, ed. B. Niese (Berlin 1885-1895) VI p. XIX. XXII. LVI. LXIV; Pauly-Wissowa RE XXI (1952) 1389-1390. — Niese hat den Traktat ‚De obsidione toleranda' benutzt in der Ausgabe von Melchisédech Thévenot et De la Hire, Veterum Mathematicorum Athenaei, Bitonis etc. opera, Paris 1693.

Lexicon Bachmanni (10. Jh.). Die Συναγωγὴ λέξεων χρησίμων ἐκ διαφόρων σοφῶν τε καὶ ῥητόρων πολλῶν, nach dem Herausgeber „Lexicon Bachmanni" genannt, exzerpiert z.T. wörtlich Ant. Jud. 3, 153-155.162 (Bachmann p. 244-245).

Pauly-Wissowa RE XII (1924) 2466. — Anecdota graeca. E codd. Mss. Reg. Parisin. descripsit Ludovicus Bachmannus. I Hildesheim 1965 (= Nachdruck der Ausgabe Leipzig 1828). — Die neuere Ausgabe von Boysen (Lexici Segueriani Συναγωγὴ λέξεων χρησίμων pars prima, Marburg 1895) enthält nur den ersten Buchstaben.

Konstantinos Porphyrogennetos († 959) ließ ein großes Corpus von nach sachlichen Gesichtspunkten geordneten Exzerpten aus der antiken Literatur anfertigen, von dem Teile erhalten sind. Davon enthalten die Teile Περὶ πρεσβειῶν und Περὶ ἀρετῆς καὶ κακίας umfangreiche Auszüge aus Josephus, die zu den wichtigsten Elementen der sogenannten Neben- oder indirekten Überlieferung des Josephus gehören. Für diesen Sektor der Josephustradition hat sich seit Niese die Situation grundlegend geändert durch die große Ausgabe von Boissevain, De Boor und Büttner-Wobst, Leipzig 1903-1910. Niese konnte die Excerpta Constantiniana nur provisorisch nach einzelnen Handschriften auswerten, wobei er sich z.T. auf Vorarbeiten von Wollenberg stützte. Diese Handschriften sind der codex Turonensis (bei Niese zu Ant. Jud. 2, 61.69.77.118.126 genannt; Tours, Bibliothèque municipale, cod. 980), der Codex Peirescianus (so genannt nach N. C. Fabri de Peiresc [1580-1637], in dessen Besitz er zeitweilig war; danach die Bezeichnung „Excerpta Peiresciana" bei Niese) und der codex Ursinianus, ehemals Eigentum von Fulvio Orsini (1529-1600), jetzt in der Bibliotheca Vaticana (= Vaticanus gr. 1418), danach die Bezeichnung „Excerpta Ursiniana" bei Niese. Die seit Niese erschienenen Editiones minores des Josephus von Thackeray-Marcus-Wikgren-Feldman (1926 ff.), Reinach (1930), Michel-Bauernfeind (1959 ff.) und Pelletier (1959) haben sich entsprechend ihrer begrenzten Aufgabenstellung auf die seit Niese völlig veränderte Situation in keiner Weise eingestellt. Das gilt — beiläufig bemerkt — auch für andere wichtige Überlieferungsträger, wie zum Beispiel Eusebius. Es ist jedoch für die Zukunft nicht mehr vertretbar, daß Josephusausgaben auf den Plan treten, die überlieferungsgeschichtlich nur von der (seinerzeit gewiß sehr beachtlichen) Leistung Nieses zehren, die fast überall vorhandenen großen Fortschritte in der Kenntnis der Josephustradition jedoch beiseite lassen.

Die konstantinischen Exzerptoren schreiben Josephus meistens wörtlich aus, allerdings oft mit (den üblichen) Änderungen am Anfang und Ende der Zitate, öfters erfolgen kleinere oder größere Kürzungen innerhalb der Stücke. Entsprechend dem (im Vergleich zu den uns erhaltenen Handschriften) hohen Alter ihrer Josephuskodizes bieten sie zuweilen allein den wahrscheinlich genuinen Wortlaut. Im Überlieferungsbereich I (Bellum Judaicum) ist ihre Vorlage keiner der Niese bekannten Handschriften eindeutig zuzuordnen. Am meisten steht sie noch dem Laurentianus 69, 19 (L) nahe, weist auch Affinitäten zum Parisinus gr. 1425 (P) und Ambrosianus 234 (A) auf, seltener schließt sie sich der Gruppe VRC an. Im Bereich II (Ant. Jud. Buch 1-10) ist die Josephushandschrift der Gruppe MSPLEpit. Lat. affin, ist aber nicht frei von Bindungen auch an die übrigen Zeugen. Auch im Bereich III (Ant. Jud. 11-20, Vita) steht die Quelle der Konstantinischen Exzerpte keiner der Niese bekannten Handschriften eindeutig nahe, bietet vielmehr — von der bekannten Gruppierung der Textzeugen her gesehen — einen Mischtext. Im Bereich IV (Contra Apionem) ist die Quelle der Exzerptoren sehr eng verwandt mit der griechischen Vorlage der von Cassiodor veranlaßten lateinischen Übersetzung (Lat. II) und nimmt mit dieser eine Art Mittelstellung zwischen Eusebius und dem Laurentianus 69, 22 (L) ein, steht aber dem Laurentianus deutlich näher als Eusebius.

Die Konkordanzen mit Josephus gebe ich nach Band, Teilband und Seite der Ausgabe Berlin 1903-1910:

B 1, 67-69:	II 1 p. 91	B 4, 129:	II 1 p. 99
B 1, 70-85:	II 1 p. 92-94	B 4, 131-147:	II 1 p. 99-100
B 1, 359-363:	II 1 p. 94-95	B 4, 319-325:	II 1 p. 100-101
B 1, 429-434:	II 1 p. 95	B 4, 382-397:	II 1 p. 101-102
B 2, 184-186:	II 1 p. 95	B 4, 399-410:	II 1 p. 102-103
B 2, 250-251:	II 1 p. 96	B 4, 558-567:	II 1 p. 103-104
B 2, 272-290:	II 1 p. 96-98	B 5, 5-11:	II 1 p. 104-105
B 2, 292-300:	II 1 p. 98-99	B 5, 14-21:	II 1 p. 105

B 5, 22-39:	II 1 p. 106-107	A 7, 390-391:	II 1 p. 57-58
B 5, 552-556:	II 1 p. 107	A 8, 17-20:	II 1 p. 58
B 5, 557-572:	II 1 p. 108-109	A 8, 42-43:	II 1 p. 59
B 6, 1-4:	II 1 p. 109	A 8, 165-173:	II 1 p. 59-60
B 7, 254-259:	II 1 p. 109	A 8, 190-203:	II 1 p. 60-62
B 7, 260-274:	II 1 p. 110-111	A 8, 225-226:	II 1 p. 62-63
B 7, 438-445:	II 1 p. 111	A 8, 243-245:	II 1 p. 63
B 7, 447-453:	II 1 p. 111-112	A 8, 248:	II 1 p. 63
A 1, 52-62:	II 1 p. 4-5	A 8, 265-274:	II 1 p. 63-65
A 1, 65-75:	II 1 p. 5-6	A 8, 318:	II 1 p. 65
A 1, 180:	II 1 p. 9	A 8, 355-362:	II 1 p. 65-67
A 1, 182-184:	II 1 p. 9-10	A 9, 18:	II 1 p. 67
A 1, 194-204:	II 1 p. 10-11	A 9, 27:	II 1 p. 67
A 1, 222-236:	II 1 p. 11-13	A 9, 166:	II 1 p. 67-68
A 1, 342:	II 1 p. 14	A 9, 205:	II 1 p. 68
A 2, 7-20:	II 1 p. 14-15	A 9, 216-227:	II 1 p. 68-70
A 2, 21-35:	II 1 p. 16-17	A 10, 37-45:	II 1 p. 70-71
A 2, 36-51:	II 1 p. 18-19	A 10, 49-51:	II 1 p. 71
A 2, 52-65:	II 1 p. 20-21	A 10, 103-105:	II 1 p. 71-72
A 2, 66-80:	II 1 p. 22-23	A 10, 189-198:	II 1 p. 72-73
A 2, 81-91:	II 1 p. 24-25	A 10, 199-207:	II 1 p. 74-75
A 2, 93-96:	II 1 p. 25	A 10, 211-216:	II 1 p. 75-76
A 2, 97-111:	II 1 p. 26-27	A 11, 140-153:	II 1 p. 76-77
A 2, 112-128:	II 1 p. 28-29	A 12, 158:	II 1 p. 77
A 2, 129-142:	II 1 p. 30-31	A 12, 265-279:	II 1 p. 78-79
A 2, 143-159:	II 1 p. 32-33	A 13, 163-165:	I 2 p. 364
A 2, 160-177:	II 1 p. 34-36	A 13, 242-248:	II 1 p. 79-80
A 2, 184-189:	II 1 p. 36	A 13, 259-266:	I 2, p. 364-365
A 2, 198:	II 1 p. 36-37	A 14, 143-155:	I 2 p. 365-366
A 2, 201-207:	II 1 p. 37	A 14, 158-167:	II 1 p. 80-81
A 2, 208-222:	II 1 p. 38-39	A 15, 88-103:	II 1 p. 81-83
A 2, 223-225:	II 1 p. 40	A 15, 124:	I 1 p. 78
A 2, 229-233:	II 1 p. 40-41	A 15, 187-201:	I 2 p. 366-368
A 3, 154-174:	II 1 p. 6-9	A 15, 342-346:	I 2 p. 368-369
A 3, 310-315:	II 1 p. 41	A 16, 6:	I 2 p. 369
A 3, 316-322:	II 1 p. 42-43	A 16, 12-26:	I 2 p. 369-371
A 4, 140-156:	II 1 p. 43-45	A 16, 294-299:	I 2 p. 371
A 5, 338-340:	II 1 p. 45	A 16, 335-353:	I 2 p. 371-373
A 5, 342-351:	II 1 p. 45-47	A 18, 4-9:	II 1 p. 83-84
A 6, 33-34:	II 1 p. 47	A 18, 63-64:	II 1 p. 84
A 6, 261-270:	II 1 p. 47-49	A 18, 96-105:	I 1 p. 78-79
A 6, 295-307:	II 1 p. 49-51	A 18, 117:	II 1 p. 85
A 6, 327-332:	II 1 p. 51-52	A 18, 257-262:	I 2 p. 373-374
A 6, 337-350:	II 1 p. 52-54	A 18, 289-301:	II 1 p. 85-86
A 7, 78-88:	II 1 p. 54-56	A 18, 303:	II 1 p. 86-87
A 7, 90-95:	II 1 p. 56	A 18, 340-342:	II 1 p. 87-88
A 7, 119:	I 1 p. 78	A 19, 201-211:	II 1 p. 88-90
A 7, 329-334:	II 1 p. 57	A 19, 338-342:	I 2 p. 374-375

A 20, 186-187: II 1 p. 90   Vita 6-16:   II 1 p. 120-121
A 20, 214-215: II 1 p. 90   Vita 78-80:   II 1 p. 121-122
A 20, 252-259: II 1 p. 90-91   Vita 82-84:   II 1 p. 122
Vita 1-2:   II 1 p. 120

J. Wollenberg, Recensentur LXXVII loci ex Flavii Josephi scriptis excerpti qui ex conlectaneis Constantini Augusti Porphyrogenetae περὶ ἀρετῆς καὶ κακίας in codice Peiresciano extant. Berlin (Programm) 1871; Flavii Josephi opera, ed. B. Niese (Berlin 1885-1895) I p. XXIX-XXX. LXI-LXII; II p. IV; III p. XIV. XLII-XLIII. LVIII; IV p. VIII-X; VI p. XVIII-XIX. LV-LVI; Th. Büttner-Wobst, Der codex Peirescianus. Ein Beitrag zur Kenntnis der Exzerpte des Konstantinos Pophyrogennetos. Ber. üb. d. Verhandl. d. Kgl. Sächs. Ges. d. Wiss. zu Leipzig. Phil.-hist. Classe 45 (1893) 261-352 (S. 270-278: ,,Josephus''); K. Krumbacher, Geschichte der byzantinischen Litteratur (München 1897²) S. 258 ff.; Flavii Josephi opera ex versione latina antiqua edidit Carolus Boysen. Pars VI (Prag-Wien-Leipzig 1898) p. XXXV. XXXIX-XL; Flavius Josèphe. Autobiographie. Texte établi et traduit par André Pelletier (Paris 1959) p. XXIV. —

Excerpta Historica iussu imp. Constantini Porphyrogeniti confecta. Ediderunt U. Ph. Boissevain, C. de Boor, Th. Büttner-Wobst. I. Excerpta de legationibus. Edidit Carolus de Boor. Pars 1 (Excerpta de legationibus Romanorum ad gentes) Berlin 1903; Pars 2 (Excerpta de legationibus gentium ad Romanos) Berlin 1903; II. Excerpta de virtutibus et vitiis. Pars 1. Recensuit et praefatus est Theodorus Büttner-Wobst. Editionem curavit Antonius Gerardus Roos, Berlin 1906; Pars 2. Recensuit et praefatus est Antonius Gerardus Roos usus collatione codicis Peiresciani a Theodoro Büttner-Wobst confecta, Berlin 1910.

Widukind von Korvei († nach 973) beruft sich in der Einleitung seiner Sachsengeschichte auf die Agripparede im Bellum Judaicum des Josephus, um das hohe Alter und das Ansehen des sächsischen Volkes schon in alter Zeit darzutun (1, 2; Monumenta Germaniae Historica, Scriptores rerum Germanicarum III 418, 5): ,,Ceterum gentem antiquam et nobilem fuisse non ambigitur; de quibus et in contione Agrippae ad Judaeos in Josepho oratione contexitur et Lucani poetae sententia probatur.'' Damit kann nur Bell. Jud. 2, 376 gemeint sein. Doch ist dort nicht von Sachsen, sondern nur von Germanen die Rede. Vielleicht ist Hegesippus gemeint, der freilich nur einmal von „Saxonia" spricht (5, 15; p. 319 Ussani), und zwar in der Wiedergabe von Bell. Jud. 5, 362-375. 459; zu Bell. Jud. 2, 376 hat er „Germania". — Widukinds Josephuspassage wird zitiert im ‚Fragmentum Gestorum Episcoporum Halberstadensium', Mon. Germ. Hist., Scriptores XXXI, 19, 36.

E. Schürer, Geschichte des jüdischen Volkes I [3.4] (Leipzig 1901) S. 96; M. Manitius, Geschichte der lateinischen Literatur des Mittelalters I (München 1911) S. 715; E. M. Sanford, Transact. and Proc. of the Am. Philol. Ass. 66 (1935) 141.

11. Jahrhundert

Epitome Antiquitatum (10.-11. Jh.?). Dieser von Zonaras benutzte—damit ist der Terminus ante quem gegeben — Auszug kürzt den überlieferten Text vor allem um Elemente, die scheinbar den Fluß der Darstellung unterbrechen, also um Reden, Zitate und Exkurse aller Art. Dabei wird nicht selten auch Wort- und Satzstellung verändert, und bedeutungsverwandte Wörter treten an die Stelle des genuinen Wortlautes. Gleichwohl bleibt der Epitomator, der ein fast attizistisches Griechisch schreibt, durchweg seiner Vorlage so nahe, daß sein Werk einigen Wert für die Kritik des griechischen Josephus behält. Dem relativ hohen Alter der Epitome entspricht, daß sie öfters allein den besten Text bietet. Zwar haben vereinzelte Lesarten gegen alle anderen Testes wegen der mehr oder weniger indirekten Zeugenschaft der Epitome und ihrer dadurch bedingten Eigenart nicht allzuviel Gewicht; doch in Verbindung mit sonst isolierten Lesarten einzelner Handschriften kann ihr Votum durchaus beachtenswert sein. Im Bereich II (Ant. Jud. 1-10) ist ihre Quelle keiner Handschrift oder Handschriftengruppe ausschließlich verbunden. Am nächsten steht sie durch zahlreiche Bindefehler MSPLV Lat., vor allem SP, schließt sich aber auch anderen Zeugen oder Zeugengruppen an. In der 3. Pentade steht die Vorlage der Epitome (L)AMW näher als P(FV); in der 4. Pentade ist weiter eine auffällige Affinität zu (A)MW festzustellen, ohne daß die Beziehung zu P ganz aufgegeben wird. Naber hat den Nutzen der Epitome zweifellos überschätzt. Geradezu abstrus und abenteuerlich ist R. Eislers Annahme, die Epitome Antiquitatum sei ein Rest von im Auftrage des Josephus angefertigten „gekürzten, billigen Volksausgaben" seiner Werke.

Problematisch ist die editionstechnische Verwertung der Epitome. Weil sie ihre Vorlage auf Schritt und Tritt kürzt, kann sie nicht pauschal und kontinuierlich diese Quelle bezeugen, vielmehr nur von

Fall zu Fall und mit positiver Apparattechnik herangezogen werden. Schlüsse ex silentio sind nicht ohne weiteres möglich. Niese hatte versucht, dieser Schwierigkeiten in seinem Apparatus criticus mit einem Asteriscus-System Herr zu werden; doch ist sein Verfahren unglücklich, weil die Benutzer zu leicht in die Irre geführt werden — was sogar den Herausgebern des Loeb-Josephus (1926 ff.) geschehen ist, die sehr oft die Epitome als Textzeugen nennen, wo sie überhaupt nicht kollationierbar war, was in Nieses Apparat jeweils daran zu sehen ist, daß weder ein Astericus erscheint noch ausdrücklich E (d.h. Epit.) als Textzeuge vermerkt ist (vgl. meine Ausführungen und Belege im Gnomon 35, 1963, S. 31). Die von Niese eingeführte Sigle E wird zu leicht als Abkürzung einer Handschrift mißdeutet, von der die Epitome ihrem Wesen nach ganz verschieden ist. Besser wäre die Bezeichnung „Epit." statt „E" und die Anführung dieses Zeugen nicht bei den Handschriften, sondern in der Testimonienabteilung der Textzeugenliste, wie sie Niese am Fuß jeder Seite gibt. Dann bezieht sich auch auf die Epitome — in einer dem Leser deutlichen Form — der für Testimonien im allgemeinen gültige Grundsatz, daß Schlüsse ex silentio nicht ohne weiteres zulässig sind. Die Sigle E für die Josephusepitome hat auch F. Jacoby so mißfallen, daß er sie durch „Epit." ersetzt hat (Die Fragmente der griechischen Historiker, Berlin, Leiden 1923 ff.; z.B. II A S. 325). Es wäre sogar denkbar, in einer künftigen Ausgabe des Josephus die Epitome Antiquitatum fortlaufend synoptisch unter dem Josephustext abzudrucken.

Niese benutzte für die Zwecke seiner Edition die Epitome noch provisorisch nach einzelnen Handschriften, wobei er den Vindobonensis hist. gr. 22 (Busbeckianus) favorisierte. Inzwischen ist aber die Situation grundsätzlich verändert durch den Umstand, daß diese Epitome, von B. Niese selbst herausgegeben, in einer dem subjektiven Belieben entzogenen, kontrollierbaren Form vorliegt: Flavii Josephi Antiquitatum Judaicarum Epitoma (Berlin 1896). Von Niese gedacht als eine Art Supplement zu seiner Josephusedition, ist sie in der Tat sehr nützlich bei der Emendation des Textes.

Flavii Josephi opera, ed. B. Niese (Berlin 1885-1895) I p. XVIII-XXIII. LI. LIX-LXI. LXXIX-LXXX; II p. III; III p. XII. XXXV-XXXVIII. LX. LXIV; IV p. IV. VII; Flavii Josephi opera omnia, ed. S. A. Naber (Leipzig 1888-1896) III p. V; K. Jacoby, Wochenschrift für klassische Philologie 1893, 1003-1004; E. Schürer, Geschichte des jüdischen Volkes I [3.4] (1901) S. 99; R. Eisler, Jesous Basileus (Heidelberg 1929-1930) I p. XLI. 109 Anm. 1; A. Wifstrand, Εἰκότα. Emendationen und Interpretationen zu griechischen Prosaikern der Kaiserzeit. I 2 (Lund 1931) S. 32.

Suda (um 1000), ein Sach- und Wortlexikon mit vielen Josephuszitaten, benutzt Josephus fast ausschließlich über Zwischenquellen, vor allem über die Konstantinischen Exzerpte, so daß es besonders für solche Teile der Werke des Josephus von Interesse ist, für die diese Exzerpte nicht erhalten sind. Bei der textkritischen Nutzung ist zu beachten, daß die Zitate des Suda-Lexikons Josephus oft gekürzt geben, zuweilen auch mit geändertem Wortlaut. Mitunter, nicht immer, ist Josephus mit Namen genannt. Die von Niese benutzte Ausgabe von Bernhardy (1834-1853) ist inzwischen ersetzt durch die Edition Ada Adlers (Suidae Lexicon. Pars I-V. Leipzig 1928-1938). Es ergeben sich nach der neuen Ausgabe folgende Konkordanzen:

B 1, 42-43: s.v.	ἐπικατέσεισεν		B 3, 71:	ἀρετή
B 1, 43:	εὔκλεια		B 3, 72:	ἐκεχειρία
B 1, 67:	ἐκριπισθέντες		B 3, 74:	διασκίδνησιν
B 1, 85:	βασιλειῶντα		B 3, 75:	μελετή
B 1, 192:	ἀβάσκανος		B 3, 90:	ὕσπληξ
B 1, 337:	νένακτο		B 3, 95:	ἀποδεῖν
B 1, 357:	φιλοψυχήσαντα		B 3, 96:	γωρυτός
B 1, 358:	κατανομιστεύσας		B 3, 97:	ἔκκριτον
B 1, 359:	διεφθαρμένος		B 3, 189:	πρὸ λιμοῦ
B 1, 366:	ἔρρεψε		B 3, 192:	νάκος
B 1, 366:	ῥύσια		B 3, 208-209:	θανατῶν
B 1, 506:	παρακοπή		B 3, 214-217:	κριός
B 2, 169-170:	σημαῖαι		B 3, 214-217:	προτομή
B 2, 175-177:	κορβανᾶς		B 3, 233:	ῥοῖζος
B 2, 468:	δελεάζοντες		B 3, 236:	ἐπιπολαίως
B 2, 580:	παράστημα		B 3, 245-247:	πετρόβολον
B 2, 589:	ἐσπάρασσεν		B 3, 261:	προαλίσαντας
B 2, 589:	μετέωρος		B 3, 277:	τῆλις
B 2, 590:	στρατηγιῶντα		B 3, 320:	ὑπεροψίαν
B 2, 592:	ἀμφορεῖς		B 3, 321:	ἀντέσχε
B 2, 601:	καταμησάμενος		B 3, 321:	καταμειδιῶν
B 2, 603:	προσειλήφεσαν		B 3, 322:	παρείθησαν
B 2, 606:	Τιβεριέων		B 3, 335:	διεργάζεται
B 2, 628:	Ἰώεσδρος		B 3, 340:	μοῖρα
B 2, 642:	ἀπερείσασθαι		B 3, 344:	δεξιάς
B 2, 650:	ἐσχεδίαζον		B 3, 398-403:	Ἰώσηπος
B 2, 650:	θειασμοί		B 3, 402:	κατασχεδιάσω
B 3, 6:	προσκληδονιζόμενος		B 3, 405:	Ἰώσηπος
B 3, 6:	σταθερόν		B 3, 408:	ἐδωρεῖτο

B 3, 408:	'Ιώσηπος	A 1, 322:	σάγη
B 3, 532:	ἔπηλυν	A 2, 36:	λάκισμα
B 4, 2:	'Εμεχωνῖται	A 2, 38:	σακκίον
B 4, 118:	ἐνδείξασθαι	A 2, 91:	Ψανθοφάνιχος
B 4, 118:	μετέωρον	A 2, 139:	παραβαλέσθαι
B 4, 221:	θαλπόμενοι	A 2, 205:	ἱερογραμματεῖς
B 4, 224:	ἄθρους	A 2, 220-221:	Μωϋσῆς
B 4, 375:	τραχηλίζων	A 2, 224:	Μωϋσῆς
B 5, 11:	ἐπίκλητος	A 2, 230:	ἀνάστημα
B 5, 69:	καθεῖτο	A 2, 230:	Μωϋσῆς
B 5, 72-73:	ἄδεια	A 2, 231:	ἀφιλότιμος
B 5, 73:	πολεμίζει	A 2, 231:	προσευσχολεῖν
B 5, 75:	ἀθροίζει	A 3, 62:	θάμνος
B 5, 75:	δείξαντες	A 3, 69:	δίαιτα
B 5, 75:	παρεκρότουν	A 3, 73:	προσήκαντο
B 5, 76:	τεθεικότες	A 3, 291-292:	βυκάνη
B 5, 117:	χερμάδος	A 4, 104:	ἐξώλεια
B 5, 122:	ἀκρασίας	A 4, 106:	εὐνοίας
B 5, 125:	ἀδοξεῖται	A 4, 151:	περιστάμενος
B 5, 127:	ἀναλήψεσθαι	A 4, 151-156:	Φινεές
B 5, 270:	ταλαντιαῖοι	A 5, 10:	ὑπελθούσης
B 5, 318:	θωρακείοις	A 5, 13:	φοινικίδα
B 5, 318:	ὑποπεπτηχότες	A 5, 18:	ἡρεῖτο
B 5, 320:	δεξιούς	A 5, 86:	Νεφθαλῖται
B 5, 333:	δυσωπῶ	A 5, 210:	Γεδεών
B 5, 333:	ἐξόν	A 5, 216-217:	Γεδεών
B 5, 343:	ὑφέρποντα	A 5, 226:	ἅπαξ
B 5, 348:	διωρία	A 5, 227:	ἀπολαβόντες
B 5, 460:	ἥλικες	A 5, 249:	φάκελλον
B 5, 474:	ἀγείρας	A 5, 290:	πάμβορον
B 5, 482-483:	φρουροί	A 5, 299:	φυλέτης
B 5, 531:	ἐπειρωνευόμενος	A 5, 305:	ἐνράσσει
B 6, 16:	ψυχρός	A 5, 305:	κατωμαδόν
B 6, 55:	πεπιλημένη	A 5, 307:	ἄληπτος
B 6, 57:	νεμεσηθείς	A 5, 307:	ἐτεχνίτευε
B 6, 161:	ῥόθιον	A 5, 308:	ἰσχυρός
B 6, 161:	στιβαρόν	A 5, 309:	ἀποσημήνασα
B 6, 161-163:	Τίτος	A 5, 309:	κατέδει
B 6, 178:	στύππη	A 5, 310:	ῥήξας
B 6, 230:	ἐξαλλομένους	A 5, 314:	στεγόντων
B 6, 362:	ὑπέμεινεν	A 5, 316:	ἐνσεισθείς
B 6, 364:	ἀλαζονεία	A 5, 342-346:	'Αλκάνης
B 6, 364:	ἱλαροῖς	A 5, 346-350:	Σαμουήλ
B 6, 369:	γυμνοπαίδια	A 5, 347:	ἀνεῖτο
B 6, 417:	ἐτήρει	A 6, 34:	καθυφίεντο
B 6, 432:	θεμιτή	A 6, 68-70:	Σαοῦλος
B 7, 418:	ἐμέλλησεν	A 6, 142:	ἄχθομαι
A 1, 321:	ἐποφθαλμίσας	A 6, 171:	Γολιάθης

A 6, 189:	καρωθείς		A 12, 211-214:	Πτολεμαῖος
A 6, 260:	Νόμβα		A 12, 212:	ἄθυρμα
A 6, 265:	ἐμπαροινοῦντες		A 12, 212:	περιέδυσεν
A 6, 338:	παράβολος		A 12, 214:	ἀνακροτῆσαι
A 7, 79-82:	Ὀζάν		A 12, 214:	εὐτραπελία
A 7, 390-391:	Δαυίδ		A 12, 250:	περιδύσας
A 8, 200-204:	Ἄδερ		A 12, 265:	Μωδεείμ
A 8, 225-226:	Ἱεροβοάμ		A 13, 11:	Μήδαμα
A 8, 266-272:	Ἀχίας		Λ 13, 15:	Θοκόα
A 8, 318:	Ἰεζάβελ		A 18, 63-64:	Ἰώσηπος
A 8, 355-362:	Ναβουθαί		A 18, 116-119:	Ἰώσηπος
A 9, 18:	Ὀχοζίας		A 18, 314:	ὀρφανός
A 9, 27:	Ἰωράμ		A 18, 314:	ταλασιουργία
A 9, 166-169:	Ἰωάνος		A 18, 314:	ἐπικλάσωσιν
A 9, 190:	φθῆναι		A 18, 315:	δικαιοῦν
A 9, 205:	Ἱεροβοάμ		A 18, 319:	χρῆμα
A 9, 216-224:	Ὀζίας		A 18, 320:	κατόπτης
A 9, 223:	εὐπραξία		A 18, 330:	ἐνστομισμάτων
A 10, 12:	νεμεσηθείς		A 18, 337:	ἀνεπικλήτως
A 12, 191:	φιλεργός		A 18, 356:	ὄνος
A 12, 195:	ὑπερηγάπησεν		A 19, 272:	ἐναγισμοί
A 12, 198:	ἐπιεικῶς		A 19, 273:	ἐκλειπία
A 12, 199:	αὐτόθεν		A 20, 200:	Ἰώσηπος
A 12, 203:	Ὑρκανός		Vita 227:	παραφυλάσσω
A 12, 210:	ὑποκατακλίνεται			

Keine Entsprechung in dem uns überkommenen Josephustext haben die (fiktiven) Zitate s.v. ἀποστυγοῦντες und s.v. Χαλκιδῖτις. Die Kontroverse des Josephus mit Justus von Tiberias wird s.v. Ἰοῦστος erwähnt, ohne daß ein Stellenbezug möglich wäre. Sub voce Ἰώσηπος befinden sich Berichte kirchengeschichtlicher Natur, die — zum Teil pseudepigraphischen Charakters — stereotype Wiederholungen bekannter Elemente der Josephustradition sind: Ἰώσηπος, Ἰουδαῖος, φιλαλήθης, λέγων περὶ τοῦ Προδρόμου, καὶ περὶ τοῦ κυρίου ἡμῶν καὶ θεοῦ καὶ σωτῆρος Ἰησοῦ Χριστοῦ κτλ. (es folgt ein kurzer Abriß seines Lebens und seiner Werke) οὗτος ἐν τῇ ὀκτωκαιδεκάτῃ τῆς Ἀρχαιολογίας βίβλῳ φανερῶς ὁμολογεῖ διὰ τὸν ὄγκον τῶν σημείων τὸν Χριστὸν ἐσφάχθαι παρὰ Ἰουδαίων καὶ Ἰωάννην τὸν βαπτιστὴν ἀληθῶς γεγενῆσθαι προφήτην καὶ διὰ τὴν σφαγὴν Ἰακώβου τοῦ ἀποστόλου τὰ Ἱεροσόλυμα πεπορθῆσθαι. γράφει δὲ περὶ τοῦ κυρίου ἡμῶν Ἰησοῦ Χριστοῦ οὕτως· γίνεται κτλ. Eine bemerkenswerte Aussage über Josephus findet sich schließlich noch s.v. Φλέγων: ὁ Ἰώσηπος καὶ δεδοικότι ἔοικε καὶ εὐλαβουμένῳ ὡς μὴ προσκρούσειεν Ἕλλησι.

Flavii Josephi opera, ed. B. Niese (Berlin 1885-1895) I p. LXI;

VI p. XXII. LXV; K. Krumbacher, Geschichte der byzantinischen Litteratur (München 1897²) S. 565-567; A. Adler, Pauly-Wissowa RE IV A 1 (1931) 700 ff.

Landolfus Sagax (um 1000) gibt in den ‚Additamenta ad Pauli Historiam Romanam' über Zwischenquellen einen kurzen Abriß der im Bellum Judaicum des Josephus geschilderten Ereignisse (Monumenta Germaniae Historica. Auctores Antiquissimi II, 304, 13 ff.), wobei er zu sprechen kommt auf Bell. Jud. 6, 312 (304, 15-16), 3, 400 ff. (304, 24-26), 6, 240 (305, 3-4), 6,288-304 (305, 6-44), 5, 519 (307, 23-26). Als neues (fiktives) Element der Josephustradition erscheint hier ein Bericht über die ärztliche Kunst des Josephus (304, 36-40): cum nuntiatum ei (sc. Tito) a Roma fuisset, quod pater eius imperium potiretur, ex hilaritate nimia crura eius dextra crementum carnis accepit ita, ut calciamentum non reciperet. quem Josephi ducis Judaeorum consilio ut alia restituta est, qui iusserat ante eum hominem transire, in quem plurimum odio habebat. Diese Geschichte, der wir in erweiterter Form auch später noch begegnen, geht wahrscheinlich auf die sogenannte Vindicta Salvatoris zurück, einen Zyklus apokrypher Erzählungen aus dem 10. Jahrhundert, der die Sühne für die Kreuzigung Christi zum Thema hat.

G. Kisch, Forschungen zur Rechts- und Sozialgeschichte der Juden in Deutschland während des Mittelalters (Stuttgart 1955) S. 74.

Leon Grammatikos (um 1013) gehört zu den zahlreichen byzantinischen Autoren, die über mehrere Zwischenquellen und absolut kompilatorisch eine mit Adam beginnende Chronik schreiben. Zu dem von ihm übernommenen tralatizischen Gut gehört auch das eine oder andere aus Josephus. Ich gebe einige Beispiele von Entsprechungen, wobei Josephus, der nirgends namentlich genannt wird, nur mehr oder weniger deutlich anklingt:

A 1, 61-62:	p. 8 (Bekker)	A 2, 231:	p. 24
A 1, 68 ff.:	p. 9. 16	A 7, 392 ff.:	p. 53
A 1, 123 ff.:	p. 17	A 8, 46 ff.:	p. 32

K. Krumbacher, Geschichte der byzantinischen Litteratur (München 1897²) S. 322; F. Zoepfl, Der Kommentar des Pseudo-Eusthathios zum Hexaëmeron (Münster i.W. 1927) S. 43-45.48. — Leonis grammatici chronographia. Ex recognitione Immanuelis Bekkeri, Bonn 1842 (= Corpus Scr. Hist. Byz. Nr. 34).

Lantbert von Deutz (um 1050). In seiner ,Vita Heriberti' (Monumenta Germaniae Historica. Scriptores IV, 749, 8 ff.) klingt Josephus Ant. Jud. 11, 329 ff. an: Sic Alexander Magnus, cum Hierusalem conaretur irrumpere, territus est a simili pontificii veteris imagine, prohibente ne quam vim suis inferret civibus, nisi gratus sibi esset praesens vitae exitus.

M. Manitius, Geschichte der lateinischen Literatur des Mittelalters (München 1911-1931) II S. 365; G. Cary, Alexander the Great in Mediaeval Theology, Journ. Warb. Inst. (London) 17 (1954) 108.

Marianus Scottus († 1082/1083) zitiert in seiner Chronik für Vorgänge der neutestamentlichen Zeitgeschichte verschiedentlich ,,Josephus vernaculus Judeorum scriptor historicus" (Migne PL 147, 638), zum Beispiel PL 147, 635. 643.646. Davon bezieht sich PL 147, 638 auf Bell. Jud. 2, 169 ff.; 6, 299.

M. Manitius, Geschichte der lateinischen Literatur des Mittelalters, II (München 1923) S. 391.

12. Jahrhundert

Georgios Kedrenos (bei Niese irrtümlich ,,Johannes Kedrenos"), 11./12. Jh., benutzt in seiner Synopsis Historiōn die Werke des Josephus in der ausgedehntesten Weise, aber anscheinend ausschließlich oder so gut wie ausschließlich über Zwischenquellen, darunter besonders auffällig Georgios Monachos. Die Art der Benutzung, bei der Josephus in der Regel namentlich genannt wird, reicht vom wörtlichen oder fast wörtlichen Zitat über Paraphrasen bis hin zur (oft stark kürzenden) referierenden Inhaltsangabe. Nicht wenige Anführungen aus Josephus sind fiktiv oder sachlich entstellt und verzerrt, beziehungsweise sind bei Josephus nicht oder nicht so verifizierbar, wie Kedrenos seine Leser annehmen läßt. Da findet sich zunächst die schon bekannte Aussage über Adams Grab (ἡ δὲ ταφὴ αὐτοῦ κατὰ τὴν τῶν Ἱεροσολύμων γέγονε γῆν, ὡς Ἰώσηπος ἱστορεῖ. PG 121, 41). Der Bericht PG 121, 92 (τῷ δὲ λη′ ἔτει τοῦ Ἰωσὴφ ἤρξατο ὁ λιμός· οὐ γὰρ ἀνέβη ὁ Νεῖλος ἐν ὅλοις τοῖς ἑπτὰ ἔτεσι τοῦ λιμοῦ, ὡς Ἰώσηπος μαρτυρεῖ) stimmt nicht überein mit Ant. Jud. 2, 93, wo man ihn wiederfinden müßte. Die Darstellung des Todes Salomos PG 121, 149 (ὁ δὲ καὶ Ἰώσηπος καὶ διὰ τοῦτο ἀκλεῶς τεθνάναι αὐτὸν λέγει, διὰ τὸ καὶ λέοντας καὶ βόας μετὰ τῶν λοιπῶν ἀνομημάτων εἰς ὑψηλὴν θεωρίαν ἀναπλάσαι αὐτόν) enthält eine Begründung, die Josephus (Ant. Jud. 8, 195-196) fremd ist. Überhaupt nicht verifizieren läßt sich bei Josephus ein Bericht über Rebekka PG 121, 89 ('Ρεβέκκα δέ, ὥς φησιν Ἰώσηπος ἐν τῇ Ἀρχαιολογίᾳ, ἠξίωσε τὸν Ἰσαὰκ ἀγαγεῖν Ἠσαῦ καὶ Ἰακὼβ καὶ διαλλάξαι αὐτούς). Weiteres dieser Art findet sich PG 121, 33.48.229.357.373.437. Es bleibe dahingestellt, ob solche Elemente der Josephustradition auf Scholien und anderes Rankenwerk der handschriftlichen Überlieferung zurückgehen oder durch nachlässige Benutzung von Zwischenquellen (die ihrerseits mitunter durch die Eigenart ihrer Darstellung falsche Verknüpfungen beim Leser provozieren konnten) entstanden sind. Im Hinblick auf die Natur byzantinischer Chroniken scheint mir die zweite Möglichkeit sehr viel wahrscheinlicher. Die kaum noch zu überbietende kompilatorische Unselbständigkeit des Kedrenos läßt vermuten, daß auch eine kritische Einzelbeobachtung wie PG 121, 153 die Bemerkung zu Ant. Jud. 5, 303 (ὅτι οὐχ ὡς ἡ Γραφὴ ἔχει, οὕτως ἐξηγεῖται Ἰώσηπος τὰ περὶ Σαμψών κτλ.) aus einer Zwischenquelle übernommen wurde. Immer wieder begegnet der Bericht über den Herrenbruder Jakobus (PG 121, 401 zu Ant. Jud. 20, 200): φησὶ γὰρ Ἰώσηπος· ταῦτα δὲ συμβέβηκεν Ἰουδαίοις κατ' ἐκδίκησιν Ἰακώβου τοῦ Δικαίου, ὃς ἦν ἀδελφὸς Ἰησοῦ τοῦ λεγομένου Χριστοῦ, ἐπειδήπερ δικαιότατον ὄντα Ἰουδαῖοι ἀπέκτειναν. Er gehört ebenso zum tralatizischen Gut der Byzantiner wie die Umdeutung der Prophetie Bell. Jud. 6, 312-313 auf Jesus Christus (PG 121, 372): ἱστορεῖ δὲ καὶ Ἰώσηπος χρησμόν τινα ἐν ἱεροῖς γράμμασιν εὑρεθῆναι, περιέχοντα ὡς κατὰ καιρὸν ἐκεῖνον ἀπὸ τῆς αὐτῶν χώρας ἄρξει τις ἄνθρωπος τῆς οἰκουμένης πάσης, ὃν αὐτὸς μὲν ἐπὶ Οὐεσπασιανοῦ ἐξείληφε πεπληρῶσθαι, διήμαρτε δὲ τῆς ἑρμηνείας ἐκ διαμέτρου . . . λείπεται δὲ οὖν ἐπὶ τὸν κύριον ἡμῶν Ἰησοῦν Χριστὸν τοῦτο πληροῦσθαι. Auch im Lob der Wahrheitsliebe geht Kedrenos auf den Spuren seiner Vorgänger, besonders des Georgios Monachos (PG 121, 445): αὐτὸν παρέξομεν τὸν Ἰώσηπον μάρτυρα, τὸν τὰ ἐκείνων φρονοῦντα . . . σὺ δέ μοι σκόπει τὸ φιλάληθες τοῦ ἀνδρός, ὃς εἰ καὶ Ἰουδαῖος ἦν, ἀλλ' οὐκ ἠνέσχετο ζηλῶσαι τὴν Ἰουδαϊκὴν φιλονείκειάν τε καὶ ψευδηγορίαν. Das ist bezogen auf den Bericht über den Untergang Jerusalems und die Deutung dieser Vorgänge im Sinne von Daniel 8, 24 durch Ant. Jud. 10, 276. Auf Josephus kann deshalb wie auf ein einschlägiges Handbuch oder eine offizielle Quelle verwiesen werden (PG 121, 416): Καὶ τί μοι τὰ πολλὰ λέγειν; Ἰώσηπος ὁ ἐκεῖνος, φιλαλήθης ὢν ἱστορεῖ περὶ τούτου τῷ τε πολέμῳ καὶ τῇ ἁλώσει ἐκεῖσε συνών. τούτῳ τις ἐντυχὼν εἴσεται σαφέστερον. Im gleichen Zusammenhang erscheint auch die schon bekannte Verknüpfung mit Matth. 24, 21

(PG 121, 436): ἔσται θλῖψις οἵα οὐ γέγονεν. ἆρα οὐκ ἐγένετο; ἀνάγνωθι τὴν ἱστορίαν Ἰωσήπου, ἀνδρὸς Ἰουδαίου καὶ φιλαλήθους· καὶ οὐδὲ ἀναπνεῦσαι λοιπὸν δυνήσῃ ἀκούων μόνον ἅπερ ἔπαθον οἱ ἄθλιοι τηνικαῦτα Ἰουδαῖοι διὰ τὴν κατὰ Χριστοῦ μανίαν καὶ λύσσαν. ἵνα γὰρ μηδεὶς τῶν Ἰουδαίων ἀπιστήσῃ, οὐκ ἀλλόφυλόν τινα, ἀλλ' ὁμόφυλον καὶ ὁμόπιστον καὶ ζηλωτὴν παρεσκεύασεν ἡ ἀλήθεια τὰ ἐλεεινὰ ἐκεῖνα καὶ δυσεξήγητα ἐκτραγῳδῆσαι πάθη.

Die Konkordanzen Josephus-Kedrenos sind folgende:

B 2, 119 ff.:	PG 121, 388-389	A 8, 195-196:	PG 121, 149
B 2, 261-263:	PG 121, 384	A 8, 211:	PG 121, 156
B 6, 201-212:	PG 121, 416	A 9, 213:	PG 121, 153
B 6, 312-313:	PG 121, 372	A 10, 33:	PG 121, 156
B 6, 418:	PG 121, 416	A 10, 81-83:	PG 121, 229
B 6, 420 (?):	PG 121, 437	A 10, 276:	PG 121, 445
B 6, 420 ff.:	PG 121,416	A 11, 173:	PG 121, 229
A 1, 33 (?):	PG 121, 33	A 12, 110-113:	PG 121, 325
A 1, 70-71:	PG 121, 40	A 12, 322:	PG 121, 448
A 1, 114-118:	PG 121, 48	A 13, 249:	PG 121, 329
A 1, 155:	PG 121, 81	A 15, 22:	PG 121, 357
A 1, 167:	PG 121, 81	A 15, 39-40:	PG 121, 357
A 2, 75:	PG 121, 161	A 16, 179-182:	PG 121, 329
A 3, 270-273:	PG 121, 153	A 18, 4-10:	PG 121, 373
A 4, 65:	PG 121, 153	A 18, 23-25:	PG 121, 373
A 4, 72-73:	PG 121, 153	A 18, 34-35:	PG 121, 368
A 4, 125:	PG 121, 153	A 18, 63-64:	PG 121, 381
A 4, 326:	PG 121, 173	A 18, 116-119:	PG 121, 368. 381
A 5, 303:	PG 121, 153	A 20, 169-172:	PG 121, 384
A 7, 91-92:	PG 121, 156	A 20, 200:	PG 121, 401
A 7, 318:	PG 121, 153-156	Vita 11-12:	PG 121, 389
A 7, 392-394:	PG 121, 205. 329	Ap 1, 201-204:	PG 121, 308
A 8, 44 ff.:	PG 121, 156. 196	Ap 2, 27 (?):	PG 121, 33
A 8, 174:	PG 121, 201		

Ohne bestimmten Stellenbezug ist von Josephus die Rede PG 121, 420.448.

H. Gelzer, Sextus Julius Africanus und die byzantinische Chronologie (Leipzig 1885-1895) II S. 357 ff. 366 ff. 376-377; Flavii Josephi opera, ed. B. Niese (Berlin 1885-1895) I p. LXVIII-LXIX. LXXXIII; K. Krumbacher, Geschichte der byzantinischen Litteratur (München 1897²) S. 368-369; F. Zoepfl, Der Kommentar des Pseudo-Eustathios zum Hexaëmeron (Münster i.W. 1927) S. 44; R. Eisler, Jesous Basileus (Heidelberg 1929-1930) I S. 522 ff. — Noch nicht ersetzt ist die schon von Niese benutzte Ausgabe im Corpus Scriptorum Historiae Byzantinae Nr. 14-16 (Bonn 1828 ff.), abgedruckt bei Migne, PG 121.

Theophylakt († um 1108) ist Textzeuge für die Lesart 7 statt 5 zu Ant. Jud. 20, 169 (betreffend die Entfernung des Ölberges von Jerusalem) in seiner Expositio in Acta Apostolorum 1, 12 (Migne PG 125, 520). Nach Josephus erwähnt er die Hungersnot im belagerten Jerusalem und die Vorzeichen vor dem Untergang der Stadt (In Evangelium Lucae 21, 5-11; PG 123, 1052) sowie die Teknophagie der Maria (In Ev. Lucae 21, 20-27; PG 123, 1056). Die Wahrheitsliebe des Josephus wird in traditioneller Weise gerühmt in Verbindung mit seinem Bericht über den Untergang Jerusalems (In Evangelium Matthaei 22, 1-7; PG 123, 385): (ὁ βασιλεὺς) τοὺς ἀπειθεῖς Ἰουδαίους ἀπώλεσε καὶ τὴν πόλιν αὐτῶν ἐνέπρησε τὴν Ἱερουσαλήμ, ὡς καὶ ὁ φιλα-λήθης Ἰώσηπος λέγει. Die gleiche Formulierung Ἰώσηπος φιλαλήθης erscheint auch In Matth. c. 22, PG 124, 219. Die in der Josephus-tradition ganz geläufige Deutung des Unterganges Jerusalems und der Leiden seiner Bewohner als gerechte Strafe für die Missetat gegen Jesus und seinen Kreis führt auch bei Theophylakt zu einer ent-sprechenden Aussage (In Evangelium Joannis 13, 33-35; PG 124, 165): ἐξήτασαν μὲν οὖν αὐτὸν (sc. Ἰησοῦν) οἱ Ἰουδαῖοι, ὅτε ἡ πόλις αὐτῶν ἑάλω καὶ ἡ θεήλατος ὀργὴ πάντοθεν κατ᾽ αὐτῶν ἐφέρετο, ὡς καὶ Ἰώσηπος μαρτυρεῖ διὰ τὸν θάνατον τοῦ Ἰησοῦ ταῦτα αὐτοῖς γενέσθαι. Solche fiktiven Zeugnisse einer wuchernden theologischen Phantasie, die unkritisch findet, was sie finden will, sind in der Josephustradition keineswegs ungewöhnlich und müssen deshalb nicht auf einen Ur-josephus (als Quelle der slavischen Übersetzung) zurückgeführt werden, wie das Robert Eisler versucht hat.

E. Nestle, Zeitschr. neutest. Wiss. 3 (1902) 248; R. Eisler, Jesous Basileus (Heidelberg 1929-1930) I S. 151.

Gallus Anonymus (Anfang des 12. Jh.), der älteste Geschichtsschreiber Polens, spricht von den Antiquitates Judaicae des Josephus als „historia principalis", meint also, daß sie ein historisches Quellenwerk ersten Ranges seien (p. 67, 17 der Ausgabe von Maleczyński, Krakau 1951).

M. Plezia, Deutsche Literaturzeitung 81 (1960) 220.

Euthymius Zigabenus (Anfang des 12. Jh.) zitiert in seiner Panoplia, einem Kompendium der Glaubenslehre samt Widerlegung der Irr-lehren, das Testimonium Flavianum (Ant. Jud. 18, 63-64; Migne PG 130, 272).

K. Krumbacher, Geschichte der byzantinischen Litteratur (München 1897²) S. 83.

Lambert von St. Omer († 1123) benutzte in seinem (bisher ungedruckten) ‚Liber floridus' Josephus, wie aus der Inhaltsangabe zu einer Handschrift hervorgeht, die Migne PL 163, 1003-1032 gibt. Danach ist Josephus in dieser Handschrift genannt Nr. 10 Fol. 22ᵛ (PL 163, 1009); Nr. 128 Fol. 141ᵛ-142ʳ (PL 163, 1019); Nr. 129 Fol. 143ʳ (PL 163, 1020) hat das Testimonium Flavianum (Ant. Jud. 18, 63-64); vielleicht gehen auch noch andere Stücke des Liber floridus auf Josephus zurück, so Nr. 141 Fol. 210ʳ, wovon Migne nur das Thema nennt: „De excidio Hierusalem signa". Damit könnte Bell. Jud. 6, 289 ff. gemeint sein.

M. Manitius, Geschichte der lateinischen Literatur des Mittelalters (München 1911-1931) III S. 243; E. M. Sanford, Transact. and Proc. of the Am. Philol. Ass. 66 (1935) 142.

Ekkehard († 1125) erwähnt Josephus öfters vor allem im Zusammenhang mit chronologischen Problemen: Monumenta Germaniae Historica, Scriptores VI 18, 55; 35, 28; 46, 13; 53, 30.57.60.63.65.67; 56, 55; 57, 25.28.56.61; 58, 2; 59, 14.66; 60, 4; 81, 52; 83, 33.37.40.46; 89, 57; 101, 49-51; 102, 42.53. Die Prodigien vor dem Untergang Jerusalems (Bell. Jud. 6, 288 ff.) und das Testimonium Flavianum (Ant. Jud. 18, 63-64) werden p. 97, 17 ff. erwähnt beziehungsweise zitiert. In der Verknüpfung dieser beiden Berichte bewegt sich Ekkehard auf einer alten Traditionslinie. Auch Ekkehard schätzt Josephus wie ein historisches Handbuch oder ein (jedermann bekanntes und zugängliches) Quellenwerk von hohem Rang, wie sich daran zeigt, daß er gelegentlich seine Leser darauf verweist (Mon. Germ. Hist., Scriptores VI 87, 25 von der Witwe des Alexander Jannäus): Cuius actus qui latius scire voluerit, tercium decimum Josephi librum antiquitatis hystoriae legere curet. VI 96, 44 ff. wird Ant. Jud. 18, 109-117 zitiert und im Hinblick auf die umstrittene Identität der dort genannten Herodias gesagt: Ex his prudens lector eligat, quid magis sit tenendum, cum et difficile sit evangelistae verbis non credere, et omnes astipulentur Josephum veracem antiquitatum relatorem existere, nisi forte dicatur evangelista pro affinitate personarum mutationem fecisse nominum, nec multum curaverit inter tot Herodis filios exquirere, quod duos filios sibi aequivocos scribatur habuisse. Die Autorität des Josephus in historischen Einzelfragen wird also für so bedeutend gehalten, daß er in ernsthafte Konkurrenz zum Neuen Testament treten kann.

M. Manitius, Geschichte der lateinischen Literatur des Mittelalters (München 1911-1931) III S. 351. — Beiläufig merke ich an, daß auch ein anderer Ekkehard († 1060, war als Lehrer in St. Gallen tätig) Josephus erwähnt und zitiert, nämlich Ant. Jud. 2, 231 (Monumenta Germaniae Historica, Scriptores II 122, 25).

Fulcher († um 1127/1128), Teilnehmer des ersten Kreuzzuges und Verfasser der ‚Historia Hierosolymitana', benutzt Josephus wie einen Reiseführer im Heiligen Land. So schreibt er 1, 34, 3 (p. 339 H.): hic autem lacus, Genesar dictus, XL stadiis in latitudine centumque in longitudine, iuxta Josephum, was auf Bell. Jud. 3, 506 zielt. Ähnlich fußt er 3, 51, 4 (p. 796 H.) auf Bell. Jud. 7, 97-99. Weitere Erwähnungen des Josephus finden sich 3, 29, 2 (p. 700 H.; zu Ant. Jud. 5, 199.283-287), 3, 46, 6 (p. 774 H.; zu Bell. Jud. 1, 374), 3, 52, 1 (p. 797 H.; zu Bell. Jud. 2, 189-191); vgl. 3, 29, 5 (p. 703 H.).

Fulcherii Carnotensis Historia Hierosolymitana (1095-1127), hg. von Heinrich Hagemeyer, Heidelberg 1913.

Rupertus Tuitensis († 1129/1130) bezieht sich in seiner Schrift De victoria verbi dei 9, 13 (PL 169, 1409) auf Ant. Jud. 11, 329 ff.; In Joh. ev. 1, 1, 5 (Corpus Christianorum, Continuatio Mediaevalis IX 1, 349) und 1, 1, 28 (ibid. IX 1, 1611) wird der Bericht des Josephus über Johannes den Täufer (Ant. Jud. 18, 116-119) erwähnt. Bell. Jud. 6, 299 wird zitiert In Joh. Ev. 5, 5, 4 (Corp. Christ., Cont. Med. IX 5, 108). Nur eine schwache Stütze in Ant. Jud. 20, 200 hat der pseudo-josephische Bericht, den Rupert von Deutz Comment. in Apocalypsim 4, 6 (PL 169,951) gibt: De isto autem ita refert Josephus: Ananus, inquit, pontifex adolescens Anani filius de genere sacerdotali accepta occasione, concilium congregavit, et compellens publice Jacobum, ut Christum dei filium denegaret, contradicentem lapidari iussit. Qui cum praecipitatus de pinna templi confractis cruribus adhuc semianimis, tollens manus ad coelum diceret: ‚domine, ignosce eis, quod enim faciunt, nesciunt'; fullonis fuste ... in cerebro percussus interiit. Tradit idem Josephus, tantae eum sanctitatis fuisse et celebritatis in populo, ut propter eius necem creditum sit subversam Jerosolymam. Dieses Stück Pseudo-Josephus stellt schon eine sehr entwickelte Form der von Ant. Jud. 20, 200 ausgehenden Legende dar.

M. Manitius, Geschichte der lateinischen Literatur des Mittelalters (München 1911-1931) II S. 365.

Balderich von Bourgueil († 1130) erwähnt zu Beginn seiner Historia Hierosolymitana (PL 166, 1064) das Bellum Judaicum des Josephus: Quod (sc. excidium) quomodo acciderit, legenti gesta Titi et Vespasiani patebit: quam lectionem vir eloquentissimus Josephus stylo celebri consecravit.

M. Manitius, Geschichte der lateinischen Literatur des Mittelalters (München 1911-1931) III S. 898; E. M. Sanford, Transact. and Proc. of the Am. Philol. Ass. 66 (1935) 141.

Acardus de Arroasia († um 1136) schildert in seinem ‚Tractatus super templo Salomonis', einem Gedicht in Fünfzehnsilbern (einzige Ausgabe: Archives de l'Orient Latin [Paris] 1 [1881; Nachdruck 1964] 567-579), auch die entsetzlichen Leiden der hungernden Bevölkerung im belagerten Jerusalem. Als Beispiel dienen ihm Bell. Jud. 6, 201-213 die Teknophagie der Maria (Zeile 416-437) und Bell. Jud. 5, 430.571 (Zeile 424-427):

> Tanta namque fames erat obsessis extrinsecus
> ut replerent ventres suos propriis stercoribus.
> Filiorum suffocabant patres guttur manibus,
> ut extraherent eorum bucellas de dentibus.

Damit wird der realistische Bericht des Josephus drastisch vergröbert und noch übertrumpft („propriis stercoribus" für ὄνθον βοῶν Bell. Jud. 5, 571). Immerhin sieht man, welche Berichte des Josephus im Mittelalter besonderen Eindruck machten. In den Bereich der Kirchengeschichte gehören die Zeilen 459-461:

> Quidam autem Judeorum tantum exterminii
> putaverunt accidisse non pro morte domini,
> sed pro morte fratris eius ibi passi Jacobi.

Zwar ist Josephus nicht namentlich genannt, doch handelt es sich hier zweifellos um (fiktive) Elemente der sich um Ant. Jud. 18, 63-64 und 20, 200 rankenden Josephustradition, die in kontaminierender Weise verbunden werden.

M. Manitius, Geschichte der lateinischen Literatur des Mittelalters (München 1911-1931) III S. 1001-1002; E. M. Sanford, Transact. and Proc. of the Am. Philol. Ass. 66 (1935) 142.

Hugo von St. Victor († 1141) Erudit. didasc. 3, 2 (Migne PL 176, 766) bezieht sich auf Ant. Jud. 1, 167: Josephus autem asseverat Abraham primum docuisse apud Aegyptios astrologiam.

Ordericus Vitalis († 1142) erwähnt Josephus in seiner ‚Historia ecclesiastica' 2, 3 (PL 188, 113), referiert Ant. Jud. 18, 34-35 (1, 2; PL 188, 22) und Ant. Jud. 18, 252 (2, 3; PL 188, 111. Josephus ist „Hebraeorum nobilis historiographus"). Ant. Jud. 19, 343-348 (Tod Agrippas) wird in traditionellem Sinne umgedeutet (,,angelus domini percussit eum". 2, 3; PL 188, 114). Hist. eccl. 2, 3 (PL 188, 111) müssen es sich Philo und Josephus in bekannter Weise gefallen lassen, für die christliche Geschichtsdeutung in Anspruch genommen zu werden: J u d a e i e t i a m , p r o p i a c u l i s q u a e i n C h r i s t u m a u s i s u n t , n i m i a s c l a d e s e t t r i b u l a t i o n e s p e r t u l e r u n t , s i c u t i p r a e d i c t i s o p h i s t a e P h i l o e t J o s e p h u s s u i s i n s c r i p t i s r e f e r u n t . Nam ex admissi sacrilegii tempore nunquam ab eis seditionum furor, nunquam bella mortesque cessaverunt, usquequo ultimum exitiabile malum temporibus Vespasiani obsidionis eos inclusit.

M. Manitius, Geschichte der lateinischen Literatur des Mittelalters (München 1911-1931) III S. 523.

Peter Abälard († 1142) erwähnt in seiner ‚Theologia Christiana' (PL 178, 1187) den Bericht des Josephus über die Essener und die anderen jüdischen Sekten (Ant. Jud. 18, 11-22). An anderer Stelle (PL 178, 1185) nennt er Josephus im gleichen Zusammenhang, jedoch erkennbar indirekt über Hieronymus (Epist. 32, 5, 8).

C. Spicq, Esquisse d'une histoire de l'exégèse latine au moyen âge (Paris 1944) S. 78 Anm. 3; G. Bardy, Revue hist. ecclés. 43 (1948) 187.

Wilhelm von Malmesburg († nach Dez. 1142) nennt und referiert Josephus Ant. Jud. 7, 392-394; 8, 45-49; 16, 179-182 in seinen ‚Gesta regum Anglorum' (Monumenta Germaniae Historica, Scriptores X 463, 14-24).

Zonaras (Ende 11. — Mitte 12. Jh.) schöpft in seiner Epitome Historiarum, einer Chronik von der Erschaffung der Welt bis zum Jahre 1118, umfangreich aus Josephus, benutzt aber für die Archäologie ausschließlich die Epitome Antiquitatum, so daß er hier nur mittelbarer Textzeuge ist und als Überlieferungsträger zugunsten der Epitome ausscheidet, zumal diese inzwischen in bequem benutzbarer

Form vorliegt: Flavii Josephi Antiquitatum Judaicarum Epitoma, ed. B. Niese, Berlin 1896. Zonaras gibt Josephus selten ganz wörtlich; meistens handelt es sich um Paraphrasen mit sehr zahlreichen wörtlichen Übernahmen und Anklängen oder um (oft stark kürzende) Referate, bei denen nur noch einzelne Rudimente des genuinen Textes feststellbar sind. Ein Schluß auf den Wortlaut des von Zonaras benutzten Josephuskodex — er steht dem Laurentianus 69, 19 (L) nahe — ist bei diesem Sachverhalt oft erschwert oder gar unmöglich.

Wie schon zahlreiche Vorgänger deutet auch Zonaras die Prophezeiung eines künftigen Weltherrschers (Bell. Jud. 6, 312-313) von Vespasian auf Jesus Christus als den Vollender der Geschichte um (Epit. 11, 16; III p. 50 Dindorf): Ὁ γὰρ Ἰώσηπος, ὡς αὐτὸς ἐκεῖνος ἱστόρησε, χρησμόν τινα ἐν γράμμασιν ἱεροῖς εὑρηκὼς δηλοῦντα ὡς ἄρξει τις ἀπὸ τῆς χώρας αὐτῶν τῆς οἰκουμένης . . . εἰς τὸν Οὐεσπασιανὸν τείνειν ὑπείληφε τὸν χρησμόν . . . δικαιότερον δ᾽ ἂν ἢ ἀληθὲς μάλιστα νομισθείη τὸ ἐπὶ τὸν σωτῆρα τοῦ τῶν ἀνθρώπων γένους τὸν κύριον Ἰησοῦν Χριστὸν τὸν χρησμὸν ἐκληφθῆναι. οὐ γὰρ τῆς οἰκουμένης πάσης Οὐεσπασιανὸς ἐβασίλευσε, κατὰ τὸν χρησμόν, ἀλλὰ τῆς ὑπὸ Ῥωμαίους μόνης· πολὺ δὲ τῆς οἰκουμένης ἦν ὁ τῆς Ῥωμαϊκῆς ἀρχῆς ἦν ἐκτός· ὁ δὲ κύριος συμπάσης τῆς οἰκουμένης ἐβασίλευσε κτλ.

Bei den Konkordanzen Josephus-Zonaras können die Entsprechungen zu den Antiquitates außer Betracht bleiben, da Zonaras in diesem Bereich nicht Josephus, sondern die Epitome bezeugt. Die Stellen bei Zonaras gebe ich nach Buch und Kapitel, sowie (in Klammern) nach Band und Seite der Ausgabe von Dindorf.

B 3, 352:	11, 16 (III 50)		B 5, 109-111:	6, 19 (II 54)
B 4, 399-402:	11, 16 (III 50)		B 5, 113-117:	6, 19 (II 54)
B 4, 601:	11, 16 (III 49)		B 5, 120-121:	6, 19 (II 54)
B 4, 603-605:	11, 16 (III 49)		B 5, 130:	6, 19 (II 54)
B 4, 616-617:	11, 16 (III 49)		B 5, 132:	6, 19 (II 54)
B 4, 623-624:	11, 16 (III 49)		B 5, 259:	6, 19 (II 54)
B 4, 626-628:	11, 16 (III 50)		B 5, 262:	6, 19 (II 55)
B 4, 654.656:	11, 16 (III 51)		B 5, 275-276:	6, 19 (II 55)
B 5, 51-52:	6, 19 (II 53)		B 5, 282-284:	6, 19 (II 55)
B 5, 55-56:	6, 19 (II 53)		B 5, 286-289:	6, 19 (II 55)
B 5, 59:	6, 19 (II 53)		B 5, 292:	6, 19 (II 55)
B 5, 62:	6, 19 (II 53)		B 5, 296:	6, 19 (II 55)
B 5, 65:	6, 19 (II 53)		B 5, 298:	6, 19 (II 55)
B 5, 67-68:	6, 19 (II 53)		B 5, 299-300:	6, 19 (II 55)
B 5, 71 ff.:	6, 19 (II 53)		B 5, 301-302:	6, 19 (II 56)
B 5, 98 ff.:	6, 19 (II 53)		B 5, 317-322:	6, 20 (II 56)
B 5, 106:	6, 19 (II 54)		B 5, 329:	6, 20 (II 56)

B 5, 331:	6, 20 (II 56)		B 6, 199:	6, 22 (II 64)
B 5, 334:	6, 20 (II 56)		B 6, 201-212:	6, 22 (II 64)
B 5, 336-337:	6, 20 (II 56)		B 6, 220-223:	6, 22 (II 64)
B 5, 338:	6, 20 (II 57)		B 6, 225:	6, 22 (II 64)
B 5, 342-347:	6, 20 (II 57)		B 6, 228:	6, 23 (II 65)
B 5, 356:	6, 20 (II 57)		B 6, 232-233:	6, 23 (II 65)
B 5, 420:	6, 20 (II 57)		B 6, 235- 236:	6, 23 (II 65)
B 5, 423-425:	6, 20 (II 57)		B 6, 239-241:	6, 23 (II 65)
B 5, 426-427:	6, 20 (II 58)		B 6, 249-250:	6, 23 (II 65)
B 5, 430-435:	6, 20 (II 58)		B 6, 251-254:	6, 23 (II 66)
B 5, 442:	6, 20 (II 58)		B 6, 256-257:	6, 23 (II 66)
B 5, 446-447:	6, 21 (II 58)		B 6, 259-264:	6, 23 (II 66)
B 5, 449:	6, 21 (II 58)		B 6, 265-266:	6, 23 (II 67)
B 5, 450:	6, 21 (II 59)		B 6, 268-270:	6, 23 (II 67)
B 5, 452-453:	6, 21 (II 59)		B 6, 271:	6, 24 (II 67)
B 5, 466:	6, 21 (II 59)		B 6, 276-278:	6, 24 (II 67)
B 5, 469-470:	6, 21 (II 59)		B 6, 280-281:	6, 24 (II 67)
B 5, 472-473:	6, 21 (II 59)		B 6, 282:	6, 24 (II 68)
B 5, 490-493:	6, 21 (II 59)		B 6, 285-286:	6, 24 (II 68)
B 5, 499:	6, 21 (II 59)		B 6, 288-290:	6, 24 (II 68)
B 5, 502:	6, 21 (II 60)		B 6, 292-293:	6, 24 (II 68)
B 5, 510-516:	6, 21 (II 60)		B 6, 295-296:	6, 24 (II 68)
B 5, 518-519:	6, 21 (II 60)		B 6, 298-299:	6, 24 (II 68)
B 5, 522:	6, 21 (II 60)		B 6, 300-306:	6, 24 (II 69)
B 5, 548-549:	6, 21 (II 60)		B 6, 308-309:	6, 24 (II 69)
B 5, 550-553:	6, 21 (II 61)		B 6, 312-313:	11, 16 (III 50)
B 5, 560-561:	6, 21 (II 61)		B 6, 316-317:	6, 25 (II 69)
B 5, 567:	6, 21 (II 61)		B 6, 321-323:	6, 25 (II 70)
B 5, 569:	6, 21 (II 61)		B 6, 350-354:	6, 25 (II 70)
B 5, 571:	6, 21 (II 61)		B 6, 358:	6, 25 (II 70)
B 6, 26-28:	6, 22 (II 61-62)		B 6, 363-364:	6, 25 (II 70)
B 6, 31:	6, 22 (II 62)		B 6, 366:	6, 25 (II 71)
B 6, 33:	6, 22 (II 62)		B 6, 369-371:	6, 25 (II 71)
B 6, 54:	6, 22 (II 62)		B 6, 373-374:	6, 25 (II 71)
B 6, 58-61:	6, 22 (II 62)		B 6, 378-384:	6, 26 (II 71)
B 6, 64-71:	6, 22 (II 62)		B 6, 386-390:	6, 26 (II 72)
B 6, 74:	6, 22 (II 62)		B 6, 392-395:	6, 26 (II 72)
B 6, 75-76:	6, 22 (II 63)		B 6, 397-399:	6, 26 (II 72)
B 6, 79:	6, 22 (II 63)		B 6, 401:	6, 26 (II 72)
B 6, 81-82:	6, 22 (II 63)		B 6, 403-404:	6, 26 (II 72)
B 6, 85-88:	6, 22 (II 63)		B 6, 407:	6, 26 (II 72)
B 6, 130-131:	6, 22 (II 63)		B 6, 409:	6, 26 (II 72)
B 6, 136:	6, 22 (II 63)		B 6, 411:	6, 26 (II 72)
B 6, 147:	6, 22 (II 63)		B 6, 413:	6, 26 (II 72)
B 6, 149-151:	6, 22 (II 63)		B 6, 418:	6, 26 (II 74)
B 6, 165:	6, 22 (II 63)		B 6, 420-421:	6, 26 (II 73)
B 6, 166:	6, 22 (II 64)		B 6, 428-433:	6, 26 (II 73)
B 6, 193:	6, 22 (II 64)		B 7, 26:	6, 26 (II 73)

B 7, 27-31:	6, 26 (II 74)	B 7, 218:	6, 28 (II 81)
B 7, 35:	6, 26 (II 74)	B 7, 252-253:	6, 29 (II 81)
B 7, 43-51:	6, 27 (II 75)	B 7, 275-276:	6, 29 (II 81)
B 7, 52-58:	6, 27 (II 76)	B 7, 279-280:	6, 29 (II 81)
B 7, 60-61:	6, 27 (II 76)	B 7, 304:	6, 29 (II 81)
B 7, 100-104:	6, 27 (II 76)	B 7, 310-312:	6, 29 (II 81)
B 7, 111-115:	6, 27 (II 77)	B 7, 314-318:	6, 29 (II 81)
B 7, 116-118:	6, 28 (II 77)	B 7, 319:	6, 29 (II 82)
B 7, 163-164:	6, 28 (II 77)	B 7, 391-392:	6, 29 (II 82)
B 7, 166-167:	6, 28 (II 77)	B 7, 394-400:	6, 29 (II 82)
B 7, 175-176:	6, 28 (II 78)	B 7, 402-406:	6, 29 (II 82)
B 7, 178-185:	6, 28 (II 78)	B 7, 407:	6, 29 (II 83)
B 7, 190-191:	6, 28 (II 78)	B 7, 409-412:	6, 29 (II 83)
B 7, 192-193:	6, 28 (II 79)	B 7, 414-416:	6, 29 (II 83)
B 7, 195-205:	6, 28 (II 79)	B 7, 418-419:	6, 29 (II 83)
B 7, 206-214:	6, 28 (II 80)	B 7, 437-441:	6, 29 (II 83)
B 7, 216-217:	6, 28 (II 80)	B 7, 442-444:	6, 29 (II 84)

Flavii Josephi opera, ed. B. Niese (Berlin 1885-1895) I p. XVIII. XXIII-XXIV. XXVI-XXVII; II p. IV; III p. XIII-XIV. LV; VI p. XXII. LXVI; Flavii Josephi Antiquitatum Judaicarum Epitoma, ed. B. Niese (Berlin 1896) p. V; A. von Gutschmid, Kleine Schriften V (Leipzig 1894) S. 600; K. Krumbacher, Geschichte der byzantinischen Litteratur (München 1897[2]) S. 370 ff.; E. Schürer, Geschichte des jüdischen Volkes I [3.4] (Leipzig 1901) S. 99. — Die für die Auszüge aus Josephus noch heute maßgebende Ausgabe: Joannis Zonarae Epitome Historiarum. Edidit Ludovicus Dindorfius, 5 Bde, Leipzig 1868-1874.

Geoffrey von Monmouth (Galfridus Monemutensis), † 1154. In seinem Arthurroman steht Geoffrey hinsichtlich der Namengebung „Lucius" für Arthurs Gegner in den Kämpfen mit den Römern unter dem Einfluß des lateinischen Josephus, und zwar der Passage Bell. Jud. 6, 188-189, wo beide Namen nebeneinander erscheinen ('Αρτώριος, Λούκιος).

J. J. Parry, Geoffrey of Monmouth and Josephus, Speculum (Cambridge, Mass.) 2 (1927) 446-447; M. Manitius, Geschichte der lateinischen Literatur des Mittelalters III (München 1931) S. 479.

Balderich († 1157/1158) schreibt in seinen ‚Gesta Alberonis' cap. 16 (Monumenta Germaniae Historica, Scriptores 8, 252, 40 ff.): „Quis enim dictis equare possit fortia facta huius viri Alberonis . . . aut oneri quod verum est succumberem aut non impar Virgilio vel

Stacio, Tito Livio vel Josepho invenirer." Balderich müßte also die Qualitäten eines Virgil, Statius, Titus Livius oder Josephus haben, um die fortia facta Alberos angemessen darstellen zu können. Diese dezente Schmeichelei stellt Josephus in eine Reihe mit antiken Autoren, die sich im Mittelalter besonderer Wertschätzung erfreuten. Die Sehweise Balderichs — Josephus als exemplarischer Darsteller begeisternder Heldentaten — erinnert an die Motivierung der wiederholten, suggestiven Aufforderung Spiegelbergs in Schillers „Räubern" (1, 2): „Den Josephus mußt du lesen!"

M. Manitius, Geschichte der lateinischen Literatur des Mittelalters III (München 1931) S. 696.

Otto von Freising († 1158), Chronica 2, 48 (Mon. Germ. Hist., Script. 20, 167, 25-28) sagt: „Meminit etiam horum (sc. Germanorum) fortitudinis et tantum inperterritae, ut mortem vix timeat, Josephus seu Hegesippus in oratione Agrippae ex horum comparatione Judeos ad subiectionem Romani imperii hortantis" (zu Bell. Jud. 2, 364.376; Heg. 2, 9). Hier zeigt sich wieder das schon aus früherer Zeit bekannte Schwanken zwischen Hegesippus und Josephus, die mitunter nicht richtig auseinandergehalten und verwechselt oder für zwei ganz verschiedene Autoren gehalten werden.

M. Manitius, Geschichte der lateinischen Literatur des Mittelalters III (München 1931) S. 378; E. M. Sanford, Transact. and Proc. of the Am. Philol. Ass. 66 (1935) 136; The Latin Josephus, ed. F. Blatt (Aarhus 1958) I S. 22.

Johannes von Salisbury nennt und zitiert Josephus einige Male in seinem (im Jahre 1159 verfaßten) „Polycraticus", einer staatstheoretischen Abhandlung. Für Einzelheiten des Unterganges Jerusalems durch Titus verweist er auf Josephus als maßgebende Quelle (Pol. 2, 5; PL 199, 420-421): „si quis plenius nosse vult, historiam Josephi relegat ... Age itaque, quintus Josephi historiarum liber ponatur in medio, ex quo omnis eorum luctuosa tragoedia pernoscatur." Der Untergang Jerusalems und das Leid der Juden sind selbstverschuldet (Pol. 2, 9; PL 199, 426): „Et quidem haec omnia rectissime passi sunt, qui in filium dei manus sacrilegas extendere praesumpserunt, cum testimoniis Scripturarum et virtute mirabilium operum ipsum Christum deum esse constaret.
Unde Josephus: ‚Fuit autem iisdem temporibus Jesus sapiens

vir etc." Dementsprechend mißfällt ihm des Josephus Deutung der Prophezeiung eines künftigen Weltherrschers auf Vespasian (Bell. Jud. 6, 312-313): „Cuius oraculi praesagium idem historiographus Vespasianum declarare suspicatur. Sed... unde justius ad Christum haec responsa referuntur etc." (Pol. 2, 4; PL 199, 420).

An Konkordanzen Josephus-Johannes ergibt sich:

B 5, 424-438:   Pol. 2, 5 (PL 199, 421-422)
B 5, 512-519:   Pol. 2, 5 (PL 199, 421-422)
B 5, 566:   Pol. 2, 5 (PL 199, 421-422)
B 6, 193-198:   Pol. 2, 5 (PL 199, 421-422)
B 6, 199-212:   Pol. 2, 6 (PL 199, 421-422)
B 6, 288-304:   Pol. 2, 4 (PL 199, 419-420)
B 6, 312-313:   Pol. 2, 4 (PL 199, 420)
B 6, 418 ff.:   Pol. 2, 7 (PL 199, 425)
B 7, 118:   Pol. 2, 7 (PL 199, 425)
A 18, 63-64:   Pol. 2, 9 (PL 199, 426)

Gerhoh von Reichersberg († 1169) erwähnt indirekt über Hieronymus neben Philo Josephus in seiner Schrift ‚De investigatione Antichristi' 1, 46 (p. 93 Scheibelberger) und zitiert unmittelbar Bell. Jud. 2, 169-170 (1, 46; p. 94 Scheibelberger).

M. Manitius, Geschichte der lateinischen Literatur des Mittelalters III (München 1931) S. 65-66; E. M. Sanford, Transact. and Proc. of the Am. Philol. Ass. 66 (1935) 142. — Ausgabe: Gerhohi Reichersbergensis Praepositi opera hactenus inedita. Curavit Friedericus Scheibelberger. Tomus I (Libri de investigatione Antichristi) Pars 1, Linz 1875.

Richard von St. Viktor († 1173) kommt in seiner ‚Expositio difficultatum suborientium in expositione tabernaculi foederis' (1, 5; PL 196, 214) auch auf einzelne Gegenstände des Tempelgerätes zu sprechen. In diesem Zusammenhang erwähnt er Josephus und sagt: „Notandum in primis quod quidam quasi pro auctoritate recipiumt, quidquid in Josepho de istis scripta reperiunt. Putant eum (utpote Judaeum) tabernaculum vidisse, et eo ipso tam vera quam nota scripsisse. Mihi autem secundum testimonia Scripturarum luce clarius constat quod tabernaculum numquam viderit... Libenter recipiatur Josephus in his quae per experientiam novit vel ex authenticis scripturis colligit. Nam ubi aliter sentit confidenter et Exodum praefero vel quoscumque libros in canone reperio." Solche kritischen, differenziert urteilenden Aussagen sind im Mittelalter nur sehr selten zu finden. Den meisten kirchlichen Schriftstellern ist Josephus eine Autorität an Rang gleich den frühen Kirchenvätern oder gar der Bibel selbst.

C. Spicq, Esquisse d'une histoire de l'exégèse latine au moyen âge (Paris 1944) S. 78; G. Bardy, Revue hist. ecclés. 43 (1948) 187.

Richard von Cluni († 1174) nennt unter den Quellen seiner Weltchronik auch Josephus: Hoc opusculum excerpsi de libris Augustini, Jeronimi, Ysidori, Theodulfi, Josephi, Egesippi, Eutropii etc. (Monumenta Germaniae Historica, Scriptores XXVI, 77, 17).

Rahewin († vor 1177), der Fortsetzer der ‚Gesta Friderici' Ottos von Freising, zitiert im Zusammenhange der Erwägung historiographischer Prinzipien namentlich Josephus, Bell. Jud. 1, 1-2 (p. 163 Waitz; vgl. p. 162).

M. Manitius, Geschichte der lateinischen Literatur des Mittelalters III (München 1931) S. 388-389; E. M. Sanford, Transact. and Proc. of the Am. Philol. Ass. 66 (1935) 127-128. Nachträge.

Petrus Comestor († um 1179) zitiert und referiert Josephus in seiner Historia scholastica so häufig wie kein anderer Kirchenvater oder Kirchenschriftsteller. Er nennt ihn so gut wie immer namentlich. Mitunter sind aber die Zitate oder Referate nicht oder nicht so bei Josephus verifizierbar (PL 198, 1154. 1167-1168; zu Ant. Jud. 1, 60. 91. 93-95. 134. 160), so daß — wenigstens partiell — auch Mittelquellen benutzt sein können. Josephus steht für Petrus als authentische Geschichtsquelle gleichrangig neben der Bibel und den bedeutendsten Kirchenvätern und wird von ihm für seine Darstellung fast synoptisch herangezogen. Aufmerksam vergleichend notiert er regelmäßig, was Josephus über den biblischen Bericht hinaus mitteilt, und ergänzt dementsprechend systematisch die Bibel durch Josephus, auch im Bereich des neutestamentlichen Geschehens, so z.B. PL 198, 1714: „Venerat ergo specialiter Agrippa rogaturus Festum, ut murum illum obrueret. Causam tamen descensus Agrippae in Caesaream non habes in historia Actuum, sed Josephus supplet. Apostelgesch. 25, 13 wird also durch Ant. Jud. 20, 189-193 ergänzt und erläutert. Bei aller Wertschätzung des Josephus schlägt sich Petrus im Falle offener Diskrepanz jedoch auf die Seite der Bibel (PL 198, 1089): et erat biennio post diluvium, quando genuit (sc. Sem)

Arphaxad. Josephus autem dicit, Sem filius Arphaxad
natus est post annos duodecim facti diluvii, quod forte
vitium scriptoris est. Hier erhält Genesis 11, 10 den Vorzug vor
Ant. Jud. 1, 150.

Die folgende Liste der Konkordanzen Josephus-Petrus Comestor
ist bei weitem nicht vollständig:

B 4, 476-477:	PL 198, 1101	A 1, 260-262:	PL 198, 1112
A 1, 34:	PL 198, 1071	A 1, 278-279:	PL 198, 1114
A 1, 38:	PL 198, 1070	A 1, 301:	PL 198, 1115
A 1, 39:	PL 198, 1068	A 1, 304:	PL 198, 1116
A 1, 44:	PL 198, 1073	A 1, 309:	PL 198, 1119
A 1, 54:	PL 198, 1076	A 1, 311:	PL 198, 1119
A 1, 60:	PL 198, 1078	A 1, 312:	PL 198, 1119
A 1, 61:	PL 198, 1078	A 1, 324:	PL 198, 1120
A 1, 65:	PL 198, 1079	A 1, 331:	PL 198, 1120
A 1, 67:	PL 198, 1080	A 1, 333:	PL 198, 1121
A 1, 70-71:	PL 198, 1079	A 1, 337:	PL 198, 1122
A 1, 73:	PL 198, 1081	A 1, 340:	PL 198, 1122
A 1, 75:	PL 198, 1082	A 1, 346:	PL 198, 1123
A 1, 77:	PL 198, 1083	A 2, 5-6:	PL 198, 1124
A 1, 80-82:	PL 198, 1084	A 2, 22:	PL 198, 1125
A 1, 91:	PL 198, 1085	A 2, 39:	PL 198, 1126
A 1, 93-95:	PL 198, 1085	A 2, 45:	PL 198, 1128
A 1, 99-103:	PL 198, 1086	A 2, 71:	PL 198, 1129
A 1, 105-106:	PL 198, 1087	A 2, 118:	PL 198, 1131
A 1, 115-118:	PL 108, 1089	A 2, 123:	PL 198, 1132
A 1, 122. 130:	PL 198, 1088	A 2, 180:	PL 198, 1134
A 1, 134:	PL 198, 1089	A 2, 199-200:	PL 198, 1142
A 1, 148:	PL 198, 1091	A 2, 201-202:	PL 198, 1141
A 1, 150:	PL 198, 1089	A 2, 203:	PL 198, 1142
A 1, 152:	PL 198, 1092	A 2, 212:	PL 198, 1143
A 1, 154:	PL 198, 1091	A 2, 231:	PL 198, 1144
A 1, 155-159:	PL 198, 1092-1093	A 2, 276:	PL 198, 1146
A 1, 160:	PL 198, 1091	A 2, 295:	PL 198, 1149
A 1, 180:	PL 198, 1095	A 2, 296:	PL 198, 1150
A 1, 181:	PL 198, 1094	A 2, 300:	PL 198, 1151
A 1, 186:	PL 198, 1093	A 2, 303:	PL 198, 1151
A 1, 196:	PL 198, 1098	A 2, 311:	PL 198, 1154
A 1, 203	PL 198, 1101	A 2, 341:	PL 198, 1158
A 1, 227:	PL 198, 1104	A 2, 347-348:	PL 198, 1158
A 1, 228-231:	PL 198, 1105	A 3, 3-4:	PL 198, 1159
A 1, 238:	PL 198, 1108	A 3, 10:	PL 198, 1159
A 1, 239:	PL 198, 1108	A 3, 29:	PL 198, 1160
A 1, 244:	PL 198, 1106	A 3, 31:	PL 198, 1160
A 1, 248:	PL 198, 1107	A 3, 66 ff.:	PL 198, 1162
A 1, 257:	PL 198, 1110	A 3, 91:	PL 198, 1163

A 3, 101:	PL 198, 1164	A 3, 144-145:	PL 198, 1173
A 3, 120 ff. 126 ff.:	PL 198, 1175-1176	A 3, 147:	PL 198, 1176
		A 10, 186.188:	PL 198, 1447
A 3, 130 ff.:	PL 198, 1178	A 18, 63-64:	PL 198, 1551-1552
A 3, 134 ff.:	PL 198, 1170	A 20, 189-193:	PL 198, 1714
A 3, 139 ff.:	PL 198, 1171-1172		

O. Zingerle, Die Quellen zum Alexander des Rudolf von Ems (Breslau 1885) S. 98-99 (vgl. S. 102); M. Manitius, Geschichte der lateinischen Literatur des Mittelalters III (München 1931) S. 156; E. M. Sanford, Transact. and Proc. of the Am. Philol. Ass. 66 (1935) 136. 140; C. Spicq, Esquisse d'une histoire de l'exégèse latine au moyen âge (Paris 1944) S. 78 Anm. 3; G. Bardy, Revue hist. ecclés. 43 (1948) 187.

Philipp de Harvengt († 1182) nennt in seiner Responsio de damnatione Salomonis (PL 203, 649-650) ,,Josephus Judaicae scriptor antiquitatis" und zitiert beziehungsweise referiert aus Ant. Jud. 8, 190.193-194. 197.199.203-205.210-211. Dabei vergleicht er die Darstellung des Josephus mit der ,,Scriptura canonica", also mit dem biblischen Bericht.

C. Spicq, Esquisse d'une histoire de l'exégèse latine au moyen âge (Paris 1944) S. 78 Anm. 3; G. Bardy, Revue hist. ecclés. 43 (1948) 187.

Tzetzes († um 1185) erwähnt im fünften Buch seiner Chiliaden auch Josephus (5, 510-512; vgl. 543-544)

'Εν βίβλῳ τῆς ἁλώσεως τῶν ἱερῶν Σολύμων
ὁ θαυμαστὸς 'Ιώσηπος, ἱστορικὸς 'Εβραῖος,
τὴν εἱμαρμένην ἄδικον λέγει μεγαλοφρόνως κτλ.

Mit seiner Beurteilung der im Bellum Judaicum geschilderten Ereignisse als ,,ungerechtes Schicksal" steht Johannes Tzetzes einer Vielzahl von Kirchenvätern und Kirchenschriftstellern gegenüber, die angesichts des Unterganges Jerusalems und der Leiden des jüdischen Volkes unverhohlene Genugtuung empfinden, weil sie die einschlägigen Berichte des Josephus im Sinne einer verdienten und gerechten Strafe für die Missetaten an Jesus und seinem Kreis deuten.

K. Krumbacher, Geschichte der byzantinischen Litteratur (München 1897²) S. 257. — Ausgabe: Joannis Tzetzae Historiarum Variarum Chiliades, ed. Theophilus Kiesslingius, Leipzig 1826. Nachtrag S. 215.

Wilhelm von Tyrus († 1186), Verfasser einer Kreuzzugschronik ,Historia rerum in partibus transmarinis gestarum', kommt in der Praefatio des Buches XXIII (PL 201, 889) auch auf Josephus zu sprechen: ,,. . . orant instantius, ut regni Hierosolymorum status omnis tam prosper quam adversus posteritati nostra significetur opera, stimulos addunt, proponentes historiographorum disertissimos, Titum Livium videlicet, Romanorum non solum prospera, sed etiam adversa mandasse litteris, Josephum quoque non solum quae a Judaeis egregie gesta sunt, verum et quae eis sunt ignominiose illata, longis tractatibus publicasse." Während hier das Moment christlicher Genugtuung über das verdiente Unglück der Juden nicht zum Zuge kommt, bewegt sich Wilhelm an anderer Stelle auf einer bekannten theologischen Traditionslinie (PL 201, 406-407): ,,Hanc (sc. Hierusalem) vero, ut referunt egregii scriptores et illustres historiographi Hegesippus et Josephus, Judaeorum id exigentibus meritis, quadragesimo secundo post passionem Domini anno Titus Vespasiani filius, Romanorum princeps, obsedit, obsessam expugnavit et expugnatam deiecit funditus, ita ut, iuxta verbum Domini ,non remaneret in ea lapis super lapidem' ", womit die Anknüpfung an Matth. 24, 2 vollzogen ist. — Zur sonstigen Josephusbenutzung des Wilhelm von Tyrus weise ich nur noch auf das Zitat von Ant. Jud. 8, 144 ff., PL 201, 549.

M. Manitius, Geschichte der lateinischen Literatur des Mittelalters (München 1911-1931) III S. 434-437; E. M. Sanford, Transact. and Proc. of the Am. Philol. Ass. 66 (1935) 141.

Gottfried von Viterbo (schrieb 1183/1190). Zu den Quellen der ,Memoria seculorum' Gottfrieds gehört für die Zeit des alten Bundes ,,Moyses et Esdras et Josephus aliique veteris testamenti auctores" (Monumenta Germaniae Historica, Scriptores XXII 95, 19-20). Ausführlicher heißt es an gleicher Stelle (95, 5 ff.): ,,Testes autem et auctores super vetus testamentum, quos imitamur et sequimur, sunt hii: Moyses, Josue, Esdras, Josephus, Isidorus, Dionius et Strabus et Egesippus et Orosius et Suetonius et Solinus de mirabilibus mundi." Mit Namen nennt er Josephus (zu Ant. Jud. 2, 348) auch in seinem ,Pantheon' (Part. XI, ed. 1578 p. 163, col. 2; ich übernehme diesen Hinweis von G. Cary, S. 111). In derselben Schrift gibt Gottfried eine metrische Bearbeitung des Stückes Ant. Jud. 18, 65-80, und zwar nach Hegesippus 2, 4: particula XXI 6, ,De templo dee Ysidis destructo a Tiberio' (Mon. Germ. Hist., Scriptores XXII 153-154). Besonderes

theologisches Interesse darf particula XXI 4 im Pantheon bean-
spruchen, wo Gottfried auf Ant. Jud. 18, 63-64.116-119 eingeht.
Es heißt dort: „Id ipsum (sc. den Tod Johannes des Täufers) Josephus
refert bellumque maximum pro eo exortum inter Aretham
regem Arabum et Erodem; ubi triumfavit Aretha. Dixit autem
Josephus, hec propter peccatum quod in Johannem Erodes perpetravit,
accidisse. Hec dixit Josephus de Johanne. De Christo autem idem
Josephus sic scribit: Fuit isdem temporibus ... Hec propterea ego
Gotifredus de religione nostra doctissimi viri Josephi
Judei in hoc loco testimonium posui, ut ostenderem Judeos de
adventu Christi non ignorare, set ad dampnationis sue augmentum
invidia eos excecatos vera de Christo credere noluisse." Die Darstellung zu Ant. Jud. 18, 116-119 (dazu 18, 109-114) verdreht und
verfälscht den klaren Sachverhalt, denn die Motivation „pro eo
(sc. Johanne) exortum" hat in Ant. Jud. 18, 116 keine Stütze, obwohl
sie (in freier Erfindung) daraus abgeleitet ist. Das Richtige — oder
besser: halb Richtige — steht sodann unvermittelt neben dem Fal-
schen, denn „dixit autem Josephus, hec propter peccatum quod in
Johannem Erodes perpetravit, accidisse" hat zwar eine gewisse
Stütze am Wortlaut des Josephus in § 116 (τισὶ δὲ τῶν Ἰουδαίων
ἐδόκει ὀλωλέναι τὸν Ἡρώδου στρατὸν ὑπὸ τοῦ θεοῦ), doch aus dem
distanzierten, differenzierenden Referat wird bei Gottfried eine
platte Behauptung des Josephus. Immerhin bereichert der
Tod Johannes des Täufers als Ursache des Krieges zwischen
Aretas und Herodes die fiktive Josephustradition um ein neues
Element.

O. Weinreich, Der Trug des Nektanebos (Leipzig 1911) S. 73-74;
M. Manitius, Geschichte der lateinischen Literatur des Mittelalters
(München 1911-1931) III S. 395; G. Cary, Alexander the Great
in Mediaeval Theology, Journ. Warb. Inst. (London) 17 (1954)
98-114.

Petrus Cantor († 1197) zitiert Josephus Ant. Jud. 5, 338-339 in seiner
Schrift ‚Verbum abbreviatum', einer Abhandlung über Laster und
Tugenden (PL 205, 218). Das Zitat ist vielleicht durch eine Zwischen-
quelle verfremdet oder aus dem Gedächtnis gegeben; denn nur der
Sachbezug, nicht auch der Wortlaut des Exzerptes, paßt zu der
Stelle bei Josephus.

M. Manitius, Geschichte der lateinischen Literatur des Mittelalters
(München 1911-1931) III S. 160.

Walter von Châtillon (geboren um 1135) hat in seiner hexametrischen Dichtung ,Alexandreis' (PL 209, 474-475) eine kurze Schilderung der Begegnung Alexanders mit dem Hohenpriester, die auf den Bericht des Josephus (Ant. Jud. 11, 325-336) zurückgeht.

M. Manitius, Geschichte der lateinischen Literatur des Mittelalters (München 1911-1931) III S. 925; E. M. Sanford, Transact. and Proc. of the Am. Philol. Ass. 66 (1935) 142.

Michael Glykas († Ende des 12. Jh.). In der Weltchronik des Michael Glykas wird Josephus oft zitiert, paraphrasiert oder referiert. Die Paraphrasen und (nicht selten stark kürzende) Referate enthalten mehr oder weniger zahlreiche Rudimente des genuinen Wortlautes, sind also für die Kritik des Josephustextes nur gelegentlich von Fall zu Fall nutzbar zu machen. Glykas hat anscheinend Josephus sehr weitgehend nur über Zwischenquellen benutzt, wie mitunter deutlich wird, wenn seine Angaben bei Josephus nicht oder nicht so zu verifizieren sind (zu Bell. Jud. 6, 418 ff.; 8, 191; 11, 32 ff.; PG 158, 240 Pseudo-Josephus über Adams Grab). Häufiger notiert und kritisiert er von der Bibel abweichende oder über die biblische Darstellung hinausgehende Berichte des Josephus (zu Ant. Jud. 1, 28.37.50.91.326.336; 6, 197; 8, 211), wobei er auch starke Worte findet wie zu Ant. Jud. 4, 177 (ἄφες λοιπὸν τὰ τοῦ Ἰωσήπου, ὅτι καὶ κατὰ πάντα ταῖς ἱεραῖς Γραφαῖς ἐναντιούμενα φαίνονται) und zu Ant. Jud. 4, 323-326 (καὶ ὁ μὲν Ἰώσηπος ἔστιν ὅτε μυθολογῶν οὕτω φαίνεται). Es kommt auch vor, daß Pseudo-Josephus angegriffen wird. PG 158, 272-273 zitiert beziehungsweise referiert Glykas den Streit Esaus mit Jakob angeblich nach Josephus (Ant. Jud. 1, 326.336), doch gibt er fiktive Traditionselemente, die dem uns überkommenen Text fremd sind, so daß der Vorwurf der Abweichung vom biblischen Bericht hier ins Leere geht. Bemerkenswert ist eine gewisse Ambivalenz in der Einstellung des Glykas zu Josephus. Einerseits nimmt er ihm gegenüber den Standpunkt christlicher Überlegenheit und Überheblichkeit ein und bedenkt ihn mit höhnischer und gehässig herabsetzender Polemik. Das zeigt seine Bemerkung zu Ant. Jud. 1, 28 ἄφες λοιπὸν τὰ τοῦ Ἰωσήπου (d.h. seine Ansicht, die Nacht gehe dem Tag voraus)· σκότους γὰρ ἐκεῖνος ὡς Ἰουδαῖος ὑπάρχων μεστὸς ἀναβλέψαι πρὸς τὸ φῶς οὐκ ἠθέλησεν. Ἔνθεν τοι καὶ τὴν νύκτα τῆς ἡμέρας προέταξε. Die gewollte Zweideutigkeit zielt natürlich auf die religiöse Uneinsichtigkeit und Verstocktheit des Juden Josephus. Dieser Standpunkt christlicher religiöser Überheblichkeit hindert Glykas andererseits nicht daran, Josephus unter Herausstreichung seiner Wahrheitsliebe in traditioneller Weise als Zeugen für Christus in Anspruch zu nehmen (PG 158, 444): Τότε δὴ Φίλων ὁ σοφὸς καὶ Ἰώσηπος ἤκμαζον. οὗτος δὴ φιλαλήθης ἐλέγετο διά γε τὸν Βαπτιστὴν τοῦ Κυρίου ἐπαινεῖν καὶ διὰ τὸ τὸν Χριστὸν ὁμοίως ἄνδρα σοφὸν μαρτυρεῖν καὶ μεγάλων σημειῶν ἐργάτην, σταυρωθέντα δὲ ζῶντα φανῆναι μετὰ τρίτην ἡμέραν. Auch die geschichtstheologische Deutung des Unterganges Jerusalems wird als Klischee stereotyp wiederholt (PG 158, 449): Πάντα πεπλήρωται κατὰ τὴν ἱστορίαν Ἰωσήπου. ἵνα γὰρ μηδεὶς Ἰουδαῖος ἀπιστήσειεν, οὐκ ἀλλόφυλόν τινα, ἀλλ' ὁμόφυλον καὶ ζηλωτὴν παρεσκεύασεν ἡ ἀλήθεια τὰ δυσεξήγητα ἐκτραγῳδῆσαι πάθη αὐτῶν. τοιαύτην γὰρ θεήλατον ὀργὴν οὐδεὶς εἶδέ ποτε. ὁ μέντοι Ἰώσηπος ἐν Ἱερουσαλὴμ παρὼν τῷ πολέμῳ κτλ.

Die Konkordanzen Josephus-Glykas sind folgende:

B 6, 197:	PG 158, 448	A 4, 323-326:	PG 158, 305
B 6, 201 ff.:	PG 158, 448	A 5, 125:	PG 158, 316
B 6, 418 ff.:	PG 158, 449	A 5, 204-209:	PG 158, 313
A 1, 28:	PG 158, 32. 33	A 5, 216-217:	PG 158, 316
A 1, 37:	PG 158, 48. 205	A 5, 285:	PG 158, 316
A 1, 50:	PG 158, 209	A 5, 301:	PG 158, 317
A 1, 59:	PG 158, 236	A 6, 1-12:	PG 158, 332
A 1, 71:	PG 158, 253	A 6, 35 ff.:	PG 158, 332
A 1, 72-75:	PG 158, 244	A 6, 117 ff.:	PG 158, 333
A 1, 91:	PG 158, 249	A 6, 132 ff.:	PG 158, 333
A 1, 95:	PG 158, 249	A 6, 157 ff.:	PG 158, 336
A 1, 114 ff.:	PG 158, 252	A 6, 166 ff.:	PG 158, 336
A 1, 161-168:	PG 158, 256	A 6, 197:	PG 158, 340
A 1, 162:	PG 158, 260	A 6, 197 ff.:	PG 158, 336
A 1, 326:	PG 158, 272-273	A 6, 329 ff.:	PG 158, 337
A 1, 336:	PG 158, 272-273	A 6, 371-374:	PG 158, 337
A 2, 33:	PG 158, 280	A 7, 65-67:	PG 158, 340
A 2, 68-69:	PG 158, 281	A 7, 130 ff.:	PG 158, 340
A 2, 76 ff.:	PG 158, 281	A 7, 162 ff.:	PG 158, 340
A 2, 91:	PG 158, 281	A 7, 298 ff.:	PG 158, 344
A 2, 184:	PG 158, 284	A 8, 45:	PG 158, 349
A 2, 187:	PG 158, 284	A 8, 45-48:	PG 158, 349
A 2, 205-207:	PG 158, 288	A 8, 174:	PG 158, 352
A 2, 218-236:	PG 158, 288-289	A 8, 191:	PG 158, 353
A 2, 243-264:	PG 158, 280	A 8, 209-211:	PG 158, 353
A 2, 246 ff.:	PG 158, 289	A 8, 211:	PG 158, 353
A 2, 287:	PG 158, 289	A 8, 236 ff.:	PG 158, 356
A 2, 300:	PG 158, 292	A 8, 389:	PG 158, 359
A 2, 312-316:	PG 158, 997-300	A 9, 138:	PG 158, 361
A 4, 177:	PG 158, 305. 309	A 9, 243:	PG 158, 365

A 11, 32 ff.:   PG 158, 377   A 18, 116-119: PG 158, 444
A 18, 63-64:   PG 158, 444

Flavii Josephi opera, ed. B. Niese (Berlin 1885-1895) I p. LXVIII-
LXIX. — Ausgabe: Michaelis Glycae Annales, ed. I. Bekker, Bonn
1836 (Migne, PG 158, 1-624).

13. Jahrhundert

Radulfus de Diceto († 1202), englischer Geschichtsschreiber, referiert
in seinen ‚Ymagines historiarum' auch Beispiele für Streitigkeiten
in Herrscherhäusern, die er bei Josephus gefunden hat, und zwar
Ant. Jud. 13, 302 (I p. 359 Stubbs) und Ant. Jud. 16, 90 ff. (I p.
360 Stubbs), ohne allerdings die Fundstelle anzugeben. Josephus
und seine Werke erwähnt er in seiner Schrift ‚Ex abbreviatione
chronicorum' (Monumenta Germaniae Historica, Scriptores XXVII
256, 12-13.15-16.

M. Manitius, Geschichte der lateinischen Literatur des Mittelalters
(München 1911-1931) III S. 639; E. M. Sanford, Transact. and
Proc. of the Am. Philol. Ass. 66 (1935) 136. 142. - Ausgabe: Radulfi
de Diceto Decani Lundinensis opera historica. The Historical Works
of Master Ralph de Diceto. Edited by William Stubbs, Vol. I London
1876.

Petrus von Blois († um 1204) beschäftigt sich im Kapitel 24 seiner
Schrift ‚Contra perfidiam Judaeorum' ausführlich mit Josephus
und seinen Berichten (Migne PL 207, 851-853). Er sagt (col. 851)
„Josephus quoque Judaicae captivitatis et antiquitatis scriptor
egregius, de Christo, quod per invidiam sacerdotum fuerit crucifixus,
et tertia die resurrexerit, manifestissime scripsit, unde Hieronymus
in prologo suo super Josephum: ‚Josephus, Mattathiae filius, ex
Hierosolymis sacerdos, a Vespasiano captus cum Tito filio eius relictus
est etc". Das Interesse für Josephus schließt also an seinen Bericht
über Jesus Christus an (Ant. Jud. 18, 63-64), der auch im Mittelpunkt
des von Petrus angeführten Kapitels 13 aus ‚De viris illustribus'
des Hieronymus steht (PL 23, 662-663). Im Anschluß an das Referat
aus Hieronymus zieht Petrus die Konsequenz (PL 207, 852): Tanto
igitur fortior est Christiana fides, quia non solum prophe-
tarum oraculis, sed et Judaeorum et ethnicorum, inimi-
corum Christi, veteribus historiis concorditer et irre-
fragabiliter firmata est. An gleicher Stelle (PL 207, 852)
und im gleichen Zusammenhang wird neben Josephus auch Philo

in Anspruch genommen. Dabei werden erwähnt oder klingen an Ant. Jud. 18, 55-59.60-62. 252; 20, 200 (PL 207, 852) sowie Bell. Jud. 6, 289 ff. 417 ff. 428 (PL 207, 853). Mit seiner theologischen Grundhaltung liegt Petrus von Blois auf einer Ebene mit seinen Vorgängern (col. 852-853): His et aliis continue sunt afflicti (gemeint sind die Ant. Jud. 18, 55-59.60-62 dargestellten Vorgänge), nec unquam ab eis durissima flagella Domini cessaverunt, usque ad subversionem suae civitatis, eosque Deus quadraginta et tribus annis ad poenitentiam misericorditer invitavit; ipsi vero nec moti sunt comminationibus, nec flagellis, sed pertinacius obdurati. Diese Verstocktheit der Juden führt dann, wie Petrus glaubt, zur selbstverschuldeten Katastrophe (col. 853): Obsessa igitur Jerusalem Tito, Vespasiani filio, et in sollemnitate Paschali coepit obsidio, quando turba Judaeorum convenerat, iustoque Dei iudicio tunc ab eis ultio exacta est, ut qui diebus Paschae Salvatorem nostrum cruentis manibus et sacrilegis vocibus interemerant, eisdem diebus, quasi in unum carcerem conclusi poenae feralis exitium quod meruerunt, exciperent. Die Verstocktheit der Juden ist nach Meinung des Petrus um so verwerflicher, als sie durch zahlreiche, den Untergang Jerusalems ankündigende Prodigien (er referiert Bell. Jud. 6, 289 ff.) nicht zur Einsicht kamen (col. 853): Haec frequentius deberent Judaei recolere et implacabilem Creatoris offensam atque incomprehensibile suae gentis exterminium deplorare. Ipsi tamen adhuc in superbia et abusione iactitant genus suum, peculiarem Dei populum se appellant atque ita legem Moysi magnificant, ut prae illa omnem legem, omnem prudentiam vilipendant.

M. Manitius, Geschichte der lateinischen Literatur des Mittelalters (München 1911-1931) III S. 293; C. Spicq, Esquisse d'une histoire de l'exégèse latine au moyen âge (Paris 1944) S. 78 Anm. 3; G. Bardy, Revue hist. ecclés. 43 (1948) 187; The Latin Josephus, ed. F. Blatt (Aarhus 1958) I S. 22.

Adam Scotus († um 1212) erwähnt Josephus in seiner Schrift ‚De tripartito tabernaculo' (Migne PL 198, 632) neben dem Buch Exodus und Beda Venerabilis. Josephus ist anscheinend nur indirekt über Beda benutzt.

C. Spicq, Esquisse d'une histoire de l'exégèse latine au moyen âge (Paris 1944) S. 78 (Anm. 3). 139; G. Bardy, Revue hist. ecclés. 43 (1948) 187.

Sicard von Cremona († 1215) nennt unter den Quellen seiner Weltchronik ausdrücklich auch Josephus (Monumenta Germaniae Historica,
Scriptores XXXI, 78, 34) und benutzt ihn dankbar („qui tantam
nobis materiam rerum gestarum cognitionemque praestitit", PL
213, 457). Doch scheint die Benutzung teilweise über Zwischenquellen
zu erfolgen. Bei ihm erreicht die monotone Wiederholung geschichts-
theologischer Klischees und die Reproduzierung fiktiver Elemente
der Josephustradition einen gewissen Höhepunkt. So heißt es (PL 213,
453): Refert Josephus, quod propter peccatum mortis
Jacobi Justi factum sit excidium Hierusalem et dispersio
Judaeorum (Pseudo-Josephus Ant. Jud. 20, 200). Sed non solum
ob mortem Jacobi, sed etiam ob mortem Domini praecipue
haec destructio facta est, secundum quod Dominus dicit:
,Non relinquetur inde lapis super lapidem, eo quod non cognoveris
tempus visitationis meae' (Matth. 24, 2). Sed quoniam Dominus
'non vult mortem peccatoris' (Ezech. 33, 11) et ut ipsi excusationem
non haberent, per XL annos poenitentiam eorum expectavit . . .
Sed cum per admonitionem eos non posset revocare, voluit eos saltem
prodigiis exercere. Nam in his XL annis, sibi ad poenitentiam datis,
multa monstra et prodigia, sicut refert Josephus, evenerunt. etc.
Es folgt ein Referat von Bell. Jud. 6, 289 ff. (PL 213, 453-454), sodann
fährt Sicard fort (col. 454): Cum autem Judaei nec admonitionibus
converterentur, nec tantis prodigiis terrerentur, post XL annum
Dominus Vespasianum et Titum Hierusalem adduxit, qui ipsam
civitatem funditus destruxerunt etc. Die geschichtsklitternde kausale
Verkettung des Todes Christi mit dem Untergang Jerusalems gipfelt
schließlich in der Bemerkung (PL 213, 456) „Et sicut Judaei Christum
triginta denariis emerant, sic et ipse (sc. Titus) uno denario triginta
Judaeos vendidit. Sicut autem narrat Josephus, nonaginta septem
millia Judaeorum venditi sunt et undecies centena millia fame et
gladio perierunt" (Bell. Jud. 6, 420). Das besondere Interesse Sicards
an der Person des Josephus läßt ihn auch ausführlich über seine
Gefangennahme nach der Belagerung von Jotapata berichten (col.
454-455 zu Bell. Jud. 3, 141-408), wobei in sein Gespräch mit Vespasian
(Bell. Jud. 3, 399 ff.) stark legendarische Elemente einfließen. Ganz
legendarisch und ein absolut fiktives Element der Josephustradition
ist die Scene, in der Josephus seine ärztliche Kunst an Titus beweist
(col. 455). Die Legende erscheint hier gegenüber Landolfus Sagax
(um 1000) in modifizierter und beträchtlich erweiterter Form: Titus
autem, ut in Historia apocrypha legitur, audiens patrem suum in

imperium sublimatum, tanto gaudio et exsultatione repletur, quod nervorum contractione ex frigiditate corripitur et altero crure debilitatus paralysi torquetur. Josephus autem audiens infirmitate laborare, causam morbi et morbum et tempus morbi diligenter inquirit. De tempore autem, quoniam audita patris electione hoc sibi accidit, aperitur. Josephus autem vir sapiens et providus ex paucis multa coniecit et ex tempore morbum et causam invenit. Sciens quod gaudio et laetitia superabundanti debilitatus fuit, animadvertens itaque quoniam contraria contrariis curantur, sciens etiam quidquid amore conquiritur, dolore frequenter amittitur, quaerere coepit, an aliquis esset, qui principis inimicus obnoxius teneretur. Et erat ibi servus adeo molestus Tito, ut sine vehementi conturbatione nullatenus in eum posset respicere, nec etiam nomen eius audire. Dixit itaque Tito: ,,Si curari desideras, omnes qui in meo comitatu venerint, salvos efficias." Cui Titus: ,,Quicunque in tuo comitatu venerit, securus habeatur et salvus." Tunc Josephus cito prandium fieri praecepit, et mensam suam mensae Titi oppositam locavit, et servum a dextris suis sedere fecit. Quem Titus respiciens, molestia conturbatus infremuit; et qui prius gaudio infrigidatus fuerat, accessione furoris incaluit, nervosque distendens curatus fuit. Post haec Titus et servum in sui gratiam et Josephum in sui amicitiam accepit. Solche Legendenbildung verrät das starke Interesse des Mittelalters an der Person des Josephus. Bei Sicard von Cremona führt dieses Interesse noch dazu, daß er in einem besonderen Kapitel ihn und seine Werke handbuchhartig vorstellt (col. 456-458), wobei er ihn auch mit einigen Zitaten zu Wort kommen läßt: Bell. Jud. 1, 3 (col. 457), Contra Ap. 1, 38-42 (col. 457), Vita 361-364 (col. 458). Der Einfluß des Josephus ist bei Sicard auch sonst feststellbar. So geht die Darstellung der neutestamentlichen Zeitgeschichte (PL 213, 441 ff.), vor allem für die Geschichte der Herodeer, direkt oder indirekt auf Josephus zurück.

C. Spicq, Esquisse d'une histoire de l'exégèse latine au moyen âge (Paris 1944) S. 78 Anm. 3; G. Bardy, Revue hist. ecclés. 43 (1948) 187.

Giraldus Cambrensis († 1223) liefert in seinem Fürstenspiegel ,De instructione principis' (Opera, vol. VIII p. 64; vgl. vol. VII p. 169) einen Beitrag zur christlichen Entrüstung über die Verstocktheit der Juden: ,,Porro patet abhinc evidenter et manifeste quanta Judeorum malitia et in propriam perniciem quanta obstinata et obdurata perfidia, quod etiam historici sui et historici magni, cuius librum Hebraice penes se scriptum habent et auctenticum reputant, solum de Christo testimonium non admittunt. Quin immo, cum objicitur eis hoc auctoris sui testimonium, dicunt et mentiuntur in libris suis Hebraicis istud nunquam vel inventum fuisse vel appositum". Giraldus berichtet dann, daß das Testimonium Flavianum (Ant. Jud. 18, 63-64) auch in Handschriften des hebräischen Josephus gefunden wurde: „In quorum duobus (sc. libris) testimonium hoc de Christo consequenter et integre scriptum invenit (sc. Robertus) immo vero quasi nuper abrasum, in aliis autem omnibus ab antiquo substractum et quasi nunquam appositum. Quod cum Judaeis Oxoniae ad hoc convocatis ostensum fuisset, non mediocriter super fraudulenta malitia sua et erga Christi fidem invidia convicti fuerunt et confusi." C. Baronius weiß in seinen Annales ecclesiastici zum Jahre 34 ähnliches zu berichten (vol. I, Paris-Brüssel 1864, p. 171): „Post sanctos Evangelistas Josephus Judaeus reperitur, qui post annos quinquaginta graeco sermone res gestas Judaeorum est prosecutus: qui res etiam gestas Christi addens eas his paucis perstrinxit (es folgt das Testimonium Flavianum). Haec Josephus: cuius testimonium in pervetusto Judaeorum codice, in quo eius historiae e graeco in hebraicum translatae antiquitus scriptae sunt, cum hic Romae requireretur (o perfidorum impudentiam!) abrasum inventum est, adeo ut nulla ad excusandum scelus posset afferi defensio, cum membrana ipsa id exclamare videretur."

J. J. Parry, Speculum (Cambridge, Mass.) 2 (1927) 446-447; R. Eisler, Jesous Basileus (Heidelberg 1929-1930) I S. 18.467-468. — Giraldi Cambrensis opera, ed. S. Brewer-J. F. Dimock-G. F. Warner, 8 Bde., London 1861-1891 (Rolls Series), Vol. VIII ed. George F. Warner, London 1891.

Eike von Repkow († nach 1233) referiert in der Sächsischen Weltchronik umfangreich die von Josephus im Bellum Judaicum dargestellten Ereignisse (Monumenta Germaniae Historica, Deutsche Chroniken II p. 100-103; vgl. p. 123, 24); doch ist die Josephusbenutzung sehr frei und erfolgt unter Verwendung zahlreicher, offenbar aus Zwischenquellen stammender legendarischer Elemente, die sich bei Josephus nicht verifizieren lassen. Beachtung finden bei Eike von Repkow (p. 100) vor allem die Belagerung von Jotapata (Bell. Jud. 3, 141 ff.), das Versteck in der Höhle (Bell. Jud. 3, 340 ff.) und Josephus vor

Vespasian (Bell. Jud. 3, 399 ff.) sowie der Hunger im belagerten Jerusalem (p. 102).

Außerordentliches rechtsgeschichtliches Interesse darf der Abschnitt über das Judenrecht im Sachsenspiegel Eikes beanspruchen, vor allem die sogenannte Josephusstelle (III 7, 3):

> Sleit ok de kerstene man enen joden, men richtet over ene dorch des koninges vrede, den he an eme gebroken hevet, oder dut he en ungerichte an eme. Dissen vrede den irwarf ene Josaphus weder den koning Vaspasianum, do he sinen sonen Titus gesunt makede van der icht.

Erst die rechtshistorische Forschung neuerer Zeit hat die Quellengeschichte dieser Josephusstelle aufgeklärt. Die Heilung des Titus durch Josephus ist eine Legende, die zuerst bei Landolfus Sagax (um 1000; oben S. 133) erscheint, aber auf eine ältere Quelle zurückgeht und letzlich auf die im Talmud (b. Gittin 56 a/b) berichtete — ihrerseits legendenhafte — Heilung Vespasians durch Jochanan ben Zakkai zurückzuführen ist. Eike von Repkow gründet nun auf diese Legende seine Lehre vom königlichen Judenschutzrecht und von der Rechtsstellung der Juden: „Die königliche Oberherrschaft sowohl als auch die Rechte der Juden haben ihren Ursprung in römischer Zeit. Nach der Eroberung und Zerstörung von Jerusalem sind die überlebenden Juden Knechte des Kaisers Vespasian geworden und in den Zustand der Rechtlosigkeit herabgesunken. Nichtsdestoweniger zeigte ihnen Vespasian seine Huld und gewährte ihnen Rechtsschutz. Dies geschah zur Belohnung für die ärztliche Kunst des Flavius Josephus, der den kaiserlichen Prinzen Titus von der Gicht geheilt und die Dankbarkeit, die ihm Vespasian schuldete, zugunsten seiner Glaubensbrüder ausgenutzt haben soll. Deshalb — das ergibt notwendig die Schlußfolgerung — ließen die deutschen Könige, die sich als Nachfolger der römischen Kaiser betrachteten, weiter ihre Gnade und ihren Schutz über den Juden walten" (Kisch S. 73). Vom Sachsenspiegel aus ging diese Josephusstelle auch in andere mittelalterliche Rechtsbücher über. Erst im Schwabenspiegel (um 1275 entstanden) jedoch wird mit dem Verkauf der nicht bei der Belagerung und Eroberung Jerusalems umgekommenen Juden (Bell. Jud. 6, 418; vgl. 3, 540; 6, 384) die Kammerknechtschaft motiviert, die bis zur Emanzipation im 19. Jahrhundert das jüdische Schicksal bestimmt hat.

H. Lewy, Josephus the Physician. A Mediaeval Legend of the Destruction of Jerusalem, Journal of the Warburg Institute (London) I (1937-1938) 221-42 (hebräisch in des Verfassers „Studies in Jewish Hellenism", Jerusalem 1960, S. 266-293); G. Kisch, A Talmudic Legend as the Source for the Josephus Passage in the Sachsenspiegel, Historia Judaica I (1938-1939) 105-118; G. Kisch, Forschungen zur Rechts- und Sozialgeschichte der Juden in Deutschland während des Mittelalters (Stuttgart 1955) S. 72-90. — Sachsenspiegel. Landrecht. Hg. von Karl August Eckhardt, Göttingen 1955 (S. 198-199 die Josephuspassage).

Alberich von Trois-Fontaines († nach 1251) erwähnt oder zitiert Josephus einige Male in seiner Weltchronik: Monumenta Germaniae Historica, Scriptores XXIII, 674, 25.33.40; 675, 33.38.

Rudolf von Ems († 1250/1254) mag hier stellvertretend stehen für die zahlreichen Bearbeitungen der Alexandersage, die — z.T. über die ‚Historia de preliis' — unter anderem auch auf Josephus Ant. Jud. 11, 329 ff. zurückgehen. Rudolf bezieht sich in seinem ‚Alexander' mehrfach auf Josephus. Er ist für ihn „der wîse Josephus" oder „der vil wîse Josephus".

O. Zingerle, Josephus Flavius, Hieronymus und die heil. Schrift, in des Verfassers „Die Quellen zum Alexander des Rudolf von Ems (Breslau 1885) S. 95-97 (S. 95-96 zu Josephus); G. Cary, Alexander the Great in Mediaeval Theology, Journ. Warb. Inst. (London) 17 (1954) 106.110-111.

Vinzenz von Beauvais († um 1264). In seinem ‚Speculum historiale' benutzt er gelegentlich auch Berichte des Josephus, so die Alexandergeschichte im 11. Buch der Antiquitates Judaicae (ed. Douai [1624] p. 126; nach Cary S. 107) und (über Hegesippus) die Mundus-Paulina-Affäre Ant. Jud. 18, 65 ff. (VII 4; in der Kölner Ausgabe von 1494 fol. 70; nach Weinreich S. 74 ff. — zu diesem Novellenstoff bei Jacob von Maerlant [13. Jh.], Boccaccio und anderen Weinreich a.a.O.). Über Johannes den Täufer und Jesus bei Josephus berichtet Vinzenz VIII 23 (nach Eisler S. 323). → Nachträge!

O. Weinreich, Der Trug des Nektanebos (Leipzig 1911) S. 74 ff.; E. M. Sanford, Transact. and Proc. of the Am. Philol. Ass. 66 (1935) 136.140; G. Cary, Journ. Warb. Inst. (London) 17 (1954) 107.

Thomas von Aquin († 1274) erwähnt die Teknophagie der Maria „in Josepho et Egesippo" (Bell. Jud. 6, 201-213; Heg. 5, 40, 1-41, 1) in Verbindung mit dem ähnlichen Fall 4. Könige 6, 28-29 in seiner Schrift ‚In Threnos Jeremiae expositio' 2, 20 (vol. XIX [Paris 1876] p. 213 Vivès). In ‚De regimine principum' 2, 16 (ed. J. Mathis, Rom 1948, p. 36) klingt der Alexanderbericht des Josephus (Ant. Jud. 11, 329 ff.) an: Circa quod etiam monitus Alexander, ut historiae tradunt, cum proposito vadens in Judaeam destruendi regionem, cum appropinquanti Hierusalem ei irato in albis Summus Pontifex occurisset cum ministris templi mansuefactus, et de equo descendens, ipse eum vice Dei reveritus est, et ingressus templum maximis honoravit donis, et gentem totam pro divina reverentia libertate donavit. — Josephus wird zitiert oder erwähnt bei Pseudo-Thomas, Expositio in Genesim (vol. XXXI [Paris 1876] p. 42-43 Vivès) und bei Pseudo-Thomas, Expositio in lib. I Machabaeorum (vol. XXXI) cap. 2, p. 289; cap. 7-8, p. 294-297; cap. 9, p. 300; cap. 11-16, p. 303-310; Expos. in lib. II Mach. (vol. XXXI) cap. 4-5, p. 317-318 (davon cap. 5, p. 318 Referat von Bell. Jud. 6, 289-309).

C. Spicq, Esquisse d'une histoire de l'exégèse latine au moyen âge (Paris 1944) S. 234; G. Bardy, Revue hist. ecclés. 43 (1948) 187; G. Cary, Journ. Warb. Inst. (London) 17 (1954) 108.

Jacobus von Cessolis schrieb im Jahre 1275 eine erbauliche Moralschrift ‚De moribus hominum et officiis nobilium super ludo scaccorum' (abgedruckt in Ferdinand Vetters Ausgabe des ‚Schachzabelbuches' des Konrad von Ammenhausen), die auch Josephuspassagen verwertet. Dieses Werk erfuhr entsprechend seiner Beliebtheit verschiedene, teils poetische Bearbeitungen und Übersetzungen. sehr verbreitet war: Das Schachzabelbuch des Jacobus von Cessolis, in mittelhochdeutscher Prosa-Übersetzung. Nach den Handschriften herausgegeben von Gerard F. Schmidt, Berlin 1961 (= Texte des späten Mittelalters, Heft 13). Dieses Schachzabelbuch referiert mit namentlicher Nennung der Quelle Josephus in freier, legendenhafter Darstellung die Fliegenallegorie des Kaisers Tiberius Ant. Jud. 18, 171-176 (p. 67 Schmidt), die pikante Mundus-Paulina-Affäre Ant. Jud. 18, 65-80 (p. 89-91 Schmidt) sowie die Legende von der Heilung des Titus durch Josephus (p. 97 Schmidt). — Die Fliegenallegorie von Ant. Jud. 18, 171-176 erscheint auch in der etwa gleichzeitigen Novellensammlung ‚Gesta Romanorum' cap. 51. Cap. 159 ist die angegebene Quelle Josephus nicht verifizierbar (E. Bourne,

Classical Elements in the ,Gesta Romanorum', Vassar Mediaeval Studies [New Haven] 1923, S. 343-376 [S. 362-363 zu Josephus]).

O. Weinreich, Der Trug des Nektanebos (Leipzig 1911) S. 64-65; vgl. S. 66 ff. — Ausgabe: Das Schachzabelbuch Kunrats von Ammenhausen, nebst den Schachbüchern des Jakob von Cessole und Jakob Mennel, hg. von F. Vetter, Frauenfeld 1892.

Albertus Magnus († 1280) zitiert oder erwähnt zu Fragen der neutestamentlichen Zeitgeschichte z.B. Josephus Ant. Jud. 10, 195 (Commentarius in cap. II Danielis; vol. XVIII [Paris 1893] p. 468 Vivès), Ant. Jud. 14, 330 (In Evang. Lucae III, 1; vol. XXII [Paris 1894] p. 262 Vivès) sowie — über Beda — Ant. Jud. 18, 119 (In Evang. Marci VI, 29; vol. XXI [Paris 1894] p. 476 Vivès).

C. Spicq, Esquisse d'une histoire de l'exégèse latine au moyen âge (Paris 1944) S. 234; G. Bardy, Revue hist. ecclés. 43 (1948) 187.

Raimund Martini († nach Juli 1284) zitiert oder erwähnt Josephus in seinem ,Pugio fidei adversus Mauros et Judaeos' (Leipzig 1687 herausgegeben von Carpzov als Nachdruck der in Paris 1651 von Jos. de Voisin besorgten Edition) p. 275 (Erwähnung des Josephus und Josippon); p. 279 (Zitat aus Josephus); p. 322 ff. (Josephus wird indirekt über Eusebius zitiert zum Untergang Jerusalems durch Titus); p. 353 (Josephus wird erwähnt im Zusammenhang mit der Person Herodes' des Großen).

C. Spicq, Esquisse d'une histoire de l'exégèse latine au moyen âge (Paris 1944) S. 234; G. Bardy, Revue hist. ecclés. 43 (1948) 187.

Albertus Miliolus († vor 1287) erwähnt Josephus beiläufig in seinem ,Liber de temporibus', Monumenta Germaniae Historica, Scriptores XXXI, 353, 24; 373, 13 (vgl. p. 597, 9-11). In die ,Chronica imperatorum' ist wortgetreu die gesamte Josephusabhandlung des Sicard von Cremona († 1215) übernommen (Migne, PL 213, 453-458 = Mon. Germ. Hist., Scriptores XXXI 591-594).

Roger Bacon († 1294) gibt in seinem ,Opus maius' ein sehr bemerkenswertes, weil in dieser Zeit einzig dastehendes Urteil über die Antiquitates Judaicae des Josephus und ihre Tradition (I p. 70, ed. John Henry Bridges, London 1897; Nachdruck Frankfurt 1964): ,,...cum tota certificatio historiae sacrae sit a Josepho in Antiquitatum libris, et omnes sancti expositionum suarum radices accipiant a libris illis, necesse est Latinis ut habeant illum librum incorruptum; sed probatum est quod codices Latini omnino sunt corrupti in omnibus locis, in quibus vis historiae consistit; ita ut textus ille sibi contradicat ubique, quod non est vitium tanti auctoris; igitur ex translatione mala (sc. aus dem griechischen Urtext des Josephus) hoc accidit et corruptione eius per Latinos. Nec est remedium nisi de novo transferantur vel ad singulas radices corrigantur." Dem entspricht die Aussage (Compendium studii phil. p. 474.493; nach Spicq): „Josephus etiam in Antiquitatum libris totus falsus est, quantum ad cursus temporis, sine quo nihil sciri potest de historia sacri textus". Das darf nicht als Kritik an Josephus mißverstanden werden (gegen Spicq), vielmehr geht hier die hohe Wertschätzung des Autors Josephus einher mit dem philologischen Bedauern über die Mängel seiner Tradition. Vielleicht hat Roger Bacon, der des Griechischen mächtig war, im Laufe seiner ausgedehnten einschlägigen Studien die griechische Vorlage mit der tradierten lateinischen Josephusübersetzung verglichen und ist auf die — bei einem solchen kritischen Verfahren nicht zu übersehende — enorme Unzulänglichkeit dieser Adaption gestoßen. Auf Josephus, den er gelegentlich „den bedeutendsten Historiographen" nennt (Opus maius, vol. I p. 176; vgl. weitere Erwähnungen p. 190-191), kommt er ausführlich auch Opus maius vol. II p. 390 zu sprechen: „Secta quidem Judaeorum non ponit fidem in Moyse, sed expectat Messiam qui est Christus; licet Judaei non expectent Christum qui est caput Christianorum, sed alium quem fingunt adhuc venturum. Ergo manifestum est quod illa lex non sufficit, cum legislatorem perfectiorem expectent quam sit Moyses. Quod autem hic sit Christus Dominus Christianorum potest per legem eorum probari, et per auctoritates eorum." Zu diesen „auctoritates" gehört neben Daniel auch Josephus, von dem es dann weiter heißt: „dicit ibidem quod in tempore suo apparuit Jesus Christus sanctissimus homo, si fas eum dicere hominem, de quo omnia impleta sunt quae Prophetae nostri locuti sunt de eo, sicut ipse gloriose testatur (Ant. Jud. 18, 63-64). Item ipse dicit quod, quando Dominus crucifixus fuit, audita est vox coelestium virtutum in Jerusalem, ‚Relinquamus has sedes' (anachronistisch kontaminierende Übertragung von Bell. Jud. 6, 299!). Qui cum sit maximus auctorum apud Judaeos et Latinos in historiis scribendis, ut omnes sapientes et sancti falentur, manifestum est per eum quod Messias quem lex Judaeorum promittit est Dominus Jesus Christus quem colunt Christiani." → Nachträge.

C. Spicq, Esquisse d'une histoire de l'exégèse latine au moyen âge (Paris 1944) S. 234; G. Bardy, Revue hist. ecclés. 43 (1948) 187.

Jacobus a Voragine († 1298) referiert in der ‚Legenda aurea' zahlreiche Elemente der Josephustradition, die er unverändert oder so gut wie wörtlich aus Zwischenquellen übernimmt. So erscheint cap. CIX (p. 456 Graesse) der Bericht über den Tod des Agrippa (Ant. Jud. 19, 343-350), cap. CXXV (p. 567 Graesse) eine auf Ant. Jud. 18, 110-119 zurückgehende Erzählung, und cap. X (p. 65-66 Graesse) werden die Ant. Jud. 17, 168-191 und Bell. Jud. 1, 647-665 dargestellten Vorgänge (Tod des Herodes und die damit zusammenhängenden Ereignisse) wiedergegeben. Das Referat des Jacobus ist durchaus legendenhaft, besonders cap. LXVII (De sancto Jacobo apostolo), das wörtlich oder fast wörtlich nahezu sämtliche schon bei Sicard von Cremona († 1215) zutage getretenen Elemente der Josephustradition reproduziert (p. 298-302 Graesse; Sicard PL 213, 453-456). Das bezieht sich auf das fiktiv veränderte Zitat von Ant. Jud. 20, 200, den Bericht Bell. Jud. 6, 289 ff.; 3, 141-408; 3, 399 ff.; 6, 201-213 sowie auf die Legende der Heilung des Titus durch Josephus und andere Einzelheiten. Auf ältere Quellen geht auch die wahrscheinlich aus Ant. Jud. 8, 45-49 (magische Austreibung eines Dämons durch die Nase des Besessenen) herausgesponnene Legende von der Heilung Vespasians zurück, die p. 299 bei Graesse erscheint: „. . . Et ille: Jesus Nazarenus, quem Judaei per invidiam occiderunt, in quem si credideris, sanitatis gratiam consequeris. Et Vespasianus: credo, quia, quod mortuos suscitavit, me etiam de infirmitate hac liberare poterit. Et haec dicendo vespae de naribus eius ceciderunt et continuo sanitatem recepit." Der genannte Bericht des Josephus über die durch Salomo den Juden zuteil gewordene Kunst magischer Beschwörung (Ant. Jud. 8, 45 ff.) wird referiert in den ‚Richeri Gesta Senoniensis ecclesiae' (Mon. Germ. Hist., Script. XXV, 323, 22 ff.) und muß dazu herhalten, das Schauermärchen von einer durch einen Juden mit Hilfe von Hexenkünsten mißbrauchten armen christlichen Magd glaubhaft zu machen: „quibus in cantationibus gentem Judeorum dicit (sc. Josephus) esse peritam, ita ut adhuc eisdem incantationibus utantur, sicut in subcedentibus quisquis audire poterit", worauf dann der Vorfall erzählt wird.

R. Eisler, Jesous Basileus (Heidelberg 1929-1930) II S. 323-324.786;

G. Kisch, Forschungen zur Rechts- und Sozialgeschichte der Juden in Deutschland während des Mittelalters (Stuttgart 1955) S. 74. — Ausgabe: Jacobi a Voragine Legenda Aurea, vulgo Historia Lombardica dicta. Ad optimorum librorum fidem recensuit Th. Graesse. Vratislaviae 1890³.

14. Jahrhundert

Ephräm (schrieb um 1313). In seiner Verschronik ‚Caesares' werden Josephus und Philo erwähnt (Migne PG 143, 13, 6-9):

> Ἐφ' οὖ (sc. Γαΐου) Στέφανος πρωτομαρτύρων κλέος
> μαρτυρίου στέφανον εὗρεν ἐκ λίθων·
> σοφοί τε γνωρίζοντο δύο προκρίτων
> Ἰώσηπός τε καὶ Φίλων ἐξ Ἑβραίων.

Theodorus Metochita († 1332) bietet in seinen ‚Miscellanea philosophica et historica' einen Essay Περὶ Ἰωσήπου (p. 112-116 M.-K.), der die stilistische Eigenart und literarische Besonderheit des Josephus darstellt. P. 116-123 folgt ein ähnlicher Essay Περὶ Φίλωνος, der (p. 119-122) eine literarische Synkrisis Philo-Josephus versucht. Ich gebe als Probe einen Ausschnitt (p. 112-113 M.-K.): Ἰώσηπον δὲ τὸν Ἑβραῖον ἀξιῶν τις ἐπαινεῖν κατ' ἄμφω, τήν τε τοῦ νοός, καὶ τὴν τῆς γλώττης εὐκολίαν, δικαίως ἂν ἐμοὶ δοκεῖν ἀξιοίη· καὶ ἔοικε γὰρ ὡς ἀληθῶς ἀνὴρ ἀμφότερα τῷ τοῦ θαυμαστοῦ Πλάτωνος κηρῷ τῷ μὴ σκληρῷ τε καὶ αὐχμηρῷ, καὶ ξυμμίκτῳ φαύλης τινὸς καὶ κοπρώδους ὕλης καὶ φύσεως, κἀντεῦθεν ἀνωμάλῳ πρὸς πᾶσαν χρῆσιν καὶ διάπλασιν, ἀλλὰ μαλθακῷ καὶ διύγρῳ, καὶ ῥᾷστ' ἔχοντι καὶ πεφυκότι τυποῦσθαι πρὸς πάνθ', οἷς ἂν ἑκάστοτε ξυλλάχοι. ὑγρὸς μὲν γὰρ ὁ νοῦς τῷ ἀνδρί, καὶ οὐκ αὐχμώδης, καὶ αὐτοφυῶς, καὶ πόνων δίχα πολλῶν καὶ ἀρόσεων γόνιμος, ὑγρὰ δὲ καὶ ἡ γλῶττα πρὸς πάντα ἐρρᾳστωνευμένως φέρεσθαι.

Zitate aus Josephus erscheinen bei Theodor nicht, so daß eine textkritische Nutzung nicht möglich ist.

K. Krumbacher, Geschichte der byzantinischen Litteratur (München 1897²) S. 552. → Nachträge!

Nicolaus Trivet († nach 1334) zitiert Josephus in seinem (noch unedierten) Psalmenkommentar, codex Vaticanus Ottobonianus 599, fol. 76.

A. Kleinhans, Nicolaus Trivet O.P. Psalmorum Interpres, Angelicum (Rom) 1943, 219-236 (S. 229 zu Josephus); C. Spicq, Esquisse d'une histoire de l'exégèse latine au moyen âge (Paris 1944) S. 324; G. Bardy, Revue hist. ecclés. 43 (1948) 187.

Nikephoros Kallistos Xanthopulos († um 1335) lobt Josephus in traditioneller Form: ὁ φιλαλήθης Ἰώσηπος (Hist. eccles. 1, 10.15; PG 145, 661.677), ὁ φιλαλήθης παρ' Ἑβραίοις ἱστορικὸς Ἰώσηπος (Hist. eccles. 1, 39; PG 145, 747; vgl. λόγου ἀνήρ Hist. eccles. 3, 11; PG 145, 920). Hist. eccles. 2, 18 (PG 145, 800-801) stellt er ihn handbuchartig in einer kurzen Gesamtdarstellung vor. Die Übereinstimmung von Ant. Jud. 19, 343-351 mit Apostelgesch. 25, 13 entlockt ihm die entzückte Feststellung (Hist. eccles. 2, 13; PG 145, 785-788): καὶ δὴ σὺν ἄλλοις καὶ τοῦτο θαυμάζειν μοι ἔπεισιν, ὅπως ὁ παρ' Ἑβραίοις Ἰώσηπος καθάπαν συνᾴδειν ἔοικε τῇ θείᾳ Γραφῇ ... θαύματος οὖν ἄξιος καὶ Ἰώσηπος, οὕτω ταῖς θείαις συνᾴδων Γραφαῖς· Im Anschluß an das Zitat von Vita 361-364 bemerkt Nikephoros (Hist. eccles. 2, 18; PG 145, 801): τοσοῦτον δὲ τῷ συγγραφικῷ χαρακτῆρι ἀνθεῖ, τὸν Θουκυδίδην μιμούμενος, ὡς μηδένα τὸ ἐξ ἐκείνου ἐᾶσαι τὸ πρωτεῖον κληρώσασθαι, ταῖς καιναῖς ἀεὶ χαίρων τῶν ὑποθέσεων, καὶ μετ' εὐκολίας πάσης· μὴ τοῦ τῆς τέχνης τόνου χαλῶν, ἠπίως μάλα καὶ ἱλαρῶς διέρχεται, ὑπερφυῶς ἐκφράζων κἂν τῷ δημηγορεῖν ἁβρυνόμενος. Ὁ μὲν οὖν Φίλων τῇ φιλοσοφίᾳ φαίνεται τὸ πλέον ἐσχολακώς· Ἰώσηπος δὲ τῶν τῆς ῥητορείας ὀργίων ἔοικε πλεῖον μετεσχηκέναι· κἀκεῖνος μὲν πρὸς Πλάτωνα ἀφορᾶν, οὗτος δὲ πρὸς τὸν Θουκυδίδην. In 'De excidio Hierosolymitano'(PG 147, 601-606) gibt er eine poetische Kurzfassung der Belagerung und Eroberung Jerusalems nach Josephus, wobei manche wörtlichen Anklänge an die Vorlage feststellbar sind. Josephus wird freilich nur pauschal genannt, und die äußerste Raffung des Stoffes sowie die metrische Form verhindern eine textkritische Nutzung. Das gleiche gilt für seine Συνοπτικὴ πρὸς Θείαν Γραφήν (PG 147, 623-632), die Josephus nur in starker stofflicher Konzentration benutzt. Ganz anders ist die Situation in seiner Kirchengeschichte. Hier zitiert oder referiert er Josephus ausgiebig. Dabei enthalten auch die (oft stark kürzenden) Referate und Paraphrasen zumeist noch mehr oder weniger deutliche Rudimente des genuinen Wortlautes der handschriftlichen Vorlage. Es fehlt indes nicht an Ungenauigkeiten (zu Bell. Jud. 2, 169.306-307; 6, 425-428); doch ist ein textkritisch nützlicher Schluß auf die Lesart seines Josephuskodex oft möglich. — Besonderes Interesse beanspruchen die zur Josephustradition gehörenden kirchenhistorischen Berichte des Nikephoros. Da ist zunächst Pseudo-Josephus Ant. Jud. 20, 200 (Hist. eccles.

2, 38; PG 145, 857): οὕτω δέ τις ἦν θαυμάσιος ὁ Ἰάκωβος καὶ ἐπὶ δικαιοσύνῃ διαβόητος, ὡς καὶ τοὺς παρ' Ἰουδαίοις ἔμφρονας ταύτην ἀν-
ομολογεῖν αἰτίαν τῆς πολιορκίας αὐτῶν, τὸ κατ' αὐτοῦ ἄγος· ὡς δὴ καὶ
αὐτὸς Ἰώσηπος ἐγγράφως διαμαρτύρεται ὧδέ πη λέγων· ταῦτα συμβέβηκεν Ἰουδαίοις κατ' ἐκδίκησιν Ἰακώβου τοῦ δικαίου· ὃς ἦν ἀδελφὸς
Ἰησοῦ τοῦ λεγομένου Χριστοῦ· ἐπειδήπερ δικαιότατον αὐτὸν ὄντα οἱ
Ἰουδαῖοι ἀπέκτειναν. Das etwas distanzierte Referat ὧδέ πη λέγων
zeigt, daß Nikephoros dieses aus Ant. Jud. 20, 200 herausgesponnene
fiktive Zitat in seinem Josephuskodex nicht verifizieren konnte.
Gleichwohl schien es ihm so kostbar, daß er darauf nicht verzichten
mochte. Ebensowenig kann er es sich versagen, von seinen historio-
graphischen Vorgängern die Bemerkung zu Bell. Jud. 6, 312-313
(Vespasian ist der prophezeite Weltherrscher) zu übernehmen (Hist.
eccles. 3, 4; PG 145, 900): ὁ γοῦν Ἰώσηπος εἰς Οὐεσπασιανὸν ἀνείληφε
τὸν χρησμόν. ἀλλὰ μόνης Ῥώμης, ὦ οὗτος, καὶ οὐχὶ πάσης ἄρχει τῆς
γῆς. πολλῷ δ' ἂν εἴη προσήκων, πρὸς τὸν Σωτῆρα καὶ Κύριον ἀναφέρεσθαι
κτλ. Kein Hehl macht er auch aus seiner heilsgeschichtlichen Deutung
der unsäglichen Leiden des jüdischen Volkes bei der Belagerung
Jerusalems, die er in Auszügen aus Josephus vorgeführt hat (Hist.
eccles. 3, 8; PG 145, 912-913): τοιαῦτα τῆς εἰς τὸν Σωτῆρα
ὕβρεως αὐτῶν τὰ ἐπίχειρα. ἀκολούθως δὲ θαυμάζειν ἔξεστι τῷ
παντὶ πρὸς ἅπασαν τὴν ἱστορίαν τοῦ συγγραφέως (sc. Ἰωσήπου) τὰς
τοῦ Σωτῆρος ἡμῶν Ἰησοῦ Χριστοῦ ῥήσεις παρατιθεμένῳ. εὑρήσει καὶ
γάρ πως ὡς ἀληθῶς προρρήσεις ἀκραιφνοῦς εἶναι, καὶ θείας προγνώσεως
τὰ λεχθέντα θείᾳ δυνάμει· Es folgen die Unheilsprophezeiungen über
das verstockte Jerusalem Luk. 19, 42-44; 21, 20.23-24; Matth. 24,
20-21, und es heißt weiter: καίπερ δὴ ταῦτα τοῦ Σωτῆρος ἡμῶν προειπόν-
τος ... καὶ μετανοίας καιρὸν οὐκ ἐλάχιστον ὑπανέντος ... οἱ δὲ καὶ ἔτι
τῷ χείρονι προσέκειντο· καὶ μὴ μόνον τὸν Σωτῆρα ἠγνόησαν καὶ παρέδρα-
μον, ἀλλὰ καὶ πρὸς τὸν πρῶτον νόμον ἀθλίως διέκειντο, οὐδὲν εἶδος
παρανομίας παραλείποντες ... δι' ἅπερ ... πανώλεις τῷ
ἀφανεῖ τῆς κακίας βυθῷ παρεπέμφθησαν. καὶ τῷ βουλομένῳ
καταμαθεῖν ἐστιν ῥάδιον, ἀκριβῶς ἐπιστατοῦντι τοῖς καθ' ἕκαστον λεγομένοις
τῷ συγγραφεῖ (sc. Ἰωσήπῳ), μεθ' ὅσης χάριτος καὶ ἁβρότητος. ἐγὼ δὲ
καὶ μᾶλλον τοῦ πάντα καλῶς οἰκονομοῦντος θεοῦ θαυμάζω
τὸ μέγεθος, ἄνδρα Ἑβραῖον (sc. Ἰώσηπον) ... ὥστε δὴ
ὡς χρεών γε ἦν τὴν κατὰ Ἰουδαίους ἱστορίαν ἀρίστως διεξελ-
θεῖν· ἵνα μή τις ἀντιλέγειν τέως ἔχοι· καὶ πρὸς τούτοις
ἵνα καὶ τοῖς εἰρημένοις Χριστῷ σύμφωνός τις εἴη κἀκ τῶν
ἐχθρῶν, τὸ καινότατον. Damit erreicht die Entrüstung der griechi-

schen Kirche über die Verstocktheit der Juden und die Genugtuung angesichts des wundersamen Waltens der von Gott gelenkten Geschichte ihren nicht mehr zu überbietenden Höhepunkt. Josephus, der ‚pater historiae' des jüdischen Volkes, muß es sich hier wie überhaupt seit dem Beginn der ganz im christlich-kirchlichen Raum vonstatten gehenden Tradition seiner Werke gefallen lassen, daß seine — nur von der politisch-zeitgeschichtlichen Situation her zu verstehenden — Berichte über die Leiden des jüdischen Volkes tendenziös verfälscht und für die christliche Geschichtstheologie in Anspruch genommen werden. Es ist nichts weniger als eine tragische Ironie, daß diese ganze Entwicklung entscheidend mitbestimmt wurde durch das unechte oder doch schon im dritten Jahrhundert bis zur Unkenntlichkeit von christlicher Hand verfälschte sogenannte Testimonium Flavianum (Ant. Jud. 18, 63-64).

Die Konkordanzen Josephus-Nikephoros (Hist. eccles.) sind folgende:

B 1, 70 ff.:	1, 6 (PG 145, 644)	
B 1, 123:	1, 9 (PG 145, 657)	
B 1, 181:	1, 9 (PG 145, 657)	
B 1, 656-660:	1, 15 (PG 145, 677)	
B 1, 662-664:	1, 15 (PG 145, 677)	
B 2, 118:	1, 10 (PG 145, 661)	
B 2, 169:	1, 16 (PG 145, 681)	
B 2, 169-170:	2, 10 (PG 145, 781)	
B 2, 175-177:	2, 10 (PG 145, 781)	
B 2, 247-248:	2, 26 (PG 145, 824)	
B 2, 254-256:	2, 26 (PG 145, 825)	
B 2, 261-263:	2, 26 (PG 145, 825)	
B 2, 306-307:	3, 3 (PG 145, 896)	
B 2, 465:	3, 3 (PG 145, 896)	
B 5, 424-438:	3, 6 (PG 145, 903)	
B 5, 512-519:	3, 6 (PG 145, 905-908)	
B 5, 566:	3, 6 (PG 145, 908)	
B 6, 193-198:	3, 6 (PG 145, 908)	
B 6, 199-213:	3, 7 (PG 145, 908-909)	
B 6, 288-290:	3, 4 (PG 145, 900)	
B 6, 292:	3, 4 (PG 145, 900)	
B 6, 293:	3, 4 (PG 145, 900)	
B 6, 298-304:	3, 4 (PG 145, 900)	
B 6, 312-313:	3, 4 (PG 145, 900)	
B 6, 417-420:	3, 7 (PG 145, 909-912)	
B 6, 425-428:	3, 5 (PG 145, 901)	

A 13, 301 ff.:	1, 6 (PG 145, 644)
A 17, 168-170:	1, 15 (PG 145, 677)
A 18, 1:	1, 10 (PG 145, 661)
A 18, 4:	1, 10 (PG 145, 661)
A 18, 34-35:	1, 29 (PG 145, 717)
A 18, 63-64:	1, 39 (PG 145, 747)
A 18, 110:	1, 19 (PG 145, 689)
A 18, 110-114:	1, 20 (PG 145, 693)
A 18, 116-119:	1, 20 (PG 145, 693-95)
A 18, 136:	1, 19. 20 (PG 145, 689. 693)
A 18, 252:	2, 9 (PG 145, 777)
A 18, 257-260:	2, 9 (PG 145, 777)
A 19, 343-351:	2, 13 (PG 145, 785-788)
A 20, 51:	2, 11 (PG 145, 784)
A 20, 97-98:	2, 11 (PG 145, 784)
A 20, 180-181:	2, 26 (PG 145, 824-825)
A 20, 197. 199-203:	2, 38 (PG 145, 857-860)
A 20, 224-251:	2, 4 (PG 145, 761-764)
A 20, 268:	2, 18 (PG 145, 801)
Vita 361-364:	2, 18 (PG 145, 801)
Vita 363:	3, 11 (PG 145, 920)
Ap 1, 38-42:	2, 18 (PG 145, 800-801)

Namentliche Erwähnungen des Josephus ohne bestimmten Stellenbezug finden sich Hist. eccles. 1, 9 (PG 145, 660), 1, 15 (PG 145, 677),
2, 12 (PG 145, 784). → Nachtrag S. 215.

C. de Boor, Zeitschrift für Kirchengeschichte (Gotha) 6 (1884)
478-494; Flavii Josephi opera, ed. B. Niese (Berlin 1885-1895)
III p. XVI; K. Krumbacher, Geschichte der byzantinischen Litteratur
(München 1897²) S. 292; R. Eisler, Jesous Basileus (Heidelberg
1929-1930) II S. 323-324; H.-G. Beck, Kirche und theologische
Literatur im byzantinischen Reich (München 1959) S. 705 ff.

Matthaeus Blastares erwähnt in seinem (1335 verfaßten) Σύνταγμα
κατὰ στοιχεῖον, einem Lexikon der kanonistischen Gesetzgebung,
im Zusammenhang der Pascha-Chronologie auch Josephus und
Philo (p. 406 Rhalles-Potles): οἱ μὲν οὖν λογιώτεροι τῶν Ἑβραίων,
καὶ μάλιστα οἱ τὴν Ἰουδαίαν οἰκοῦντες οἷος ἦν Ἰώσηπος καὶ Φίλων,
ἄνδρες φιλοσοφίας ἁπάσης ἐπ' ἄκρον ἐληλακότες, οὐκ ᾤοντο
δεῖν πρὸ τῆς ἰσημερίας τὸ νομικὸν ἄγειν πάσχα κτλ.
    Ματθαίου τοῦ Βλαστάρεως Σύνταγμα κατὰ στοιχεῖον, ὑπὸ Γ. Α. Ῥάλλη
καὶ Μ. Πότλη. Athen 1859.

Nikephoros Gregoras († 1359/60) kommt in seiner ‚Römischen Geschichte' auch auf Josephus zu sprechen: Zu der Zeit, als das römische
Reich auf dem Gipfel seiner Macht stand, kamen viele in die Haupt-
stadt Rom, um dort zu Ehre und Ansehen zu kommen. Ἀλλὰ καὶ
τῶν ἄλλως ἐνδόξων καὶ ἐλλογίμων προσίασιν, ἵνα τῷ τῆς Ῥώμης δήμῳ
αἰδοῦς ἕνεκα καὶ τιμῆς καὶ αὐτοὶ πολιτογραφῶνται καὶ ὀνόματος ἀξιῶνται
τῶν ἐπισήμων τῆς Ῥώμης· ὥσπερ καὶ ὁ ἐκ τῆς Παλαιστίνης Ἑβραῖος
Ἰώσηπος ... ὁ μὲν γὰρ Φλάϋιος ἐκεῖθεν ἐπωνόμασται, ὁ Ἰώσηπος (I p.
238 Sch.).
    Nicephori Gregorae Byzantina Historia. Cura Ludovici Schopeni,
I-II Bonn 1829-1839.

Makarios Chrysokephalos († 1382) führt in seinen — noch unedierten —
Ῥοδώνια, einer katenenartigen Sammlung von Sentenzen und Exzerp-
ten, auch Josephus an.
    K. Krumbacher, Geschichte der byzantinischen Litteratur
(München 1897²) S. 603.

Theodoros Meliteniotes († 1393) erwähnt in seiner ‚Astronomia'
(Migne PG 149, 996) Ἰώσηπος φιλαλήθης ἀνήρ, und zwar für die

einschlägige Passage Ant. Jud. 1, 106. In der gleichen Schrift wird
Ant. Jud. 1, 70-71 zitiert (col. 997).

15.-16. Jahrhundert

Werner Rolevinck und Hartmann Schedel. In seinem ‚Fasciculus temporum' (1474), einer Weltchronik, schreibt Rolevinck (p. 39 der Frank-
furter Ausgabe; Angabe nach Haverkamp [1726] in der unpaginierten
Einleitung zu Band I): „Josephus, historiographorum nominatissimus,
clarus habetur, natione Judaeus. Verum libri eius in multis locis
vitio scriptorum ac longitudine temporis corrupti sunt." Das erinnert
an das entsprechende Urteil des Roger Bacon († 1294). Die Aussage
bezieht sich natürlich auf die lateinische Tradition, zeigt aber, daß
in dieser Zeit die schrankenlose Hochschätzung des Josephus all-
mählich einem kritischeren Verständnis Platz macht. — Ich erwähne
hier, daß auch Hartmann Schedel († 1514) in seiner Weltchronik
auf Josephus zu sprechen kommt (Folio 110ʳ der Nürnberger Ausgabe
von 1493; repr. München-Allach [Kölbl] 1965): „Josephus der iud
genant Flavius ein briester uñ Mathatie des briesters sun ein hoh-
berümtter geschihtbeschreiber und vil ding erfarner man. auch ein
hertzog des iudischen kriegs dieweil Nero und andere regirten. wardt
von Vespasiano uñ Tito in eroberung des iudischen lands gefangẽ
und in ein erbere dinstperkeit gefürt. dañ er was ein guter und
fürtreffenlicher man. der sich von Cristo gar wol verstunde. Diser
Josephus verkündet vorhin das nero in kürtz sterbẽ uñ Vespasianus
kaiser würd und als nw solchs geschahe do entlediget ine darumb der
kayser Vespasianus. võ aler dienstperkeit. darnach wardt er gein
Rom gefürt und daselbst mit dem burgerrechtẽ uñ auch mit dẽ namen
des Flavianischen geslechts begabet. uñ lebet alda bey den selben
kaysern ru. iar glücklich. dariñ hat er siben bücher von der iudischen
gefencknus geschribẽ. und damit verdient das man ime (als sant
Iheronimus sagt) zu Rom ein seuln auffgerichtet. darnach auch r.r.
andere bücher von dẽ alter der Juden von anbegynn der werlt bis auf
den Judischẽ krieg. auch vil andere bücher. die alle võ Ruffino dẽ
Aquilegier zu lateinischer zungẽ darnach gebracht wordẽ sind. Diser
Josephus ist geporn gewest da Christus gecreutziget wardt und hat
gelebet bis auff die zeit des kaysers Trayani und ist gar erlich ge-
storben". — R. Eisler, Jesous Basileus (Heidelberg 1929-1930) I S. 5 Am.
4 weist darauf hin, daß in dieser Zeit das Testimonium Flavianum
zitiert wird u.a. von Konrad, Abt von Ursperg, Johann Trithemius
(† 1516), Petrus Galatinus († 1540) und Sixtus von Siena († 1569).

Giovanni Pico della Mirandola († 1494) erwähnt Josephus beiläufig in seinen ‚Disputationes adversus Astrologiam divinatricem (III p. 188 Garin). In derselben Schrift wird auf Ant. Jud. 1, 167 Bezug genommen (III p. 486-488).

Pico della Mirandola. Opera. Hg. von Eugenio Garin. 3 Bde. Firenze 1942-1952.

Isaak Abravanel (gest. 1508) mag die lange Reihe beschließen. In seinem Danielkommentar ‚Majene ha -Jeschua' 10, 7, Editio princeps Ferrara 1551, sagt er zum Testimonium Flavianum (ich gebe die Übersetzung nach R. Eisler, Jesous Basileus I S. 16): „Wenn Josephus das geschrieben hat, nehmen wir es von ihm nicht an, denn er hat gar vieles geschrieben, aber nicht alles ist wahr." Das christliche religiöse Überlegenheitsgefühl, das viele Jahrhunderte hindurch in oft polemisch eifernder Form den verstockten Juden gegenüber zur Schau getragen wurde, kann Isaak Abravanel nicht beeindrucken. Seine gelassene Reaktion angesichts des Umstandes, daß der eigene Glaubensgenosse Josephus Zeugnis für die Messianität Jesu abgelegt haben soll, bestätigt nur die Unmöglichkeit eines christlich-jüdischen Dialoges auf der Basis von Wahrheitsbeweisen.

BEMERKUNGEN ZUR ÜBERLIEFERUNGS-
UND TEXTGESCHICHTE

Es können hier wirklich nur einige „Bemerkungen" zu diesem
Thema gemacht werden; denn allein die Gesamtzahl der Handschriften des lateinischen (etwa 230 sind bekannt) und des griechischen
Josephus ist so hoch, daß die für eine solche Geschichte unerläßliche
vollständige Erforschung nicht nur des Textes selbst, sondern auch
solcher Traditionselemente, wie sie Scholien, Subskriptionen, Titel,
Hypotheseis, Kapitelzählung usw. darstellen, die Kräfte eines einzelnen — zumal angesichts des fast völligen Fehlens einschlägiger
Vorarbeiten — weit übersteigt.

Das ‚habent sua fata libelli' gilt in reichem Maße für die Werke des
Josephus. Nicht nur die mehreren Hundert Handschriften, sondern
auch die nahezu unübersehbare Fülle der Testimonien bei antiken
und mittelalterlichen Autoren bestätigen die Erkenntnis: „The historical
works of Flavius Josephus have been constantly subject to interpolation, revision and censorship in the interest of various religious
and political views" (E. M. Sanford, Transact. and Proc. of the
Am. Philol. Ass. 66, 1935, 127). Mit Philo teilt Josephus das Schicksal,
daß seine Werke von den eigenen Glaubensgenossen anscheinend
nicht beachtet wurden, ausgenommen Agrippa II. und die zahlreichen
jüdischen Käufer seiner Werke (Contra Ap. 1, 51; vgl. Vita 363-367).
Der Bar-Kochba-Aufstand des zweiten Jahrhunderts zeigt, wie
wenig das Versöhnungsprogramm des Josephus auf jüdischer Seite
Anklang gefunden hat. Die Tradierung seiner Werke erfolgt ausschließlich im christlichen Raum, im griechischen Osten und im lateinischen
Westen, seitdem im jungen Christentum historische Interessen wach
wurden und der einzigartige Quellenwert des jüdischen ‚pater
historiae' für den zeitgeschichtlichen Hintergrund des Neuen Testamentes erkannt wurde. Hinzu kam, daß schon sehr bald begonnen
wurde, Josephus — und Philo—für die christliche Heilsgeschichte
in Anspruch zu nehmen. Seine Werke mußten es sich von nun an
gefallen lassen, im Sinne einer Geschichtstheologie gedeutet zu werden,
die die Vollendung der Geschichte in Jesus Christus gekommen
sah und die von Josephus beschriebene furchtbare Katastrophe
des jüdischen Volkes für die gerechte Strafe seiner Missetaten an
Jesus und seinem Kreis hielt. Ein förderndes Element für die Tradie-

rung des lateinischen Josephus scheint später auch das starke geo-
graphisch-topographische Interesse am ‚Heiligen Land' gewesen
zu sein, was man auch aus dem Umstand schließen darf, daß die
Entstehung neuer Handschriften sich zeitweilig in den Gebieten
Europas massiert, die als geistiges Zentrum und Kernland der Kreuz-
zugsidee gelten, also vor allem im heutigen Nordosten Frankreichs,
in Flandern und am unteren Rhein (The Latin Josephus, ed. F. Blatt,
Aarhus 1958, I S. 15-16. 25). Daß Josephus tatsächlich Kreuzfahrern
als eine Art Reiseführer im Heiligen Lande gedient hat, zeigte sich
oben am Beispiel des Fulcher († um 1127/1128). Je intensiver und
häufiger er seit dem 2. Jahrhundert von Christen gelesen wurde,
desto stärker wurden — z.T. unabsichtlich dadurch, daß Kopisten
christliche Interlinear - oder Marginalnotizen ihrer Vorlage als genuinen Wortlaut ansahen und der Kopie einverleibten — seine Werke
auf alle Art und Weise entstellt. Das reicht von einer so durchsichtigen
Verfälschung wie δέσποτα κύριε ἐλέησον statt δέσποτα ἐλέησον in einigen
Handschriften zu Ant. Jud. 9, 64 bis hin zu der sehr ausgedehnten
Entstellung der Schrift gegen Apion, vor allem im Bereich 2, 163-217,
wo der ursprüngliche Wortlaut nur mit dem Laurentianus 69, 22 (L)
ohne die Hilfe des Lateiners, des Eusebius und der Konstantinischen
Exzerpte kaum noch herstellbar wäre. Auf das bemerkenswerteste
Beispiel für die Verfälschung des Josephus durch christliche Hand,
das sogenannte Testimonium Flavianum (Ant. Jud. 18, 63-64),
will ich hier nicht eingehen, da oben in der Darstellung der Testimonien
oft genug von ihm die Rede war. Es bleibt nur noch festzustellen,
daß es die Tradierung des Josephus entscheidend mitbefördert hat.
In neuerer Zeit kommt zu den Motiven der Entstellung ein bisweilen
rigoroser Moralismus hinzu, was in der deutschen Übersetzung der
Antiquitates Judaicae von Martin und Kaulen (Köln 1892[3]) dazu
geführt hat, daß etwa die Passage Ant. Jud. 18, 65-80 schlankweg und
hinweislos getilgt und die Versuchung des keuschen Joseph (Ant.
Jud. 2, 39 ff.) drastisch gekürzt ist. Das Motiv wird in der ersten
Auflage von 1852-1853 (I S. 493) formuliert: der Leser soll vor den
,,anstößigen'' und ,,schmutzigen'' Geschichten des Josephus bewahrt
werden. Der Geist bevormundender Zensur äußert sich z.B. auch in
zahlreichen Fußnoten dieser Übersetzung (in der Ausgabe von
1852-1853), die ,,Abweichungen vom Text der hl. Schrift'' rügen.
Wenn solche Dinge noch bis fast in unsere Tage hinein möglich
waren, wird man um so eher die Tatsache verstehen, daß keine
Handschrift des griechischen Josephus frei ist von christlichen Inter-

polationen und Änderungen jeder Art, wobei besonders die auf Schritt und Tritt an die Norm der Septuaginta angepaßten Eigennamen auffallen.

Die späteren Werke Antiquitates Judaicae nebst Vita und die Schrift Contra Apionem wurden von Josephus seinem reichen Patron und Gönner Epaphroditos — es ist noch strittig, ob damit der Freigelassene Neros oder der Grammatiker gemeint ist — dediziert und mit seiner Hilfe oder Vermittlung vielleicht auch verlegt, was darauf deuten könnte, daß die wirtschaftliche Lage des Josephus sich inzwischen relativ verschlechtert hatte (vgl. Th. Birt, Kritik und Hermeneutik, München 1913, S. 317-318). Zweifellos in eigener Regie hat Josephus sein Bellum Judaicum publiziert und vertrieben. Dessen griechische Fassung entstand auf der Basis des aramäischen Originals (Bell. Jud. 1, 3) unter Mitwirkung von „Helfern" (contra Ap. 1, 50), weil Josephus zu diesem Zeitpunkt, in den 70er Jahren, des Griechischen noch nicht so kundig war, daß er ein anspruchsvolles Stück Literatur in dieser Sprache hätte schaffen können. Selbst sehr viel später gibt er offen zu, daß seine griechische Aussprache noch zu wünschen übrig lasse (Ant. Jud. 20, 263), was nicht dahin mißdeutet werden darf, daß er auch hier noch Helfer benötigte. Das von ihm mit viel Mühe und beträchtlichem Kostenaufwand (Bell. Jud. 1, 16) hergestellte Werk wurde von Titus zur offiziellen Darstellung des Jüdischen Krieges erklärt, mit einer Art Imprimatur versehen (Vita 363) und sodann von Josephus selbst sehr zahlreich nicht nur an seine Glaubensgenossen (Contra Ap. 1, 51), sondern wohl auch an jeden Interessenten verkauft. Eusebius berichtet in seiner Kirchengeschichte (3, 9, 2), Josephus sei in Rom durch eine Bildsäule geehrt worden, τοὺς δὲ σπουδασθέντας αὐτῷ λόγους βιβλιοθήκης ἀξιωθῆναι. Ob Eusebius damit die Einstellung der Werke des jüdischen Historikers in die öffentlichen Bibliotheken gemeint hat, wie man aus der genannten Stelle der Vita schließen könnte (§ 363 Τίτος ... χαράξας τῇ ἑαυτοῦ χειρὶ τὰ βιβλία δημοσιεῦσαι προσέταξεν), oder nur eine allgemeine Vertschätzung ausdrücken wollte (Flavius Josèphe, Autobiographie, ed. A. Pelletier, Paris 1959, p. XX-XXI), muß vielleicht offen bleiben. Wenn Josephus frei bekennt, er habe seine Bücher vielen Interessenten verkauft, so kann er andererseits auf sehr hohe Kosten hinweisen, die ihm als Buchautor entstanden sind (Bell. Jud. 1, 16). Von diesen Kosten entfällt möglicherweise ein nicht unerheblicher Teil auf den Kauf von Buchrollen zur Einrichtung einer Privatbibliothek, die er gewiß besessen hat. In dieser Zeit ist der

Besitz von Privatbibliotheken gang und gäbe (Geschichte der Textüberlieferung, von H. Hunger u.a., I, Zürich 1961, S. 65.340), und
Josephus, der damals zu den Honoratioren der römischen Gesellschaft
gehört haben muß, war jedenfalls vermögend genug, die dafür not-
wendigen Summen aufzubringen. Diese waren freilich nicht gering.
Wenn man davon ausgeht, daß ein kompletter Livius von 142 Büchern
seinerzeit etwa 2000 Goldmark kostete (Th. Birt, Kritik und Hermeneutik, München 1913, S. 325), mußte allein ein Werk vom Umfang
des Bellum Judaicum nach heutigen Verhältnissen einen Marktwert
von nahezu 700 DM haben. Daß unter diesen Umständen allenthalben
unautorisierte Privatabschriften als Vorläufer der späteren Raub-
drucke entstanden, die dem Buchhandel massive Konkurrenz machten,
ist begreiflich (Birt, a.a.O. S. 325; vgl. W. Schubart, Das Buch bei
den Griechen und Römern, Berlin 1907, S. 140; H. Fränkel, Einleitung
zur kritischen Ausgabe der Argonautika des Apollonios Rhodios,
Göttingen 1964, S. 8). Vielleicht diente die von Josephus am Ende
seines Werkes (20, 267) mitgeteilte Gesamtzahl von 60 000 Zeilen
für die Antiquitates Judaicae nicht zuletzt dem Zweck, dem Käufer
der zwanzig Rollen die Möglichkeit einer Vollständigkeitskontrolle
seines Exemplares zu geben (vgl. Th. Birt, Das antike Buchwesen,
Berlin 1882, S. 203-204; Th. Birt, Kritik und Hermeneutik, München
1913, S. 323; Bruce M. Metzger, Der Text des Neuen Testaments,
Stuttgart 1966, S. 15-16). Die normale Buchstabenzahl einer Zeile
war in den Jahrhunderten vor und nach Christus etwa 35. Dazu
paßt freilich nicht die durchschnittliche Zeilenlänge von 30 Buchstaben
des Papyrus Vindobonensis (oben S. 55).
Der Umstand des anscheinend doppelten Schlusses der Antiquitates
Judaicae, einmal in 20, 259 (παύσεται δ' ἐνταῦθά μοι τὰ τῆς ἀρχαιολογίας),
dann in 20, 267 (ἐπὶ τούτοις δὲ καταπαύσω τὴν ἀρχαιολογίαν) könnte
auf eine zweite Auflage dieses Werkes deuten, an welche dann die
unvermittelt anhebende Vita (ἐμοὶ δὲ γένος ἐστὶν οὐκ ἄσημον) ersichtlich
angehängt ist, weshalb es am Schluß der Vita (§ 340) heißen kann
σοὶ δ' ἀποδεδωκώς, κράτιστε ἀνδρῶν Ἐπαφρόδιτε, τὴν πᾶσαν τῆς
ἀρχαιολογίας ἀναγραφήν, ἐπὶ τοῦ παρόντος ἐνταῦθα καταπαύω τὸν
λόγον. Freilich kann die Autobiographie den Antiquitates auch
schon gleich bei deren Erscheinen als Anhang beigegeben worden sein,
was in 20, 266 eine Stütze hätte: ἴσως δ' οὐκ ἂν ἐπίφθονον γένοιτο
καὶ περὶ γένους τοὐμοῦ καὶ περὶ τῶν κατὰ τὸν βίον πράξεων βραχέα
διεξελθεῖν, ἕως ἔχω ζῶντας ἢ τοὺς ἐλέγξοντας ἢ τοὺς μαρτυρήσοντας.
Dieser Satz gäbe dann die Begründung für den folgenden Appendix,

wobei seine Stellung — er ist nicht der letzte, sondern der drittletzte
Paragraph nach der Nieseschen Zählung — eine von Josephus gewollte
Verschränkung und Verklammerung des Anhanges mit der vorangehenden Archäologie zum Ausdruck bringen würde. Sicher ist jedenfalls, daß die Vita nicht als selbständiges Werk tradiert wurde; denn
Eusebius zitiert Vita 361 als πρὸς τῷ τέλει δὲ τῆς εἰκοστῆς ἀρχαιολογίας
befindlich (Hist. eccles. 3, 10, 7; p. 226, 7-11 Schwartz).

Die nicht grundsätzlich auszuschließende Möglichkeit einer zweiten
Auflage der Archäologie von der Hand des Josephus hat vereinzelt
zu der Annahme geführt, die hier oft konträren Lesarten der Handschriften, also die Spaltung in zwei Überlieferungszweige, sei bereits
auf die beiden verschiedenen Auflagen zurückzuführen, wobei diese
Annahme willkürlich auch auf das Bellum Judaicum ausgedehnt
wurde, für das R. Eisler bekanntlich eine nicht mit dem uns erhaltenen
Text identische erste griechische Auflage postuliert hat (s. oben zum
slavischen Josephus). Hier, im Bellum Judaicum, sei es die schlechtere
Handschriftengruppe VRC, die auf den griechischen Urjosephus
(die fiktive Quelle der slavischen Übersetzung) zurückgehe. Diese
unter dem Einfluß Eislers, mit dem er in brieflichem Kontakt stand,
z.T. auch von Thackeray vertretene und referierte Hypothese (Josephus
with an English Translation, vol. II [1927] p. VIII sqq. XXIX)
ist unbegründet. Nun ist es zwar nicht ausgeschlossen, daß im Einzel-
falle eine Korrektur und damit eine Doppellesung beziehungsweise
Handschriftenvariante bis auf den Autor zurückgehen kann (Geschichte der Textüberlieferung, von H. Hunger u.a., Zürich 1961,
I S. 61; vgl. S. 325); doch ist es methodisch unzulässig, aus einer so
sporadischen Erscheinung wie der Doppellesung in Bell. Jud. 6, 369
verallgemeinernde Aussagen abzuleiten, wie das F. Rühl versucht
hat (Literarisches Centralblatt [Leipzig] 1895, 1657). Solche Dubletten
entstehen auch durch Versehen eines Schreibers, der angesichts
vorgefundener, irgendwann im Laufe der Tradition entstandener
alternativer Varianten nicht selektiv, sondern additiv kopiert. Schließlich ist das Auseinandertreten der handschriftlichen Tradition in zwei
oder drei Klassen ein überlieferungsgeschichtlich so trivialer Vorgang
(vgl. Th. Birt, Kritik und Hermeneutik, München 1913, S. 21; Geschichte der Textüberlieferung, von H. Hunger u.a., Zürich 1961,
I S. 255.262.271; A. Dreizehnter, Untersuchungen zur Textgeschichte
der Aristotelischen Politik, Leiden 1962, p. XI sqq.), daß er nicht der
Erklärung durch gewagte Hypothesen bedarf, zumal kein Motiv
zu sehen ist, weshalb Josephus an zahllosen Stellen ein Wort oder eine

Wendung durch einen synonymen Ausdruck hätte ersetzen wollen. Im 2./3. Jahrhundert wurden die Werke des jüdischen Historikers aus den einzelnen Buchrollen in die Form des Kodex gebracht, wobei aus Gründen der Zweckmäßigkeit die zwanzig Bücher Antiquitates Judaicae auf vier Kodizes verteilt wurden. Die Vita wurde der letzten Pentade angehängt. Später faßte man die Bücher 1-10 und 11-20 nebst der Vita in je einem Kodex zusammen. Je für sich in einen Band wurden die Schrift gegen Apion und das Bellum Judaicum übertragen. An der Verschiedenartigkeit der Überlieferungssituation in den einzelnen Überlieferungsblöcken (I =Bellum Judaicum; II = Ant. Jud. 1-10; III =Ant. Jud. 11-20, Vita; IV = Contra Ap.) und der geringeren Differenz von Pentade zu Pentade innerhalb der beiden Dekaden ist diese Methode der Kodifizierung noch rudimentär zu erkennen. Solche Pentadeneinteilung war üblich. Wir kennen sie zum Beispiel aus der Überlieferung des Livius, Dio Cassius, Diodor und Polybius. Natürlich schließt die ursprüngliche Kodexeinteilung nicht aus, daß später auch heterogene Überlieferungsblöcke ganz oder teilweise in einem Kodex vereinigt wurden. Das zeigen die uns erhaltenen Handschriften ja zur Genüge. Immerhin ist keine Handschrift erhalten, die den ganzen griechischen Josephus enthält. Diese Divergenz der handschriftlichen Tradition wurde begünstigt durch den Umstand, daß die einzelnen Werke des Josephus vom Thema her verschiedene Interessen ansprachen. Am meisten und oft nur allein gelesen wurde das Bellum Judaicum, dessen handschriftliche Basis deshalb heute am breitesten ist. Dagegen interessierten die Antiquitates Judaicae, zumal in der ersten Hälfte, besonders den Exegeten des Alten Testamentes.

Mit der Sammlung und Kodifikation der Rollen verbunden oder zusammenhängend gewesen war vielleicht auch — wie die in den Handschriften erhaltenen Werktitel zeigen — eine editorische Redaktion, die das Bellum Judaicum und die Antiquitates Judaicae unter dem gemeinsamen Titel Ἰουδαϊκὴ ἱστορία zusammenfaßte und dabei dem Bellum den Untertitel Περὶ ἁλώσεως gab, während die Antiquitates den schon vom Autor her geläufigen Titel Ἀρχαιολογία behielt. Es verrät die christliche Hand, und es war vom christlichen Standpunkt aus konsequent, die genuineren, von Josephus selbst formulierten Titel (Ἰουδαϊκά Ant. Jud. 13, 72.298; Ἰουδαϊκὴ πραγματεία Ant. Jud. 13, 173; Περὶ τοῦ Ἰουδαϊκοῦ πολέμου Ant. Jud. 18, 258; Vita 27; Ἰουδαϊκὸς πόλεμος Ant. Jud. 18, 11) in dieser Form zuzuspitzen auf den Kulminationspunkt der geschichtlichen Ereignisse nach Jesu

12

Tod. Das zeigt, daß die theologische Umdeutung der Katastrophe des jüdischen Volkes im Sinne einer heilsgeschichtlichen Peripetie schon begonnen hatte. Durch nichts begründet ist R. Eislers Annahme, Περὶ ἁλώσεως sei der Titel eines (von ihm postulierten) Urjosephus, eine Hypothese, der leider noch F. Blatt folgt (The Latin Josephus, Aarhus 1958, I S. 10). Die Kombination der beiden Hauptwerke des Josephus zu einem Corpus der jüdischen Geschichte ist jedenfalls so erfolgt, daß die Antiquitates dem Bellum vorangingen und so die entstehungsmäßige Reihenfolge verkehrt wurde; denn das Bellum Judaicum ist zweifelsfrei das Erstlingswerk des Josephus. Bestimmend bei dieser Anordnung scheint die biblische Chronologie gewesen zu sein, unter deren Einfluß die neutestamentliche Zeitschichte mit ihrem Kulminationspunkt des Unterganges Jerusalems dem in den Anti- quitates Judaicae gegebenen Bericht über das alttestamentliche Geschehen nachgeordnet wurde. Diese Anordnung der Werke hat sich in der Josephustradition bis zu den Ausgaben Nieses und Nabers erhalten. Eine künftige kritische Edition wird jedoch zur genuinen Reihenfolge zurückkehren müssen.

Bei der Redaktion der opera Josephi im Zuge der Kodifizierung der Rollen sind wahrscheinlich in größerem Umfang auch abweichende Lesarten berücksichtigt worden, möglicherweise auch aus unautorisier- ten, ohne Wissen des Autors und nach seinem Tode hergestellten Privatabschriften. Dies könnte befriedigend erklären, daß der größte Teil der uns für die Überlieferungsbereiche I-III (IV ist ein Sonderfall) erhaltenen Handschriften mehr oder weniger deutlich in zwei konträre Gruppen zerfällt. Die Polarisierung der handschriftlichen Über- lieferung in zwei je durch gemeinsame Fehler verbundene Familien oder Klassen wird hier wie bei anderen antiken Autoren auf ver- schiedene Auswahl alternativer Lesarten durch spätere Tradenten zurückgehen. Es ist eine Frage von untergeordneter Bedeutung, ob der dafür notwendige Variantenfundus des Archetypus der einzelnen Überlieferungsbereiche ganz oder teilweise schon im Kodifikations- exemplar stand oder nicht. Der Archetypus dieser einzelnen Traditions- blöcke kann auf Grund von Lücken und Korruptelen, die unsere Handschriften mit den alten Übersetzungen und den älteren Ver- tretern der Nebenüberlieferung gemeinsam haben, in das dritte Jahrhundert datiert werden. Darauf deutet z.B. die erst Eusebius († 339/340) bekannte Interpolation Ant. Jud. 18, 63-64. Daß der Archetypus oder vielmehr die Archetypi der einzelnen Überlieferungs- bereiche schon stark durch Interpolationen und Korruptelen aller Art entstellt waren, ist seit Niese bekannt (Flavii Josephi opera, Berlin 1885-1895, I p. XXXI-XXXII; III p. XVII-XIX; V p. XX-XXI; VI p. XXIII-XXV; vgl. G. Schmidt, De Flavii Josephi elocutione observationes criticae, Jahrbüch. f. class. Philol., Suppl. 19, Leipzig 1894, p. 352; A. Schlatter, Die Theologie des Judentums nach dem Bericht des Josefus, Gütersloh 1932, p. IV). Die überaus zahlreichen Majuskelkorruptelen, von denen Nieses Apparatus criticus Zeugnis ablegt, sind sicher nur zum Teil bei der Umschrift in die Minuskel entstanden und dürften in nicht geringer Zahl bereits im Archetypus vorhanden gewesen sein. Daß der Josephustext schon in den beiden Jahrhunderten zwischen dem Autograph und Eusebius in hohem Maße Verderbnisse erlitten hat, zeigen vor allem die sehr zahlreichen, gegen alle Zeugen auch der älteren indirekten Überlieferung erfolgten Emendationen, die schon in Nieses Ausgabe aufgenommen oder seither gemacht worden sind. Gleichwohl ist bisher sicher nur ein kleiner Teil dieser Entstellungen entdeckt. Sollte ein glücklicher Zufall noch einen umfänglichen Papyrus des zweiten Jahrhunderts zutage fördern, würde zweifellos festgestellt werden können, wie oft die überlieferungsgeschichtlichen Sedimente den genuinen Text überdecken. Der inneren Kritik bleibt jedenfalls noch viel zu tun. In diesem Zusammenhang verweise ich auch auf meinen Aufsatz ,,Einige Vermutungen zum Josephustext" in THEOKRATIA (Leiden) 1 (1967-1969) 64-75.

Sehr hilfreich bei der Emendationsarbeit und in dieser Hinsicht noch lange nicht ausgeschöpft sind die alten Übersetzungen und die Testimonia der Kirchenväter. Niese hat hier erst einen Anfang gemacht. Diese Zeugen sind auch geeignet, bei dem in den Bereichen I-III oft konträren Befund der Handschriftenfamilien über die relative Qualität der zur Auswahl stehenden Lesarten zu entscheiden. Eine genauere Untersuchung dieser Nebenzeugen wird auch dazu verhelfen, den Beginn der Polarisierung des größten Teiles der uns erhaltenen Handschriften in zwei Klassen zeitlich näher zu bestimmen und den Textzustand auf dieser Zeitebene so weit wie möglich zu rekonstruieren. Gerade auch diesem Zweck dient die hier von Grund auf neu angestellte Ermittlung der Nebenüberlieferung. Nieses Feststellung ,,ipsam tamen generum diversitatem multo antiquorem esse testibus et Latino et Eusebio ... quorum uterque usus esse videtur libro ex utroque genere mixto" (Flavii Josephi opera, vol. III p. LI) ist methodisch bedenklich, weil der gleiche Sachverhalt einen anderen Schluß ebenso nahelegt, daß nämlich die Polarisation in Handschriftenfamilien

erst nach Eusebius und dem Lateiner erfolgte, und zwar auf der
Basis eines reichen Lesartenbestandes, der nicht nur die einstweilen
noch latente Möglichkeit einer Aufspaltung in zwei Zweige implizierte,
sondern auch die noch unentschiedene oder nicht endgültig ent-
schiedene Josephusbenutzung des Eusebius und des Lateiners aus der
Retrospektive als Teilhabe an der Textform beider Klassen erscheinen
lassen konnte. Bei dem von Niese angenommenen Beginn der Kollation
und Kontamination (von zu dieser Zeit bereits vorhandenen Handschriftenfamilien!) bereits im 2./3. Jahrhundert müßte die Text-
gestalt der auf uns gekommenen Handschriften des 11.-15. Jahrhunderts ein sehr viel mehr divergierendes, uneinheitlicheres Bild
bieten, als das tatsächlich der Fall ist. Auch im Überlieferungsbereich
I (Bellum Judaicum) ist aus der Beobachtung, daß Porphyrius
und Eusebius öfter LVRC (Nieses „genus deterius"; Flavii Josephi
opera, vol. VI p. LXIII.LXVI-LXVII) folgen als der konträren
Gruppe PA, nicht unbedingt Nieses Schluß zu ziehen, daß diese Gruppen schon vor der Zeit des Porphyrius (gest. 301/305) sich heraus-
gebildet hätten. Denkbar sind auch andere Deutungen, vor allem,
daß Porphyrius und Eusebius weniger selten, als Niese es wahrhaben
will, die genuine Lesart bieten und daß die mittelalterliche Textzeugengruppe PA von ihm in ihrem Wert überschätzt wurde.
    Abschließend ist noch ein Wort zu sagen zu dem Traditionselement,
das uns in den handschriftlich überlieferten Hypotheseis zu den einzelnen Büchern der Überlieferungsbereiche I-III erhalten ist. Solche
Hypotheseis oder Argumenta sind nur in ganz bestimmten Handschriften der Antiquitates Judaicae und des Bellum Judaicum gegeben.
Die Argumenta des Jüdischen Krieges sind verhältnismäßig jung und
wohl erst im Mittelalter entstanden, wie unter anderem daraus zu
entnehmen ist, daß die antike lateinische Übersetzung sie noch nicht
kennt. Sie sind zum Zwecke der Kapiteleinteilung und des leichteren
Nachschlagens wegen gemacht; denn das bei der Archäologie mögliche
Motiv der Inhaltsübersicht entfällt hier, da Josephus selbst zu Beginn
des ersten Buches (1, 19-29) eine Vorschau auf den Inhalt seines
Werkes gibt. Dagegen ist die mit den Hypotheseis verbundene
Kapiteleinteilung der Antiquitates Judaicae schon Cassiodor († 578)
bekannt (Expositio in Ps. 14, 1; PL 70, 109). Doch ist die Kapitel-
numerierung in der griechischen Tradition nicht ursprünglich, vielmehr hatten die Inhaltsangaben ersichtlich zunächst allein den Zweck,
potentiellen Lesern oder Käufern einen ungefähren Einblick in den
behandelten Stoff zu geben. Diese Vorschau bietet einen dem tat-

sächlich Dargestellten oft nicht proportionalen, manches auslassenden, zufügenden oder der Reihenfolge nach verändernden, somit recht willkürlichen Überblick. Deshalb möchte ich nicht glauben, daß diese Argumenta schon von der Hand des Josephus stammen, wie A. von Gutschmid erwogen hatte (in: Julius Euting, Nabatäische Inschriften aus Arabien, Berlin 1885, S. 87). Eher gehen sie auf einen antiken Buchhändler zurück. Niese hat diese Traditionselemente in seiner Ausgabe mit abgedruckt, nicht jedoch die sehr viel späteren Hypotheseis des Bellum Judaicum, die man in den älteren Josephuseditionen von Hudson (1720), Haverkamp (1726) und Oberthür (1782-1875) einsehen kann. Infolge ihres hohen Alters sind die Argumenta der Archäologie gelegentlich wie Zeugnisse der Nebenüberlieferung textkritisch zu nutzen (vgl. Niese zu Ant. Jud. 13, 268.301. 370). In dieser Hinsicht bemerkenswert ist vor allem, daß die Inhaltsübersicht des 18. Buches keinen Hinweis enthält auf das in der sonstigen Überlieferung seit Eusebius tradierte Zeugnis des Josephus für Jesus Christus.

NACHTRÄGE

Zu S. 13:

Mehr der Vollständigkeit halber ist der Batopedianus 34 zu erwähnen, eine Sammelhandschrift (Papier, 16. Jh.), die fol. 218ᵛ Περὶ 'Ιωσήπου καὶ τῆς β′ οἰκοδομῆς τοῦ ναοῦ enthält, vielleicht eine kurze Abhandlung unter Verwendung einschlägiger Berichte des Josephus. — Eustratiades — Arkadios S. 12-13.

Zu S. 27:

Auf einige kaum nennenswerte Splitter aus Josephus in Handschriften vermischten Inhaltes (Bibelkommentare) führt Archimandrit VLADIMIR, Sistematičeskoe opisanie rukopisej Moskovskoj Sinodal'noj (Patriaršej) Biblioteki. I. Rukopisi grečeskija [Catalogue systématique des mss. de la Bibliothèque synodale. I. Les mss. grecs, Moscou 1894], und zwar in Codex Nr. 28, 10. Jh. (pagina 32), Nr. 38, geschrieben im Jahre 1475 (p. 40), Nr. 57, 15. Jh. (p. 56), Nr. 410, 15. Jh. (p. 606). Ich hatte keine Möglichkeit, diese Angaben nachzuprüfen oder anderswo bestätigt zu finden.

Zu S. 41:

Nach brieflicher Auskunft des Pariser „Institut De Recherche Et D'Histoire Des Textes" vom 2. Februar 1971 ist der Codex Saragossa unauffindbar und anscheinend verlorengegangen.

Zu S. 42:

Einzelne Zitate aus Josephus (in der Hs. Nr. 1807 z.T. indirekt über Georgios Synkellos) finden sich im Sinaiticus gr. 2 (12.-13. Jh.), 310 (vom Jahre 1642), 1807 (15.-16.Jh.). Es handelt sich bei diesen Hss. um Katenen bzw. theologische Texte vermischten Inhaltes. — V. Benešević, Catalogus codicum manuscriptorum qui in monasterio sanctae Catharinae in monte Sina asservantur. Tomus I Petersburg 1911 und Hildesheim 1965 (p. 2-3 zu Nr. 2; p. 221 zu Nr. 310); III 1 Petersburg 1917 und Hildesheim 1965 (p. 212-214 zu Nr. 1807).

Zu S. 70 (Minucius Felix):

Der Wortlaut von Octavius 33, 4 ist: „Scripta eorum (Judaeorum) relege vel, ut transeamus veteres, Flavii Josephi vel, si Romanis magis gaudes, Antonii Juliani de Judaeis require: iam scies nequitia sua hanc eos meruisse fortunam, nec quidquam accidisse quod non sit iis, si in contumacia perseverarent, ante praedictum."

Zu S. 71 (Cassius Dio):
I. Weiler (Klio 50, 1968, 151) macht darauf aufmerksam, daß der Bericht des Cassius Dio über die Einnahme Jerusalems sich im ersten Teil eng an die Bücher 5 und 6 des Bellum Judaicum anlehne. Indes handelt es sich nur um eine freie inhaltliche Beziehung, zum Teil infolge der indirekten Überlieferung über Exzerptoren. An Bezügen sind greifbar:

Cassius Dio 66,5,2 : B 5,302-303   Cassius Dio 66,5,4 : B 6,1
66,5,3 : B 5,360   66,6,1 : B 6,68
66,5,4 : B 6,12-14   66,6,1 : B 6,164

Zu S. 87 (Eusebius):
Der erste Teil der Eklogē Historiōn ist einigermaßen wörtlich aus der Chronik des Eusebius genommen. Da sie also von nicht unbeträchtlichem Nutzen ist bei der Rekonstruktion dieses (nicht griechisch erhaltenen) Werkes und damit der in ihm enthaltenen Josephuszitate, gebe ich nachträglich auch ihre Konkordanzen mit Josephus:
Ap. 1, 106-110 (βούλομαι-Γαλιλαίας ἐν τῇ): Cramer II p. 184.
Ap. 1, 110-116 (Χαβουλῶν λεγομένη-βεβασιλευκότων: Cramer II p. 185.
Ap. 1, 117-125 (ἔπειτα γενόμενος-τούτου διάδοχος): Cramer II p. 186.
Ap. 1, 125-127 (διάδοχος-ἀρχαιολογίας): Cramer II p. 187.
Eine freie Übernahme von A 1, 143 ff. findet sich ibid. II p. 170.
— Ant. Jud. 1, 123. 125. 127 erscheinen in freier, verkürzter Form innerhalb der 'Εκλογαὶ ἱστοριῶν (ibid. II p. 252).
Anecdota graeca e codd. manuscriptis bibliothecae regiae Parisiensis. Edidit John Anthony Cramer. 4 Bde, Oxford 1839-1841; Nachdruck: Hildesheim (Olms) 1967, darin II p. 165-230 die 'Εκλογὴ ἱστοριῶν; vgl. A. von Gutschmid, Kleine Schriften V (1894) S. 600.

Zu S. 95 (Orosius):
Zu Hist. adv. pag. 7, 6, 15 (CSEL 5, 451) und der dort gegebenen irrtümlichen Berufung auf Josephus (,,anno eiusdem nono expulsos per Claudium urbe Judaeos Josephus refert") vgl. auch A. Harnack, Chronologische Berechnung des Tages von Damaskus, SBA 1912, S. 673-682 und W. Wiefel, Judaica (Zürich) 26, 1970, 76-77.

Zu S. 102 (Kosmas Indikopleustes):

Neben Winstedt tritt jetzt eine neue Ausgabe: Cosmas Indicopleustes. Topographie Chrétienne, ed. W. Wolska-Conus. Paris
1968-1970 (= Sources Chrétiennes Nr. 141. 159).

Zu S. 109 (Beda):

Die Literaturangaben sind zu ergänzen durch B. Blumenkranz, Les
auteurs chrétiens latins du Moyen Age sur les juifs et le judaïsme
(Paris 1963) S. 133.

Zu S. 118 (Paulus Alvarus von Cordoba):

Den Literaturangaben ist hinzuzufügen B. Blumenkranz, Les
auteurs chrétiens latins du Moyen Age sur les juifs et le judaïsme
(Paris 1963) S. 186.

Zu S. 147 (Rahewin) ist bei den Literaturangaben die maßgebende
Ausgabe nachzutragen:

Ottonis et Rahewini Gesta Friderici I. Imperatoris. Editio Tertia.
Recensuit G. Waitz, Hanoverae et Lipsiae 1912.

Zu S. 160 (Vinzenz von Beauvais):

Erst nach Druckbeginn wurde mir die Ausgabe Douai 1624 zugänglich. Sie ermöglicht eine Neufassung des Vinzenz von Beauvais betreffenden Abschnittes:

Vinzenz von Beauvais († um 1264). In seinem 'Speculum historiale'
benutzt er gelegentlich und mindestens teilweise indirekt auch Berichte
des Josephus, so 4, 32 die Alexandergeschichte im 11. Buch der Anti-
quitates Judaicae §§ 325-344 (ed. Douai [1624] p. 125-126) und (über
Hegesippus) die Mundus-Paulina-Affäre Ant. Jud. 18, 65 ff. (7, 4;
p. 222-223 der Ausgabe Douai 1624). Zu diesem Novellenstoff bei
Jacob von Maerlant (13. Jh.), Boccaccio und anderen Weinreich
S. 74 ff. — Über Johannes den Täufer und Jesus bei Josephus berichtet
Vinzenz 7, 23 (= p. 228-229); es ist ein Referat beziehungsweise
Zitat von Ant. Jud. 18, 63-64.116-119. Das Testimonium Flavianum
(Ant. Jud. 18, 63-64) wird noch einmal 9, 2 (p. 369-370) zitiert.
9, 59-60 (p. 343-344) referiert Vinzenz die Vorzeichen für den Unter-
gang Jerusalems (Bell. Jud. 6, 288 ff.). 9, 2-6 (p. 369-371) wird — z.T.
nach Hegesippus — berichtet über Josephus und seine Darstellung
der Belagerung und Eroberung Jerusalems, dabei u.a. über die
Teknophagie der Maria (Bell. Jud. 6, 201 ff.). Nur beiläufig erwähnt

wird Josephus 2, 77 (p. 71) im Zusammenhang des Tempelbaues
Salomos. Die Verifizierung der hier angesprochenen Josephusstelle
macht Schwierigkeiten.

O. Weinreich, Der Trug des Nektanebos (Leipzig 1911) S. 74 ff.;
R. Eisler, Jesous Basileus (Heidelberg 1929-1930) II S. 323-324;
E. M. Sanford, Transact. and Proc. of the Am. Philol. Ass. 66 (1935)
136.140; G. Cary, Journ. Warb. Inst. (London) 17 (1954) 107. — Ausgabe: Bibliotheca Mundi seu Speculi Maioris Vincentii Burgundi Prae-
sulis Bellovacensis . . . tomus quartus qui Speculum Historiale inscribitur . . . omnia accurate recognita . . . Duaci, Anno MDCXXIV.

Zu S. 163 (Roger Bacon):
Der Wortlaut der Erwähnung des Josephus Opus maius vol. I
p. 176 ist: „. . . historiographos, et praecipue maximum eorum Josephum."

Zu S. 165 (Theodorus Metochita):
Nachzutragen ist die noch heute maßgebende Ausgabe: Theodori
Metochitae Miscellanea philosophica et historica. Hg. von M. Christia-
nus Godofredus Müller und M. Theophorus Kießling. Leipzig 1821.

Zu S. 169:
Hier war *Nicolaus von Lyra* († 1340) zu erwähnen, der für seine
umfangreiche Bibelexegese auch die Werke jüdischer Kommentatoren
heranzog, vor allem Raschi, aber auch Josephus, und zwar letzteren
ausschließlich in lateinischer Übersetzung. Dabei wird Josephus ge-
legentlich Raschi vorgezogen, weil er diesem die Autopsie voraus
habe (zu Exodus 28, 30: Beschreibung des priesterlichen Ornates).
Diese Fragen untersucht F. Maschkowski, Raschi's Einfluß auf
Nicolaus von Lyra in der Auslegung des Exodus, Zeitschr. alttest.
Wiss. (Gießen) 11 (1891) 268-316; zu Josephus s. 274.284.311-312.
Dazu jetzt: H. Hailperin, Rashi and the Christian Scholars (Pittsburgh,
Pa. 1963) S. 211 f.

GESAMTREGISTER DER TESTIMONIEN

(P) = Bezüge mit Parallelencharakter

BELLUM JUDAICUM

1, 1: Johannes Chrysostomus; Rahewin
1, 3: Eusebius; Sicard von Cremona
1, 12: Johannes Chrysostomus
1, 42-43: Suda
1, 43: Suda
1, 67-69: Excerpta Constantiniana
1, 70: Hieronymus; Excerpta Constantiniana (70-85); Nikephoros Kallistos Xanthopulos (70 ff.)
1, 85: Suda
1, 123: Eusebius; Georgios Synkellos; Nikephoros Kallistos Xanthopulos
1, 132: Georgios Synkellos
1, 149: Georgios Synkellos
1, 156: Georgios Synkellos
1, 170-171: Georgios Synkellos
1, 181: Eusebius; Georgios Synkellos; Nikephoros Kallistos Xanthopulos
1, 192: Suda
1, 337: Suda
1, 350: Excerpta poliorcetica
1, 357: Suda
1, 358: Suda
1, 359-363: Excerpta Constantiniana; Suda (359)
1, 366: Suda (bis)
1, 374: Fulcher
1, 418: Stephanus Byzantius
1, 428: Stephanus Byzantius
1, 429-434: Excerpta Constantiniana
1, 506: Suda
1, 647-665: Jacobus a Voragine
1, 656: Eusebius; Haimo von Halberstadt (656-660); Georgios Monachos (656 ff.); Nikephoros Kallistos Xanthopulos (656-660)
1, 657: Eusebius
1, 658: Eusebius
1, 659: Eusebius; Hrabanus Maurus (659-660)
1, 660: Eusebius

1, 662: Eusebius; Nikephoros Kallistos Xanthopulos (662-664)
1, 664-665: Eusebius
1, 668-669: Eusebius

2, 93-94: Eusebius
2, 111: Eusebius
2, 118: Eusebius; Johannes Chrysostomus; Georgios Monachos; Nikephoros Kallistos Xanthopulos
2, 119: Hippolytus (P); Porphyrius (119-116); Georgios Monachos (119 ff.); Georgios Kedrenos (119 ff.)
2, 120-121: Hippolytus (P)
2, 122: Hippolytus (P)
2, 123: Hippolytus (P)
2, 124-125: Hippolytus (P)
2, 126-127: Hippolytus (P)
2, 128-129: Hippolytus (P); Porphyrius (128-133)
2, 130-131: Hippolytus (P)
2, 132: Hippolytus (P)
2, 133: Hippolytus (P)
2, 134-135: Hippolytus (P)
2, 136: Hippolytus (P)
2, 137: Hippolytus (P); Porphyrius (137-138)
2, 138: Hippolytus (P)
2, 139-140: Hippolytus (P); Porphyrius (139-144)
2, 141-142: Hippolytus (P)
2, 143: Hippolytus (P)
2, 144: Hippolytus (P)
2, 145-146: Hippolytus (P)
2, 147: Hippolytus (P)
2, 148-149: Hippolytus (P); Porphyrius (148)
2, 149: Theodoretus
2, 150: Hippolytus (P)
2, 151: Hippolytus (P)
2, 152-153: Hippolytus (P); Porphyrius (152-155)

2, 154-155: Hippolytus (P)
2, 159: Porphyrius
2, 160: Hippolytus (P)
2, 161: Hippolytus (P)
2, 162: Hippolytus (P)
2, 164: Hippolytus (P)
2, 166: Hippolytus (P)
2, 169 ff.: Origenes; Eusebius (169-170; 169 ff.); Georgios Synkellos (169-172); Haimo von Halberstadt (169 ff.); Georgios Monachos (169 ff.); Suda (169-170); Marianus Scottus (169 ff.); Gerhoh von Reichersberg (169-170); Nikephoros Kallistos Xanthopulos (169; 169-170)
2, 175: Eusebius; Suda (175-177); Nikephoros Kallistos Xanthopulos (175-177)
2, 176: Eusebius
2, 177: Eusebius
2, 180: Eusebius
2, 181-183: Haimo von Halberstadt
2, 182-183: Frechulph von Lisieux
2, 184-186: Excerpta Constantiniana
2, 189-191: Fulcher
2, 204: Eusebius
2, 227: Eusebius
2, 247-248: Eusebius; Nikephoros Kallistos Xanthopulos
2, 250-251: Excerpta Constantiniana
2, 254: Eusebius; Nikephoros Kallistos Xanthopulos (254-256)
2, 255: Eusebius
2, 256: Eusebius
2, 261: Eusebius; Georgios Monachos (261-263); Georgios Kedrenos (261-263); Nikephoros Kallistos Xanthopulos (261-263)
2, 262: Eusebius
2, 263: Eusebius
2, 272-290: Excerpta Constantiniana
2, 284: Eusebius
2, 292-300: Excerpta Constantiniana
2, 306-308: Eusebius; Nikephoros Kallistos Xanthopulos (306-307)
2, 364: Otto von Freising
2, 376: Otto von Freising
2, 433: Johannes Chrysostomus
2, 462: Eusebius
2, 465: Eusebius; Nikephoros Kallistos Xanthopulos
2, 468: Suda

2, 486: Stephanus Byzantius
2, 568: Photios
2, 580: Suda
2, 589: Suda (bis)
2, 590: Suda
2, 592: Suda
2, 601: Suda
2, 603: Suda
2, 606: Suda
2, 628: Suda
2, 642: Suda
2, 650: Suda (bis)

3, 6: Suda (bis)
3, 71: Suda
3, 72: Suda
3, 74: Suda
3, 75: Suda
3, 90: Suda
3, 95: Suda
3, 96: Suda
3, 97: Suda
3, 141 ff.: Sicard von Cremona; Eike von Repkow; Jacobus a Voragine (141-408)
3, 167-168: Vegetius (P); Excerpta poliorcetica (167-187)
3, 169: Vegetius (P)
3, 171: Vegetius (P); Excerpta poliorcetica (171; 171-174)
3, 174: Vegetius (P)
3, 189: Suda
3, 192: Suda
3, 208-209: Suda
3, 214-217: Suda (bis)
3, 222-287: Excerpta poliorcetica
3, 223-224: Vegetius (P)
3, 230: Vegetius (P)
3, 233: Suda
3, 236: Suda
3, 245-247: Suda
3, 259-260: Excerpta poliorcetica
3, 261: Suda
3, 263: Excerpta poliorcetica
3, 277: Suda
3, 319 ff.: Vegetius (P)
3, 320: Suda
3, 321: Suda (bis)
3, 322: Suda
3,334 ff.: Beda
3, 335: Suda
3, 340: Suda; Eike von Repkow (340 ff.)

3, 344: Suda
3, 352: Zonaras
3, 398-403: Suda
3, 399-402: Frechulph von Lisieux; Sicard von Cremona (399 ff.); Eike von Repkow (399 ff.)
3, 400 ff.: Sueton; Landolfus Sagax
3, 401: Eusebius; Chronikon Paschale
3, 402: Suda
3, 405: Suda
3, 408: Suda (bis)
3, 506: Fulcher
3, 532: Suda

4, 2: Suda
4, 118: Suda (bis)
4, 129: Excerpta Constantiniana
4, 131-147: Excerpta Constantiniana
4, 221: Suda
4, 319-325: Excerpta Constantiniana
4, 335: Origenes
4, 375: Suda
4, 382-397: Excerpta Constantiniana
4, 399-410: Excerpta Constantiniana; Zonaras (399-402); Jacobus a Voragine
4, 424: Suda
4, 459 ff.: Georgios Monachos
4, 476: Pseudo-Eustathius; Petrus Comestor (476-477)
4, 478: Pseudo-Eustathius
4, 479-480: Pseudo-Eustathius
4, 483-484: Tacitus (P); Pseudo-Eustathius
4, 491: Eusebius
4, 558-567: Excerpta Constantiniana
4, 591: Odo von Cluni
4, 601: Zonaras
4, 603-605: Zonaras
4, 616-617: Zonaras
4, 623-624: Zonaras
4, 626-628: Zonaras
4, 654: Zonaras
4, 656: Zonaras
4, 658: Eusebius

5, 2: Hieronymus
5, 5-11: Excerpta Constantiniana
5, 11: Suda
5, 14-21: Excerpta Constantiniana
5, 22-39: Excerpta Constantiniana
5, 51-52: Zonaras

5, 55-56: Zonaras
5, 59: Zonaras
5, 62: Zonaras
5, 65: Zonaras
5, 67-68: Zonaras
5, 69: Suda
5, 71 ff.: Zonaras
5, 72-73: Suda
5, 73: Suda
5, 75: Suda (ter)
5, 76: Suda
5, 98 ff.: Zonaras
5, 106: Zonaras
5, 109-111: Zonaras
5, 113-117: Zonaras
5, 117: Suda
5, 120-121: Zonaras
5, 122: Suda
5, 125: Suda
5, 127: Suda
5, 130: Zonaras
5, 132: Zonaras
5, 136 ff.: Georgios Monachos
5, 235: Hrabanus Maurus
5, 259: Zonaras
5, 262: Zonaras
5, 270: Suda
5, 275-276: Zonaras
5, 282-284: Zonaras
5, 286-289: Zonaras
5, 292: Zonaras
5, 296: Zonaras
5, 298: Zonaras
5, 299-300: Zonaras
5, 301-302: Zonaras
5, 317-322: Zonaras
5, 318: Suda (bis)
5, 320: Suda
5, 329: Zonaras
5, 331: Zonaras
5, 333: Suda (bis)
5, 334: Zonaras
5, 336-337: Zonaras
5, 338: Zonaras
5, 342-347: Zonaras
5, 343: Suda
5, 348: Suda
5, 356: Zonaras
5, 420: Zonaras
5, 423-425: Zonaras
5, 424: Eusebius; Johannes von Salisbury (424-438); Nikephoros Kallistos Xanthopulos (424-438)

5, 425: Eusebius; Frechulph von Lisieux (425-439)
5, 426: Eusebius; Zonaras (426-427)
5, 427: Eusebius
5, 428: Eusebius
5, 429: Eusebius
5, 430: Eusebius; Acardus de Arroasia; Zonaras (430-435)
5, 431: Eusebius
5, 432: Eusebius; Georgios Monachos (432 ff.)
5, 433: Eusebius
5, 434: Eusebius
5, 435: Eusebius
5, 436: Eusebius
5, 437: Eusebius
5, 438: Eusebius
5, 442: Eusebius; → Oikumenios (442-443); Zonaras (442)
5, 444: Eusebius
5, 445: Eusebius
5, 446 ff.: Origenes; Georgios Monachos; Zonaras (446-447)
5, 449: Zonaras
5, 450: Zonaras
5, 452-453: Zonaras
5, 460: Suda
5, 466: Zonaras
5, 469-470: Zonaras
5, 472-473: Zonaras
5, 474: Suda
5, 482-483: Suda
5, 490-493: Zonaras
5, 496: Excerpta poliorcetica
5, 499: Zonaras
5, 502: Zonaras
5, 504-510: Excerpta poliorcetica
5, 510-516: Zonaras
5, 512: Eusebius; Frechulph von Lisieux (512-519); Johannes von Salisbury (512-519); Nikephoros Kallistos Xanthopulos (512-519)
5, 513: Eusebius
5, 514: Eusebius
5, 515: Eusebius
5, 516: Eusebius
5, 517: Eusebius
5, 518: Eusebius
5, 518-519: Zonaras
5, 519: Eusebius; Landolfus Sagax
5, 522-523: Excerpta poliorcetica; Zonaras (522)
5, 526: Photios

5, 531: Suda
5, 548-549: Zonaras
5, 550-553: Zonaras
5, 552-556: Excerpta Constantiniana
5, 557-572: Excerpta Constantiniana
5, 560-561: Zonaras
5, 566: Eusebius; Frechulph von Lisieux; Johannes von Salisbury; Nikephoros Kallistos Xanthopulos
5, 567: Zonaras
5, 569: Zonaras
5, 571: Acardus de Arroasia; Zonaras

6, 1-4: Excerpta Constantiniana
6, 16: Suda
6, 26-28: Suda
6, 31: Zonaras
6, 33: Zonaras
6, 54: Zonaras
6, 55: Suda
6, 57: Suda
6, 58-61: Zonaras
6, 64-71: Zonaras
6, 74: Zonaras
6, 75-76: Zonaras
6, 79: Zonaras
6, 81-82: Zonaras
6, 85-88: Zonaras
6, 130-131: Zonaras
6, 136: Zonaras
6, 147: Zonaras
6, 149-151: Zonaras
6, 157-163: Georgios Monachos
6, 161: Suda (bis); Suda (161-163)
6, 165: Zonaras
6, 166: Zonaras
6, 178: Suda
6, 188-189: Geoffrey von Monmouth
6, 192-214: Johannes Chrysostomus
6, 193: Eusebius; Augustinus (193 ff.); Johannes Damascenus (193-196); Frechulph von Lisieux (193-200); Georgios Monachos (193 ff.); Zonaras (193); Johannes von Salisbury (193-198); Nikephoros Kallistos Xanthopulos
6, 194: Eusebius
6, 195: Eusebius
6, 196: Eusebius
6, 197: Eusebius; Johannes Chrysostomus; Johannes Damascenus; Michael Glykas; Haimo von Halberstadt

6, 198: Eusebius
6, 199: Eusebius; Zonaras; Johannes von Salisbury (199-212); Nikephoros Kallistos Xanthopulos (199-213)
6, 200: Eusebius
6, 201: Eusebius; Basilius d. Gr. (201-213); Hieronymus (201-213); Kyrill (201-213); Johannes Damascenus (201-211). Frechulph von Lisieux (201-213); Haimo von Halberstadt (201-219); Georgios Monachos (201 ff.); Photios (201-213); Georgios Kedrenos (201-212); Acardus de Arroasia (201-213); Zonaras (201-212); Michael Glykas (201 ff.); Vinzenz von Beauvais (201 ff.); Thomas von Aquin (201-213); Jacobus a Voragine (201-213)
6, 202: Eusebius
6, 203: Eusebius
6, 204: Eusebius
6, 205: Eusebius
6, 206: Eusebius
6, 207: Eusebius
6, 208 ff.: Origenes; Eusebius (208)
6, 209: Eusebius
6, 210: Eusebius
6, 211: Eusebius
6, 212: Eusebius
6, 213: Eusebius
6, 220-223: Zonaras
6, 225: Zonaras
6, 228: Zonaras
6, 230: Suda
6, 232-233: Zonaras
6, 235-236: Zonaras
6, 238-241: Sulpicius Severus (P)
6, 239-241: Zonaras
6, 240: Landolfus Sagax
6, 249-250: Zonaras
6, 251-254: Zonaras
6, 256-257: Zonaras
6, 259-264: Zonaras
6, 265-266: Zonaras
6, 268-270: Zonaras
6, 271: Zonaras
6, 276-278: Zonaras
6, 280-281: Zonaras
6, 282: Zonaras
6, 285-315: Johannes Chrysostomus
6, 285-286: Zonaras

6, 288: Eusebius; Haimo von Halberstadt (288 ff.); Hrabanus Maurus (288-306); Landolfus Sagax (288-304); Ekkehard (288 ff.); Zonaras (288-290); Johannes von Salisbury (288-304); Vinzenz von Beauvais (288 ff.); Nikephoros Kallistos Xanthopulos (288-290)
6, 289: Eusebius; Beda (289 ff.); Lupus von Ferrières (289); Georgios Monachos (289 ff.); Lambert von St. Omer (289 ff.); Petrus von Blois (289 ff.); Sicard von Cremona (289 ff.); Thomas von Aquin (289-309); Jacobus a Voragine (289 ff.)
6, 290: Eusebius; Photios
6, 291: Eusebius
6, 292: Eusebius; Photios; Zonaras (292-293); Nikephoros Kallistos Xanthopulos (292)
6, 293: Eusebius; Hieronymus (293-299); Photios (293); Nikophoros Kallistos Xanthopulos (293)
6, 295-296: Zonaras
6, 296: Eusebius
6, 297: Eusebius
6, 298: Eusebius; Photios; Zonaras (298-299); Nikephoros Kallistos Xanthopulos (298-304)
6, 299: Origenes; Eusebius; Johannes Chrysostomus; Hieronymus; Johannes Malalas; Frechulph von Lisieux; Georgios Monachos; Photios; Marianus Scottus; Rupertus Tuitensis; Roger Bacon
6, 300-309: Photios; Zonaras (300-306)
6, 308-309: Zonaras
6, 312: Tacitus (P); Eusebius (312-313). Frechulph von Lisieux (312-313); Urbinas gr. 84 fol. 256, oben S. 114 (312); Georgios Monachos (312-313); Landolfus Sagax (312); Georgios Kedrenos (312-313); Zonaras (312-313); Johannes von Salisbury (312-313); Nikephoros Kallistos Xanthopulos (312-313)
6, 316-317: Zonaras
6, 321-323: Zonaras
6, 350-354: Zonaras
6, 358: Zonaras

6, 362: Suda
6, 363-364: Zonaras
6, 364: Suda (bis)
6, 366: Zonaras
6, 369: Suda; Zonaras (369-371)
6, 373-374: Zonaras
6, 378-384: Zonaras
6, 386-390: Zonaras
6, 392-395: Zonaras
6, 397-399: Zonaras
6, 401: Zonaras
6, 403-404: Zonaras
6, 407: Zonaras
6, 409: Zonaras
6, 411: Zonaras
6, 413: Zonaras
6, 417: Eusebius; Frechulph von Li-
    sieux (417-419); Georgios Mona-
    chos (417 ff.); Suda (417). Petrus
    von Blois (417 ff.); Nikephoros
    Kallistos Xanthopulos (417-420)
6, 418: Eusebius; Johannes Malalas
    (418 ff.); Chronikon Paschale
    (418 ff.); Haimo von Halberstadt
    (418); Georgios Kedrenos (418);
    Zonaras (418); Johannes von Sa-
    lisbury (418 ff.); Michael Glykas
    (418 ff.)
6, 420: Eusebius; Hieronymus; Jor-
    danes; Frechulph von Lisieux;
    Haimo von Halberstadt (420 ff.);
    Georgios   Kedrenos   (420 [?];
    420 ff.); Zonaras (420-421); Sicard
    von Cremona (420)
6, 425-428: Eusebius; Nikephoros
    Kallistos Xanthopulos
6, 428-433: Zonaras; Petrus von Blois
    (428)
6, 430: Eusebius
6, 432: Suda
6, 435-437: Methodius

7, 26: Zonaras
7, 27-31: Zonaras
7, 35: Zonaras

7, 43-51: Zonaras
7, 52-58: Zonaras
7, 60-61: Zonaras
7, 97-99: Fulcher
7, 100-104: Zonaras
7, 111-115: Zonaras
7, 116-118: Zonaras
7, 118: Johannes von Salisbury
7, 163-164: Zonaras
7, 166-167: Zonaras
7, 175-176: Zonaras
7, 178-185: Zonaras
7, 190-191: Zonaras
7, 192-193: Zonaras
7, 195-205: Zonaras
7, 206-214: Zonaras
7, 216-217: Zonaras
7, 218: Zonaras
7, 238: Hieronymus
7, 252-253: Zonaras
7, 253: Johannes Chrysostomus
7, 254-259: Excerpta Constantiniana
7, 260-274: Excerpta Constantiniana
7, 275-276: Zonaras
7, 279-280: Zonaras
7, 304: Zonaras
7, 310-312: Zonaras
7, 311-314: Vegetius (P)
7, 314-318: Zonaras
7, 319: Zonaras
7, 352-356: Porphyrius
7, 360: Isidor von Pelusium
7, 391-392: Zonaras
7, 394-400: Zonaras
7, 402-406: Zonaras
7, 407: Zonaras
7, 409-412: Zonaras
7, 414-416: Zonaras
7, 418: Suda; Zonaras (418-419)
7, 420-421: Frechulph von Lisieux
7, 428: Frechulph von Lisieux
7, 437-441: Zonaras
7, 438-445: Excerpta Constantiniana
7, 442-444: Zonaras
7, 447-453: Excerpta Constantiniana

ANTIQUITATES JUDAICAE

1, 10: Hieronymus
1, 14: Johannes Damascenus
1, 24: Isidor von Pelusium
1, 28: Michael Glykas
1, 33 (?): Georgios Kedrenos
1, 34: Petrus Comestor

1, 37: Michael Glykas
1, 38-39: Eusebius; Petrus Comestor
    (38)
1, 39: Eusebius; Ambrosius; Philo-
    storgius (P); Petrus Comestor
1, 44: Petrus Comestor

1, 50: Michael Glykas
1, 52-62: Excerpta Constantiniana
1, 54: Petrus Comestor
1, 58-62: Pseudo-Eustathius
1, 59: Michael Glykas
1, 60: Beda; Petrus Comestor
1, 61-62: Leon Grammatikos; Petrus Comestor (61)
1, 64: Hrabanus Maurus; Remigius von Auxerre
1, 65-75: Excerpta Constantiniana; Petrus Comestor (65)
1, 67: Petrus Comestor
1, 68-71: Pseudo-Eustathius; Leon Grammatikos (68 ff.)
1, 70-71: Johannes Malalas; Isidor von Sevilla; Hrabanus Maurus; Remigius von Auxerre; Georgios Kedrenos; Petrus Comestor; Theodoros Meliteniotes
1, 71: Georgios Monachos; Michael Glykas
1, 72: Pseudo-Eustathius; Michael Glykas (72-75)
1, 73: Petrus Comestor
1, 74: Pseudo-Eustathius
1, 75: Petrus Comestor
1, 77: Petrus Comestor
1, 80-82: Petrus Comestor
1, 90: Pseudo-Eustathius; Philostorgius (90 ff. [P]); Isidor von Sevilla (90-92)
1, 91: Petrus Comestor; Michael Glykas
1, 92: Theophilus Antiochenus; Pseudo-Eustathius (92-93); Eusebius (92); Hrabanus Maurus (92-95)
1, 93: Eusebius; Petrus Comestor (93-95)
1, 94: Eusebius
1, 95: Eusebius; Michael Glykas
1, 99-103: Petrus Comestor
1, 104: Pseudo-Eustathius; Georgios Synkellos (104-117)
1, 105: Eusebius; Petrus Comestor (105-106)
1, 106: Eusebius; Theodoros Meliteniotes
1, 107: Eusebius
1, 108: Eusebius
1, 109-112: Pseudo-Eustathius; Georgios Monachos (109 ff.)
1, 113-117: Pseudo-Eustathius

1, 114-118: Georgios Kedrenos; Michael Glykas (114 ff.)
1, 115: Eusebius; Petrus Comestor (115-118)
1, 117: Eusebius
1, 118: Eusebius
1, 119: Eusebius
1, 120-121: Pseudo-Eustathius; Eusebius (120)
1, 122 ff.: Hippolytus (P); Pseudo-Eustathius (122); Hieronymus (122 ff.); Petrus Comestor (122)
1, 123-126: Pseudo-Eustathius; Jordanes (123); Remigius von Auxerre (123); Leon Grammatikos (123 ff.)
1, 124: Eusebius; Hieronymus
1, 125: Hieronymus; Philostorgius (P)
1, 126: Pseudo-Eustathius
1, 127-128: Pseudo-Eustathius; Eusebius (127); Hieronymus (127); Stephanus Byzantius (127)
1, 128: Hieronymus
1, 130: Pseudo-Eustathius; Petrus Comestor
1, 131-133: Pseudo-Eustathius
1, 134-135: Pseudo-Eustathius; Petrus Comestor (134)
1, 136: Pseudo-Eustathius
1, 138-139: Pseudo-Eustathius
1, 143-144: Pseudo-Eustathius
1, 145: Pseudo-Eustathius
1, 146-147: Pseudo-Eustathius
1, 147: Eusebius; Beda; Hrabanus Maurus
1, 148: Petrus Comestor
1, 150: Petrus Comestor
1, 151: Pseudo-Eustathius; Eusebius; Beda
1, 152: Pseudo-Eustathius; Petrus Comestor
1, 154: Pseudo-Eustathius; Petrus Comestor
1, 155-157: Pseudo-Eustathius; Georgios Synkellos (155); Georgios Monachos (155); Georgios Kedrenos (155); Petrus Comestor (155-159)
1, 158: Pseudo-Eustathius; Eusebius
1, 159: Eusebius
1, 160: Eusebius; Petrus Comestor
1, 161: Pseudo-Eustathius; Eusebius; Michael Glykas (161-168)

1, 162: Michael Glykas
1, 165: Eusebius
1, 166-168: Pseudo-Eustathius; Eusebius (166)
1, 167: Eusebius; Hrabanus Maurus; Georgios Monachos; Georgios Kedrenos; Hugo von St. Viktor; Pico della Mirandola
1, 168: Eusebius
1, 180: Johannes Malalas; Beda; Georgios Monachos; Excerpta Constantiniana; Petrus Comestor
1, 181: Petrus Comestor
1, 182-184: Excerpta Constantiniana
1, 186: Petrus Comestor
1, 194-204: Excerpta Constantiniana
1, 196: Petrus Comestor
1, 203: Beda; Petrus Comestor
1, 213: Georgios Synkellos
1, 214: Pseudo-Eustathius
1, 215-216: Pseudo-Eustathius
1, 221: Pseudo-Eustathius
1, 222-236: Pseudo-Eustathius; Excerpta Constantiniana
1, 226: Gorgios Synkellos
1, 227: Petrus Comestor
1, 228-231: Petrus Comestor
1, 238-241: Pseudo-Eustathius; Philostorgius (238 ff. [P]); Petrus Comestor (238)
1, 239: Eusebius; Petrus Comestor
1, 240: Eusebius
1, 241: Eusebius
1, 244: Petrus Comestor
1, 248: Petrus Comestor
1, 256: Pseudo-Eustathius
1, 257: Petrus Comestor
1, 260-262: Petrus Comestor
1, 278-279: Petrus Comestor
1, 301: Petrus Comestor
1, 304: Petrus Comestor
1, 309: Petrus Comestor
1, 311: Petrus Comestor
1, 312: Petrus Comestor
1, 321: Suda
1, 322: Suda
1, 324: Petrus Comestor
1, 326: Michael Glykas
1, 331: Petrus Comestor
1, 333: Hieronymus; Petrus Comestor
1, 336: Eusebius; Michael Glykas
1, 337: Petrus Comestor
1, 340: Petrus Comestor

1, 342: Excerpta Constantiniana
1, 346: Petrus Comestor

2, 1-3: Pseudo-Eustathius
2, 3: Stephanus Byzantius
2, 5-6: Petrus Comestor
2, 6: Stephanus Byzantius
2, 7-20: Excerpta Constantiniana
2, 21-35: Excerpta Constantiniana
2, 22: Petrus Comestor
2, 33: Michael Glykas
2, 36: Suda; Excerpta Constantiniana (36-51)
2, 38: Suda
2, 39: Petrus Comestor
2, 45: Petrus Comestor
2, 52-65: Excerpta Constantiniana
2, 66-80: Excerpta Constantiniana
2, 68-69: Michael Glykas
2, 71: Petrus Comestor
2, 75: Georgios Kedrenos
2, 76 ff.: Michael Glykas
2, 81-90: Excerpta Constantiniana
2, 91: Suda; Michael Glykas
2, 93-96: Excerpta Constantiniana
2, 97-111: Excerpta Constantiniana
2, 112-128: Excerpta Constantiniana
2, 118: Petrus Comestor
2, 123: Petrus Comestor
2, 129-142: Excerpta Constantiniana
2, 139: Suda
2, 143-159: Excerpta Constantiniana
2, 160-177: Excerpta Constantiniana
2, 180: Petrus Comestor
2, 184-189: Excerpta Constantiniana; Michael Glykas (184)
2, 187: Michael Glykas
2, 198: Excerpta Constantiniana
2, 199-200: Petrus Comestor
2, 201-202: Pseudo-Eustathius; Excerpta Constantiniana (201-207); Petrus Comestor (201-202)
2, 203: Pseudo-Eustathius; Petrus Comestor
2, 205: Pseudo-Eustathius; Georgios Synkellos (205-206); Suda (205); Michael Glykas (205-207)
2, 206: Pseudo-Eustathius
2, 208-222: Excerpta Constantiniana
2, 212: Petrus Comestor
2, 218-236: Michael Glykas
2, 219: Pseudo-Eustathius
2, 220-221: Suda

2, 223-225: Excerpta Constantiniana
2, 224-227: Pseudo-Eustathius; Suda (224)
2, 228: Pseudo-Eustathius; Hesychius
2, 229-233: Excerpta Constantiniana
2, 230: Suda (bis)
2, 231: Pseudo-Eustathius; Suda (bis); Leon Grammatikos; Ekkehard († 1060; → Ekkehard [† 1125]); Petrus Comestor
2, 232-236: Pseudo-Eustathius; Georgios Synkellos (232)
2, 238-253: Irenaeus; Theodoretus
2, 239-242: Pseudo-Eustathius
2, 243-264: Michael Glykas
2, 244-248: Pseudo-Eustathius
2, 246: Hieronymus; Michael Glykas (246 ff.)
2, 249: Origenes; Pseudo-Eustathius (249-253); Eusebius (249); Georgios Synkellos (249-253)
2, 252-253: Augustinus (P)
2, 257: Eusebius
2, 276: Petrus Comestor
2, 287: Michael Glykas
2, 295: Petrus Comestor
2, 296: Petrus Comestor
2, 300: Petrus Comestor; Michael Glykas
2, 303: Petrus Comestor
2, 311-313: Johannes Chrysostomus; Petrus Comestor (311)
2, 312-316: Michael Glykas
2, 313: Theodoretus; Chronikon Paschale
2, 341: Petrus Comestor
2, 346: Eusebius; Hieronymus
2, 347-348: Petrus Comestor
2, 348: Gottfried von Viterbo
2, 349: Pseudo-Eustathius

3, 3-4: Petrus Comestor
3, 10: Petrus Comestor
3, 29: Petrus Comestor
3, 31: Petrus Comestor
3, 61 ff.: Cassiodorus
3, 62: Suda
3, 66 ff.: Petrus Comestor
3, 69: Suda
3, 73: Suda
3, 91: Petrus Comestor
3, 101: Petrus Comestor

3, 102 ff.: Augustinus (P)
3, 105: Georgios Synkellos
3, 108 ff.: Cassiodorus
3, 115. 115-116: Beda
3, 120 ff.: Petrus Comestor
3, 122-125: Beda; Hrabanus Maurus (122 ff.)
3, 126 ff.: Petrus Comestor
3, 130 ff.: Petrus Comestor
3, 134 ff.: Petrus Comestor
3, 135: Beda
3, 138: Beda
3, 139 ff.: Petrus Comestor
3, 142: Theodoretus
3, 144-145: Petrus Comestor
3, 147: Petrus Comestor
3, 151 ff.: Cassiodorus
3, 153: Hrabanus Maurus; Lexicon Bachmanni (153-155)
3, 154: Hrabanus Maurus; Excerpta Constantiniana (154-174)
3, 157-158: Beda; Hrabanus Maurus
3, 162: Hesychius; Georgios Monachos (162-163); Lexicon Bachmanni (162)
3, 172: Beda; Hrabanus Maurus
3, 197: Theodoretus
3, 201: Georgios Synkellos
3, 215: Augustinus (P)
3, 216-218: Georgios Synkellos
3, 248: Origenes; Johannes Chrysostomus; Cassiodorus; Hrabanus Maurus (248-250)
3, 252: Hesychius
3, 255. 255-256: Beda
3, 270-273: Georgios Kedrenos
3, 291-292: Suda
3, 310-315; Excerpta Constantiniana
3, 316-322: Excerpta Constantiniana
3, 320: Hieronymus

4, 65: Georgios Kedrenos
4, 72-73: Georgios Kedrenos
4, 78: Ambrosius; Georgios Monachos
4, 79-81: Augustinus (P)
4, 82. 82-83: Eusebius
4, 84: Georgios Monachos
4, 85 ff.: Ambrosius
4, 96: Stephanus Byzantius
4, 104: Suda
4, 106: Suda
4, 125: Georgios Kedrenos
4, 129 ff.: Oikumenios

4, 140-156: Excerpta Constantiniana
4, 151. 151-156: Suda
4, 177: Michael Glykas
4, 240: Theodoretus
4, 303: Eusebius; Hieronymus
4, 323-326: Michael Glykas
4, 326: Georgios Kedrenos
4, 327: Georgios Monachos

5, 10: Suda
5, 13: Suda
5, 16-17: Sulpicius Severus
5, 18: Suda
5, 33: Theodoretus
5, 35: Stephanus Byzantius
5, 37: Theodor von Mopsuestia
5, 49: Stephanus Byzantius
5, 76: Hieronymus
5, 83: Stephanus Byzantius
5, 85: Stephanus Byzantius
5, 86: Stephanus Byzantius; Suda
5, 87: Stephanus Byzantius
5, 117: Beda
5, 121: Stephanus Byzantius
5, 125: Michael Glykas
5, 136-140: Ambrosius
5, 140: Stephanus Byzantius
5, 141-142: Ambrosius
5, 143-149: Ambrosius
5, 149-155: Ambrosius
5, 164: Stephanus Byzantius
5, 166-167: Ambrosius
5, 168-174: Ambrosius
5, 199: Fulcher
5, 204-209: Michael Glykas
5, 210: Suda
5, 216-217: Augustinus (P); Suda (216-217); Michael Glykas (216-217)
5, 226: Suda
5, 227: Suda
5, 249: Suda
5, 274: Stephanus Byzantius
5, 276-284: Ambrosius
5, 283-287: Fulcher
5, 285: Michael Glykas
5, 286-288: Ambrosius; Stephanus Byzantius (286)
5, 289-290: Ambrosius
5, 290: Suda
5, 291-296: Ambrosius
5, 296: Stephanus Byzantius
5, 297: Ambrosius

5, 298-300: Ambrosius
5, 299: Suda
5, 301: Ambrosius; Michael Glykas
5, 302-303: Ambrosius
5, 303: Georgios Kedrenos
5, 304-305: Ambrosius
5, 305: Suda (bis)
5, 306-307: Ambrosius
5, 307-310: Ambrosius; Suda (307 [bis])
5, 308: Suda
5, 309: Suda (bis)
5, 310-312: Ambrosius; Suda (310)
5, 312-313: Ambrosius
5, 314: Suda
5, 316: Suda
5, 317: Ambrosius
5, 318: Stephanus Byzantius
5, 338-340: Excerpta Constantiniana; Petrus Cantor (338-339)
5, 342-351: Excerpta Constantiniana; Suda (342-346)
5, 346-350: Suda
5, 347: Suda

6, 1-12: Michael Glykas
6, 3: Theodoretus
6, 11: Theodoretus
6, 24: Beda
6, 33-34: Excerpta Constantiniana
6, 34: Suda
6, 35 ff.: Michael Glykas
6, 67: Stephanus Byzantius
6, 68 ff.: Beda; Suda (68-70)
6, 71: Stephanus Byzantius
6, 78: Stephanus Byzantius
6, 105: Stephanus Byzantius
6, 108: Beda
6, 111-113: Beda
6, 117 ff.: Michael Glykas
6, 132 ff.: Michael Glykas
6, 142: Suda
6, 157 ff.: Michael Glykas
6, 166: Beda; Michael Glykas (166 ff.)
6, 171: Suda
6, 189: Suda
6, 197. 197 ff.: Michael Glykas
6, 242: Stephanus Byzantius
6, 254: Stephanus Byzantius
6, 260: Stephanus Byzantius; Suda
6, 261-270: Excerpta Constantiniana
6, 265: Suda
6, 275: Stephanus Byzantius

6, 292-293: Beda
6, 294: Beda
6, 295-307: Excerpta Constantiniana
6, 322: Stephanus Byzantius; Beda
6, 327-332: Excerpta Constantiniana
6, 329 ff.: Michael Glykas
6, 330: Stephanus Byzantius
6, 337-350: Excerpta Constantiniana
6, 338: Suda
6, 371-374: Michael Glykas
6, 375-376: Stephanus Byzantius
6, 378: Beda

7, 8: Stephanus Byzantius
7, 65-67: Michael Glykas
7, 78-88: Excerpta   Constantiniana;
    Suda (78-82)
7, 81: Theodoretus
7, 90-95: Excerpta Constantiniana
7, 91-92: Georgios Kedrenos
7, 119: Excerpta Constantiniana
7, 130 ff.: Michael Glykas
7, 154: Theodor von Mopsuestia
7, 162 ff.: Michael Glykas
7, 191: Theodoretus
7, 211-212: Theodoretus
7, 243: Hieronymus; Theodoretus
7, 298 ff.: Michael Glykas
7, 305: Eusebius; Hieronymus; Theo-
    doretus; Cassiodorus
7, 316: Beda
7, 318: Georgios Kedrenos
7, 327: Theodor von Mopsuestia
7, 329-334: Excerpta Constantiniana
7, 347: Theodoretus; Beda
7, 365: Beda
7, 390-391: Excerpta Constantiniana;
    Suda
7, 392-393: Theodoretus;   Georgios
    Monachos (392 ff.); Leon Gram-
    matikos (392 ff.); Georgios Ke-
    drenos (392-394); Wilhelm von
    Malmesburg (392-394)

8, 17-20: Excerpta Constantiniana
8, 35: Beda
8, 42-43: Excerpta Constantiniana
8, 44 ff.: Georgios Kedrenos
8, 45: Hrabanus Maurus; Wilhelm von
    Malmesburg   (45-49);   Michael
    Glykas (45. 45-48); Jacobus a
    Voragine (45-49); Richeri Gesta
    Sen. eccl. (45 ff. [→ Jac. a Vor.])

8, 46 ff.: Georgios   Monachos;   Leon
    Grammatikos
8, 57: Theodoretus
8, 62: Eusebius
8, 63-64: Beda
8, 64: Georgios Monachos
8, 65-66: Beda
8, 70: Beda
8, 95-96: Beda
8, 97: Beda
8, 144 ff.: Wilhelm von Tyrus
8, 153: Beda
8, 163: Eusebius; Theodoretus
8, 164: Beda
8, 165 ff.: Origenes; Excerpta Con-
    stantiniana (165-173)
8, 174: Georgios Monachos; Georgios
    Kedrenos; Michael Glykas
8, 177: Theodoretus
8, 186: Isidor von Pelusium
8, 190-203: Excerpta Constantiniana;
    Philipp de Harvengt (190)
8, 191: Michael Glykas
8, 193-194: Philipp de Harvengt
8, 195-196: Georgios Kedrenos
8, 197: Philipp de Harvengt
8, 199: Philipp de Harvengt
8, 200-204: Suda
8, 203-205: Philipp de Harvengt
8, 209-211: Michael Glykas
8, 210-211: Philipp de Harvengt
8, 211: Georgios Kedrenos; Michael
    Glykas
8, 225-226: Excerpta Constantiniana;
    Suda
8, 236 ff.: Michael Glykas
8, 243-245:   Excerpta   Constantinia-
    na
8, 248: Excerpta Constantiniana
8, 265-274: Excerpta Constantiniana
8, 266-272: Suda
8, 318: Excerpta Constantiniana
8, 355-362: Excerpta Constantiniana;
    Suda
8, 389: Michael Glykas
8, 403 ff.: Theodoretus

9, 7: Eusebius
9, 18: Excerpta Constantiniana; Suda
9, 27: Excerpta Constantiniana; Suda
9, 65-66: Johannes Chrysostomus
9, 92: Theodoretus
9, 138: Michael Glykas

Kallistos Xanthopulos (343-351)
19, 344: Eusebius; Johannes Chrysostomus; Georgios Monachos (344-350); Photios (344-357); Odo von Cluni (344 ff.)
19, 345: Eusebius
19, 346: Eusebius
19, 347: Eusebius
19, 348: Eusebius
19, 349: Eusebius
19, 350: Eusebius
19, 351: Eusebius
19, 360-363: Photios

20, 2-3: Stephanus Byzantius
20, 51: Nikephoros Kallistos Xanthopulos
20, 97: Origenes; Eusebius (97-98); Johannes Chrysostomus (97-99); Frechulph von Lisieux (97-99); Nikephoros Kallistos Xanthopulos (97-98)
20, 101: Eusebius; Johannes Chrysostomus
20, 104: Photios
20, 138: Photios
20, 139: Photios
20, 140: Photios
20, 141-142: Photios
20, 159: Photios
20, 160 ff.: Haimo von Halberstadt
20, 169: Eusebius; Georgios Synkellos (169-172); Haimo von Halberstadt (169-172); Georgios Kedrenos (169-172); Theophylakt (169)
20, 179: Josippos
20, 180-181: Eusebius; Nikephoros Kallistos Xanthopulos
20, 186-188: Georgios Monachos; Excerpta Constantiniana (186-187)

20, 189-193: Petrus Comestor
20, 196: Josippos
20, 197: Eusebius; Nikephoros Kallistos Xanthopulos
20, 199: Eusebius; Photios (199-203); Nikephoros Kallistos Xanthopulos (199-203)
20, 200: Origenes; Eusebius; Chronikon Paschale; Frechulph von Lisieux; Georgios Monachos; Adalger; Suda; Georgios Kedrenos; Rupertus Tuitensis; Acardus de Arroasia; Petrus von Blois; Sicard von Cremona; Jacobus a Voragine
20, 201: Eusebius
20, 202: Eusebius
20, 203: Eusebius
20, 214-215: Excerpta Constantiniana
20, 223: Photios
20, 224 ff.: Hippolytus (P); Nikephoros Kallistos Xanthopulos (224-251)
20, 225-234: Photios
20, 229: Photios
20, 235. 235-241: Photios
20, 237: Photios
20, 238-244: Eusebius; Photios (238)
20, 241: Hieronymus; Photios (241 ff.)
20, 242-245: Photios
20, 245-246: Photios
20, 247-249: Eusebius; Theodoretus (247); Georgios Monachos (247); Photios (247-248)
20, 249-251: Photios
20, 252-259: Excerpta Constantiniana
20, 257: Eusebius
20, 267: Eusebius; Photios
20, 268: Eusebius; Nikephoros Kallistos Xanthopulos

VITA JOSEPHI

1-2: Excerpta Constantiniana
2: Photios
5: Photios
6-16: Excerpta Constantiniana
9-12: Photios
11-12: Georgios Monachos; Georgios Kedrenos
41: Photios
78-80: Excerpta Constantiniana
82-84: Excerpta Constantiniana

227: Suda
336 ff.: Photios
361: Eusebius; Sicard von Cremona (361-364); Nikephoros Kallistos Xanthopulos (361-364)
362: Eusebius
363: Eusebius; Nikephoros Kallistos Xanthopulos
364: Eusebius

CONTRA APIONEM

I, 6: Eusebius
I, 7: Eusebius
I, 8: Eusebius
I, 9: Eusebius
I, 10: Eusebius
I, 11: Eusebius
I, 12: Eusebius
I, 13: Eusebius
I, 14: Eusebius
I, 15: Eusebius
I, 16: Eusebius
I, 17: Eusebius
I, 18: Eusebius
I, 19: Eusebius
I, 20: Eusebius
I, 21: Eusebius
I, 22: Eusebius
I, 23: Eusebius
I, 24: Eusebius
I, 25: Eusebius
I, 26: Eusebius
I, 38: Eusebius; Sicard von Cremona (38-42); Nikephoros Kallistos Xanthopulos (38-42)
I, 39: Eusebius
I, 40: Eusebius
I, 41: Eusebius
I, 42: Eusebius
I, 73.73-74: Eusebius
I, 74: Eusebius
I, 75: Eusebius
I, 76: Eusebius
I, 77: Eusebius
I, 78: Eusebius
I, 79: Eusebius
I, 80: Eusebius
I, 81: Eusebius
I, 82: Eusebius
I, 83: Eusebius
I, 84: Eusebius
I, 85: Eusebius
I, 86: Eusebius
I, 87: Eusebius
I, 88: Eusebius
I, 89: Eusebius
I, 90: Eusebius
I, 91-92: Eusebius
I, 93: Eusebius
I, 94-98: Theophilus Antiochenus; Eusebius (94)
I, 95: Eusebius

I, 96: Eusebius
I, 97: Eusebius
I, 98: Eusebius
I, 99: Eusebius
I, 100: Eusebius
I, 101: Eusebius
I, 102: Theophilus Antiochenus; Eusebius
I, 103: Eusebius
I, 104: Theophilus Antiochenus; Eusebius
I, 105: Eusebius
I, 106: Eusebius
I, 107-111; Theophilus Antiochenus; Eusebius (107); Georgios Synkellos (107-126)
I, 109: Eusebius
I, 110: Eusebius
I, 111: Eusebius
I, 112: Eusebius
I, 113: Eusebius
I, 114: Eusebius
I, 115: Eusebius
I, 116: Theophilus Antiochenus; Eusebius
I, 117: Eusebius
I, 118: Eusebius
I, 119: Eusebius
I, 120: Eusebius
I, 121-126: Theophilus Antiochenus; Eusebius (121)
I, 122: Eusebius
I, 123: Eusebius
I, 124: Eusebius
I, 125: Eusebius
I, 126: Eusebius
I, 127: Theophilus Antiochenus; Eusebius
I, 128 ff.: Eusebius
I, 129 ff.: Theophilus Antiochenus
I, 131: Eusebius
I, 132: Eusebius
I, 133: Eusebius
I, 134: Eusebius
I, 135-142: Georgios Synkellos
I, 136: Eusebius
I, 137: Eusebius
I, 138: Eusebius
I, 139: Eusebius
I, 140: Eusebius
I, 141: Eusebius; Georgios Monachos

1, 142: Eusebius
1, 143: Eusebius
1, 144: Eusebius
1, 145: Eusebius
1, 146: Eusebius; Hieronymus (146
ff.); Georgios Synkellus (146-154)
1, 147: Eusebius
1, 148: Eusebius
1, 149: Eusebius
1, 150: Eusebius
1, 151: Eusebius
1, 152: Eusebius
1, 153: Eusebius
1, 154: Eusebius
1, 155: Eusebius
1, 156: Eusebius
1, 157: Eusebius
1, 158: Eusebius
1, 159: Eusebius
1, 160: Eusebius
1, 172: Eusebius
1, 173: Eusebius
1, 174: Eusebius
1, 176: Eusebius
1, 177: Eusebius
1, 178: Eusebius
1, 179: Eusebius
1, 180: Eusebius
1, 181: Eusebius
1, 197: Eusebius
1, 198: Eusebius
1, 199: Eusebius
1, 200: Eusebius
1, 201: Eusebius; Georgios Monachos
(201-204); Georgios Kedrenos
(201-204)
1, 202: Eusebius
1, 203: Eusebius
1, 204: Eusebius
1, 215: Eusebius
1, 216: Eusebius
1, 217: Eusebius
1, 218: Eusebius

2, 27 (?): Georgios Kedrenos
2, 45-47: Hieronymus
2, 154-155: Kosmas Indikopleustes
2, 163: Eusebius
2, 164: Eusebius
2, 165: Eusebius
2, 166: Eusebius
2, 167: Eusebius
2, 168: Eusebius

2, 169: Eusebius
2, 170: Eusebius
2, 171: Eusebius
2, 172: Eusebius; Kosmas Indikopleustes
2, 173: Eusebius
2, 174: Eusebius
2, 175: Eusebius
2, 176: Eusebius
2, 177: Eusebius
2, 178: Eusebius
2, 179: Eusebius
2, 180: Eusebius
2, 181: Eusebius
2, 182: Eusebius
2, 183: Eusebius
2, 184: Eusebius
2, 185: Eusebius
2, 186: Eusebius
2, 187: Eusebius
2, 188: Eusebius
2, 189: Eusebius
2, 190: Eusebius
2, 191: Eusebius
2, 192: Eusebius
2, 193: Eusebius
2, 194: Eusebius
2, 195: Eusebius
2, 196: Eusebius
2, 197: Eusebius
2, 198: Eusebius
2, 199: Eusebius
2, 200: Eusebius
2, 201: Eusebius
2, 202: Eusebius
2, 203: Eusebius
2, 204: Eusebius
2, 205: Eusebius
2, 206: Eusebius
2, 207: Eusebius
2, 208: Eusebius
2, 209: Eusebius
2, 210: Eusebius
2, 211: Eusebius
2, 212: Eusebius
2, 213: Porphyrius; Eusebius
2, 214: Eusebius
2, 215: Eusebius
2, 216: Eusebius
2, 217: Eusebius
2, 218: Eusebius
2, 219: Eusebius
2, 220: Eusebius

2, 221: Eusebius
2, 222: Eusebius
2, 223: Eusebius
2, 224: Eusebius

2, 225: Eusebius
2, 226: Eusebius
2, 227: Eusebius
2, 228: Eusebius

REGISTER DER NAMEN UND SACHEN

Abeghean, M.: 100
Abraham: 104. 141
Abravanel, Don Isaak Ben Jehuda: 171
Acardus de Arroasia: 156
Acta SS. Donati et sociorum: 98
Adalger: 123
Adam, Ἄδαμος: 13. 104. 118. 133. 134. 152
Adam Scotus: 155
Adamnanus: 107
Adler, A.: 130.133
Aegyptii: 141
Agrippa I.: 141. 164
Agrippa II.: 147. 172
Agripparede (B2, 345 ff.): XIII. 24. 34. 35. 112. 127. 145
Aisopos, Äsopische Fabeln: 56
Aland, K.: 46
Alberich von Trois-Fontaines: 160
Albertus Magnus: 162
Albertus Miliolus: 162
Alexander Jannaeus: 138
Alexander Magnus, Alexanderbericht, Alexandergeschichte, Alexander-sage: 96. 134. 152. 160. 161. 184
Alexander Polyhistor: 77
Alkuin: 110
Allatius, L.: 77
Allen, Th. W.: 16
Altaner, B.: 96
Altes Testament → Bibel
Ambrosius: 56. 88-89, 105
Andreas von Kreta: 109
De Andrés, Gr.: 18
Angelomus von Luxeuil: 122
Annianos: 110
Anonymus de obsidione toleranda: 123
Antijudaismus, antijüdisch: XII. 56
Appian: 27. 70
aramäisches Original des Bellum Judaicum: 61. 63. 174
Arcadios: 13. 182
Arche Noah: 105
Aret(h)as: 151
Argumenta → Hypotheseis
Aristeasbrief: 66-67
Arlenius, A. P.: 17. 40. 52. 53

armenische Josephusübersetzung: 100
Arnold, C. F.: 2
Arphaxad: 148
Arthurroman: 144
Äthiopienfeldzug des Moses: 71
Augustinus: 96. 107. 147

Bachmann(us), L.: 124
Baehrens, W. A.: 76
Balderich: 144-145
Balderich von Bourgueil: 140
Bandini, A. M.: 18. 19. 20
Bar-Kochba-Aufstand: 172
Bardenhewer, O.: 58. 61. 89. 97. 102. 103. 106. 109. 110
Bardy, G.: 47. 70. 71. 76. 77. 89. 91. 95. 96. 97. 99. 105. 109. 118. 141. 147. 149. 155. 157. 161. 162. 164. 166
Baronius, C.: 158
Basilius d. Gr.: 88
Bassi, D.: 25. 26. 27
Battaglini, F.: 38
Bauer, A.: 73
Bauernfeind, O.: 6. 124
Baumgartner, A.: 100
Baumstark, A.: 56. 62
Bayer, L.: 97
Beck, H.-G.: 89. 102. 103. 169
Beda: 107-109. 155. 162. 184
Beer, R.: 2
Bekker, I.: 40. 53. 55. 122. 133. 154
Benešević, V: 182
Bengtson, H.: 5
Berendts, A.: 63. 73
Bernard, E.: 29
Bernardi Cremifanensis Historiae: 112
Bernays, J.: 99. 100
Bernhardy: 130
Bewer, J. A.: 66
Bibel, biblisch, Altes Testament, alt-testamentlich, Heilige Schrift, Sep-tuaginta, Scriptura, Vetus Testa-mentum, Γραφή, Γραφαί: XII. XIII. 40. 47. 60. 61. 65-66. 69. 77. 84. 88. 89. 92. 110. 116. 121. 135. 145. 146. 147. 150. 166. 174. 177. 178
Exodus: 146. 155
Josua: 150

208 REGISTER DER NAMEN UND SACHEN

BIBELSTELLEN

Genesis 11, 10: 148
Genesis 49, 10: 114
4. Königsbuch 6, 28-29: 161
Ezechiel 33, 11: 156
Psalm 34, 13: 95
Psalm 54-55: 95
Psalm 65, 3: 95
Psalm 73, 5-6: 75-76
Klagelieder 1, 3 ff.: 116
Daniel 8, 24: 135
Matthäus 22, 1-7: 137
Matthäus 23, 37-38: 116

Matthäus 24, 2: 150. 156
Matthäus 24, 15 ff.: 116
Matthäus 24, 20-21: 135-136. 167
Lukas 19, 42-44: 167
Lukas 21, 5-11: 137
Lukas 21, 20 ff.: 116. 137. 167
Johannes 13, 33-35: 137
Apostelgeschichte 1, 12: 137
Apostelgeschichte 25, 13: 147. 166
Johannes-Apokalypse 2, 14-15: 103
Johannes-Apokalypse 7, 1-4: 102-103

Weitere Bezüge zu Bibelstellen sind den einzelnen Konkordanzlisten der Neben-überlieferung zu entnehmen.

Korrekturzusatz:

Über den Vaticanus gr. 984 (oben S. 37-38) informiert auch der Katalog von Alexander Turyn, Codices graeci Vaticani etc., Rom 1964, S. 149-150.

Zu Tzetzes (oben S. 149) ist zu notieren, daß Kießlings Ausgabe von 1826 jetzt ersetzt ist durch: Joannis Tzetzae Historiae. Recensuit Petrus Aloisius M. Leone. Neapel 1968.

Zu Nikephoros (oben S. 166 ff.) ist noch heranzuziehen: Die Kirchengeschichte des Nicephorus Callistus Xanthopulus und ihre Quellen. Nachgelassene Untersuchungen von Günter Genz, Berlin 1966, S. 28-29: ,,Die Josephusstücke in Buch I-III''.